教育部人文社会科学研究一般项目基金资助（项目编号：15YJC752036）；
中国博士后基金面上项目资助（项目编号：2015M571519）

# 自由主义传统的书写者

## ——杰克·克鲁亚克

谢 志 超 ◎ 著

中国社会科学出版社

**图书在版编目（CIP）数据**

自由主义传统的书写者：杰克·克鲁亚克/谢志超著．
—北京：中国社会科学出版社，2018.8
ISBN 978-7-5203-2967-5

Ⅰ.①自… Ⅱ.①谢… Ⅲ.①克鲁亚克（Kerouac，
Jack 1922-1969）—人物研究 Ⅳ.①K837.125.6

中国版本图书馆CIP数据核字（2018）第180357号

出 版 人 赵剑英
责任编辑 郭晓鸿
特约编辑 席建海
责任校对 夏慧萍
责任印制 戴 宽

出 版 中国社会科学出版社
社 址 北京鼓楼西大街甲158号
邮 编 100720
网 址 http://www.csspw.cn
发 行 部 010-84083685
门 市 部 010-84029450
经 销 新华书店及其他书店

印 刷 北京明恒达印务有限公司
装 订 廊坊市广阳区广增装订厂
版 次 2018年8月第1版
印 次 2018年8月第1次印刷

开 本 710×1000 1/16
印 张 18.5
插 页 2
字 数 195千字
定 价 78.00元

# 序　言

《自由主义传统的书写者——杰克·克鲁亚克》（以下简称《克鲁亚克》）是东华大学外国语学院谢志超教授的新著。

与志超教授虽只有过不多的学术交流，但她的颖悟、练达给我留下的印象颇深，而她的两位导师——孙景尧、肖明翰先生，我都认识。他们都是学界的前辈专家，与我都曾有过交往。2004年9月，我曾邀请孙先生到我当时所在的郑州大学做学术讲座，并邀请他和上海外国语大学的著名教授虞建华先生一道，在我担任常务副会长的河南省外国文学学会上做主旨报告。而她的硕士导师肖明翰教授，与我还要更熟悉一些，彼此认识已有二十年了。同时，我对她的研究领域很感兴趣，无论超验主义，还是克鲁亚克，也都是我个人所喜欢的流派与作家。因此，当她希望我来为她这本书写序时，也就不揣冒昧一口答应下来了。

杰克·克鲁亚克（Jack Kerouac，1922—1969）是美国著名小说家和诗人。作为文学领域的反传统者，他与威廉·巴勒斯

（William S. Burroughs）和艾伦·金斯伯格（Allen Ginsberg）一道，被称为是“垮掉的一代”（the Beat Generation）的代表人物。也是“嬉皮士运动”（Hippie Movement）的倡导者之一。克鲁亚克以自发式或自然式写作而闻名，作品主题广泛。1969 年，在他年仅 47 岁时不幸去世，但留下了《在路上》（*On the Road*，1957），《达摩流浪者》（*The Dharma Bums*，1958）和《荒凉天使》（*Desolation Angels*，1965）等不朽之作。

无论“垮掉的一代”，还是“嬉皮士运动”，或者金斯伯格、克鲁亚克这样的代表人物，他们在 20 世纪五六十年代的美国和世界上曾红极一时，且影响深远，但进入中国的学术界和读者圈为人所知，已经到 90 年代。而翻译界、学术界对他们开始较为全面的译介与研究，则已经是进入 21 世纪的事情了。从这个角度讲，中国学者和读者对于“垮掉的一代”的认识与理解，与美国相比，晚了半个世纪。按说时过境迁，后来者当居上，但我对“垮掉的一代”的研究，还是抱有怀疑态度。我们能否客观、公正地认识与评价这些离经叛道、越俗超群的“垮掉的一代”及其作家？能否脱离过去我们对他们所曾经有的流于肤浅而表面的认识与批判？能否在这一研究中站在中国立场表达一个中国学者的独特的声音？这种怀疑的产生并非毫无来由。“垮掉的一代”的作家及其作品所宣扬的价值观、人生观和世界观，不仅在当时的美国与西方的主流文化格格不入，与中国和东方的文化更是南辕北辙，也是数千年中国传统的伦理道德所严厉批判的对象。而在对他们的研究中，我们看到太多的是重复性研究，引介国外的研究成果，缺乏我们自己的创新性研究，能够与国际学术界对话的研究成果更是寥寥无几。

但我很高兴地看到，志超教授在参阅大量国内外研究的基础上，写出了一部出色的学术专著，完全超出了我对这部著作的预期。就我个人的认识与阅读体验而言，《克鲁亚克》超越其他研究的特色体现在以下两个方面。

首先，她对20世纪50年代美国的政治、经济、文化以及所处的国际环境做了详尽的梳理，深入探讨了“垮掉的一代”产生的历史背景，并对其做出了客观、公正的评价而非简单的道德评判。在对克鲁亚克的整体研究中，可以清晰地看到作者的这一历史观和思想脉络贯穿著作的始终。

在我的意识中，要研究“垮掉的一代”和克鲁亚克，有两个“不能不”。第一是不能不研究第二次世界大战之后的美国当代社会。当代美国文学始于第二次世界大战结束的1945年——这是美国当代历史和当代文学史上的一个重要的时间节点。而“垮掉的一代”恰恰是第二次世界大战之后在美国兴起的一个文学运动，其抗争意识激烈，指向性有深度，其作品流行于整个20世纪50年代，锋芒直指美国文化与政治，拒绝正统的叙事价值、精神追求，拒绝物质主义，强调人的生存条件，尝试迷幻药物，倡导性解放和性探索，对于60年代的反文化（counterculture）产生了巨大影响力。如果没有对于这段历史背景的深刻把握，很难真正认清“垮掉的一代”的真面目。

第二个“不能不”是，若要研究克鲁亚克，不能不研究他的两个好朋友：金斯伯格和巴勒斯。金斯伯格（Allen Ginsberg，1926—1997）是有犹太血统的诗人，“垮掉的一代”的领袖人物。

他强烈地反对物质主义、军国主义和性压抑，是当时美国反文化的先驱。其代表作《嚎叫》（*Howl*，1955）猛烈地抨击了他所目睹的美国资本主义的破坏性力量。作品一问世，就因为其性爱描写而遭到查禁、引发官司，最终引起公众的广泛关注。在当时，同性恋在美国为违法行为，但《嚎叫》则大胆地表露了金斯伯格个人的同性恋倾向。我注意到，《克鲁亚克》很详细地分析了金斯伯格与克鲁亚克之间亲密的友情与同性恋关系。作者不是在猎奇，而是用扎实的资料向人们展示了他们两人真实的生活经历，而这些经历，又影响了他们的文学创作。

当然，《克鲁亚克》更多地还是关注金斯伯格的创作与克鲁亚克的创作之间的关联性。金斯伯格在后来的反对越战等重大历史事件上，都参与其中，坚持非暴力政治抗议手段。阅读《嚎叫》中的每一句长诗，都会使人想到诗人站在空旷的广场中在声嘶力竭地高喊，同时疯狂的打击乐的声音与鼓点都撞击到了人们的心田，使生活在现代的人们仿佛遇到了原始的生命。诗歌中透露出的“垮掉的一代”所艳羡的生活方式惊世骇俗。他们以此去对抗资本主义的物质主义与新兴资产阶级的道德规范。从整体上看，无论金斯伯格的诗歌，还是克鲁亚克的小说，都是最富革命性的。在其疯狂的背后，实际上有着拯救世界的使命感。

巴勒斯（William S. Burroughs，1914—1997）是小说家，同为“垮掉的一代”中的代表人物，对美国文学与美国文化都产生了影响。1942 年他曾入伍参加第二次世界大战，但不久退役。1943 年遇到金斯伯格与克鲁亚克，组成“垮掉的一代”运动中的铁三角。巴勒斯的大部分作品都是半自传性质，且经常反映其作为海洛因吸食者的经历与活动。其处女作为忏悔小说《瘾君子》（*Junkie*，1953），但他最著名的作品为《裸体午餐》（*Naked Lunch*，1959）。在克鲁亚克看来，巴勒斯是自乔纳森·斯威夫特之后最伟大的讽刺作家，是因为他一生都在运用一种黑色幽默的讽刺方式试图颠覆现代美国社会传统的道德、政治与经济体系。在这一点上，克鲁亚克的创作风格也有异曲同工之处。

在我看来，没有对金斯伯格和巴勒斯两位作家的深入了解，就很难真正理解克鲁亚克。在《克鲁亚克》一书中，作者始终不忘这两位作家的存在，不时会谈到他们与克鲁亚克的交往，他们对克鲁亚克写作所造成的影响，以及他们之间的相互影响。这使得读者可以看到一个更为全面客观的历史图景，一场文化运动中几位代表人物的思想情感、所作所为，也让我们看到他们是如何改变了历史的走向。

其次，《克鲁亚克》虽然是一部有着明确思路和条分缕析的学术专著，但在我看来，它更像是一部学术传记，对克鲁亚克的成长历程、创作过程、思想观念、写作风格等进行了深入细致的考察，并用各种翔实的资料加以论证。从学术角度讲，这自然很有力度，但就个人的阅读体验而言，我更多地看到的则是一个真实而丰满的克鲁亚克的形象在向我们一步步走来。

克鲁亚克与金斯伯格、巴勒斯并称“垮掉的一代”三杰。在《克鲁亚克》中，如果说作者始终不忘金斯伯格与巴勒斯以及这些时代人物的集体影响力，那么，作为这部专著的研究对象，克鲁亚克自然更是作者聚焦的中心人物。从文学上讲，克鲁亚克更像一位打破陈规、驱除偶像的作家。他在作品中讲究自发式写作，经常采用各种主题并置的方式，包括天主教灵修、爵士、乱交、佛教、毒品、贫穷与旅行等总是交织在一起。人们往往把《在路上》定义为现代主义作品，但实际上，它以其前所未有的反传统的思想、语言与表达方式，震惊了当时的美国社会，搅乱了社会思潮，推动了人们重新评估传统价值，重新看待个人、政治、经济、体制乃至文学与文化。其作品所具有的强烈的现实意义，无论如何评价都不过分。“垮掉的一代”的很多作品都曾经被查禁过，这一方面说明了他们作品的确开创了新的时代，而在这一从被查到解封的过程，实际上也推动了社会的向前发展。

我很欣赏《克鲁亚克》的一点是，它既有开阔的视野，宏观的观察，也有微观的书写和深刻的见地。作者将克鲁亚克与其家人的关系，特别是与其母亲的关系，个人的爱情经历与三次婚姻生活，描述得详尽而清晰，从中使人看到克鲁亚克成长的环境，人生历程的坎坷，以及周围世界对其创作思想和艺术风格的深刻影响。

一部学术著作的价值，可以体现在新思想与新观点上，也可以体现在新解读与新阐释上。《克鲁亚克》的价值，在我看来，主要体现在三个方面：

第一，对克鲁亚克做出了客观的总结，对其重要作品做出了详尽的解读，提出了个人的新观点。正如《克鲁亚克》一书的题目所示，克鲁亚克是自由主义传统的书写者。为此，作者从多方面进行了论证。首先，他是自传式小说的继承者，既塑造有幻灭的男性形象，也有对自我形象的颠覆。其次，他是道路小说的开拓者。这无疑是克鲁亚克的一大丰功伟绩。道路小说展示了美国这个车轮上的国度，人们总是不停地在路上，也让人们看到了路上与路下的风景。但道路小说涉及的一个很容易为人所忽视的重要问题就是，人在路上，但那路上路下的风景会问：你是谁？甚至连经常在路上的人们，也会不断地问自己：我是谁？人的身份，是人所无法回避的重大问题。再次，克鲁亚克是禅宗思想的实践者。作者从他遭遇禅宗思想，到他如何去表达禅理禅趣，以及富有禅寓的作品，都做了详细的论述。最后，克鲁亚克是自发式写作风格的发扬者。作者论述了他的风格特征、表现形式以及多元的创作手法的融合。这些结论，都来自作者详细的文本分析，这是《克鲁亚克》的可贵之处。

其实，就文学批评而言，所有的观点都应该从文本中找其源头，批评家也理应从文本的细节去寻找与作家进行深层次对话的可能。在我看来，要想读懂克鲁亚克，就必须读懂《在路上》。反之亦然。更为重要的是，《在路上》是解开当代美国文化之谜的一把金钥匙，它能够帮助我们解答众多的疑问。通过阅读和研究《在路上》，完全可以帮助我们消除很多对于“垮掉的一代”的思想观念、所作所为的疑虑，也可以使我们读懂克鲁亚克的思想观念。

比如，为什么要“在路上”？其实，道理很简单，用克鲁亚克的名言来说就是，因为“道路就是生活”，而且生活就是不断地在路上。一旦走过，身后无物，要一切向前看，只有前面才风光无限。生活、旅行、冒险、祈福，而且别后悔。这就是在路上的人们心中所有的一切，也是人们用于走在路上的内在逻辑。其实，在“垮掉的一代”嬉笑怒骂如癫如狂的背后，有着非常严肃的人生态度。如果不研究他们的生活，不研究他们的精神世界，很难真正了解和理解他们。对于循规蹈矩挣扎在丑陋的现实生活中的人们来说，只有保持热爱生活的纯粹的态度，才有可能去追求一种高于现实的精神世界。爱上生活，每一分钟都不离不弃。这就是他们的生活态度。

虽然“垮掉的一代”都狂放不羁，但读他们的作品，大概是最令读者开心的一件事，因为他们的作品并无特别严密的逻辑性，甚至从哪里开始读都可以。任何一个愿意去阅读《在路上》的读者，也不难从中找到一两句自己所喜欢的或者符合自己心愿的名言警句。但对研究者来说，这就不是那么快乐甚至有些不无痛苦的事。因为这些作家完全是天才型的，其思想不拘一格，随时迸发出新的耀眼的光辉，观点总是那么星空灿烂，让人仰慕，但要真的去研究他们，却往往不知从何处着手。如果说的静态一点或者形象一点，他们的思想观念就像大海边随处可见的珍珠贝壳，只要愿意去寻找，人们总能够不时地看到和捡到，也总令人惊喜不已。但对于研究者来说，拾到这些珍珠贝壳容易，但要想把他们串成一串同样夺目而耀眼的装饰品，让它们显得更加高贵和引人注目并能彰显其价值，那可绝非易事，因为它们的大小规格不同，样式各异，每个都很漂亮和出色，但难以将它们归置在一起，形成一个统一体。但阅读《克鲁亚克》的读者会发现，作者通过对自传式小说的继承者、路上小说的开拓者、禅宗思想的实践者和自发式写作风格的发扬者的总结，其实是将克鲁亚克那丰富而闪亮的思想观点，串在了一起，让他们看上去变成了有机的统一体。

第二，《克鲁亚克》对于究竟该如何评价像克鲁亚克这样的“垮掉的一代”的作家做出了自己的回答。

无论在大学教育中，还是在普通读者群中，异化地看待作家几乎司空见惯。这一点中外皆然。记得我自己在读书的时候，就一直有一个疑问：为什么作家好像大都是偏执狂、精神病，还经常有人自杀？曾有学者专门写过世界作家的自杀现象。作家的自杀现象自然值得研究，但文学史中过分强调（我说的是过分强调）作家的不正常之处，实在是对作家的一种刻板印象，甚至是一种偏见和误解。以美国文学为例，我们不难发现文学史中经常会告诉我们：爱伦·坡（Edgar Allan Poe）是个疯子，还娶了年仅13岁的表妹；艾米丽·迪金森（Emily Dickinson）性格孤僻，常年足不出户，也不与他人交往；埃兹拉·庞德（Ezra Pound）支持法西斯，最终住进了精神病院；自白派代表诗人西尔维娅·普拉斯（Sylvia Plath）自杀身亡；海明威的自杀身亡，更是轰动全世界；“垮掉的一代”酗酒、乱性、吸毒，更变成了他们扔不掉的标签。

在我看来，作家虽然是天才，但他们也是普通人，有普通人所具有的情感与生活，也有普通人所具有的理性与逻辑。因此，到我自己开始从事文学研究的时候，一直对这种文学史上对作家的偏见心怀警惕，也不以为然。作为天才，他们虽然具有我们常人所不具有的一些才能和天分，但这并不表明他们不会生老病死。他们同样会生病，甚至得精神病，但也会像普通人一样，经过治疗会痊愈，再度恢复为正常人。在文学研究中，我们更多需要关注的是他们的才华，更该关注的是他们如何创作出了传世之作。但很遗憾，在当今的很多文学史的写作中，我们依旧可以看到这种将作家异化的写法存在。对此，我在自己的教学中和与同行的交流中，多次重申过这样的观点，反对文学史的这种写法。

其实，像经常被视为惊世骇俗的克鲁亚克等“垮掉的一代”的作家、艺术家的出现，绝不是偶然的，既有时势造英雄的原因，也是历史传承的结果。克鲁亚克们生活在20世纪50年代，若往前追溯一百年，就是惠特曼《草叶集》横空出世的时代，他独具一格的诗歌诗风彻底改变了美国文学的风尚。百年后的克鲁亚克无疑继承了惠特曼的这一伟大传统，他努力去反映时代，并努力“要表达难以表达的一切”。这是克鲁亚克终身所追求的事业，也是他的《在路上》的宗旨所在。不能忘记的是，50年代的美国，表面上看是爵士乐、性、毒品交杂的时代，但实际上是渴望新生代的时代。《在路上》就是那个时代最富有美国特色的罗曼史，它以决绝的反抗态度连接过去，但又以崭新的姿态迎接着未来。对于在路上的人来说，他们所以要启程，就是因为他们看到了当下的迂腐与堕落，他们要的不是一眼望到老的无趣的生活。他们要的是在路上，因为在路上，未来就充满了无限的可能性与更多的机遇。因此，启程上路，要在太阳下山之前，一路向西。到哪里去，何时才能抵达，这都不重要；重要的是，永远在路上。

第三，《克鲁亚克》彰显了作者作为中国学者的知识底蕴与学术立场。禅宗思想的实践者一章，最能凸显这一特色。作者从克鲁亚克认识、接受和误读禅宗思想谈起，接着论述他是如何将禅理禅趣与作品创作有机结合起来的，最后又怎样使禅宗思想逐渐为美国民众逐渐接受，从而影响了一些年轻人的思想和生活方式。这部分内容材料扎实，论证严谨。让我们看到了一个中国学者面对东西方文化交融时，在严谨的学术考证的基础上，提出了个人观点，并对未来做出了预测：禅宗思想所包含的各种智慧和它正在进行的与其他文明文化的对话，对于回应美国社会正在经历的各种社会问题，有着重要的启示作用。

选择克鲁亚克这样一个作家来研究，对于一位女性学者来说，是需要勇气的。坦率地说，我在看这部著作之前，是有些担心志超教授作为一名女性学者，能否心平气和地客观看待和理解克鲁亚克的——请别误解，我没有任何的性别歧视观念，所以这么说，实在是因为克鲁亚克这样的“垮掉的一代”作家太特殊，他们在对爱、性、酗酒、毒品等行为上的放荡不羁，连所谓开放的西方人都难以接受，遑论持有相对保守的东方和中国伦理观念的中国学者了。当然，我所谓的批评家对作家做出客观公正评价的说法似乎也不过分，因为作为学者，能否心平气和地看待研究对象并作出相应的客观评价，是衡量一个学者是否公允的标杆之一。

让我感到欣慰也颇感敬佩的是，在这部篇幅不大的学术著作中，志超教授显露了她独特的写作风格，始终与传主保持着一定的距离，从不做简单的道德评判，态度异常客观、冷静，紧紧抓住克鲁亚克的思想、写作、风格的本质，并在此基础上做出客观、公正地评价。她的语调虽然显得冰冷，但语言依旧生动而优美。

因此，《克鲁亚克》是一部既有学术性又有可读性的学术著作。

我相信，《克鲁亚克》的出版，将不仅为中国的克鲁亚克研究增砖添瓦，也将推动克鲁亚克和“垮掉的一代”的研究更上层楼。我也期待着，志超教授在未来能够写出更多更好更令人有愉悦阅读体验的学术成果。

是为序。

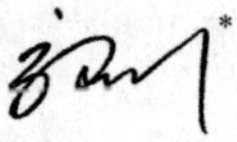[*]

2018 年 1、2 月初稿于波士顿

2018 年 5 月 3 日定稿于北京

---

郭英剑，中国人民大学“杰出学者”特聘教授；中国人民大学外国语学院教授、博士生导师。

# 目　录

# 绪　论

从20世纪初至第二次世界大战结束，美国的社会、政治、经济、文化等各个领域都发生了巨大变化，一跃而为世界第一强国。相比满目疮痍的欧亚各国，两百多年来，除却南北内战，美国本土未曾遭受战争荼毒，故第二次世界大战后很快成为世界经济与文化的领头羊，成为超级大国、霸权大国。国内中产阶级队伍不断扩大，人们的物质生活获得极大程度的满足，许多人梦寐以求的美国梦已翩然而至。在这个政治、经济、文化剧烈变化、社会财富迅速积累、个人物质需求不断增大的过程中，美国社会的文化环境和普通民众的心理也随之悄然改变。信仰危机、道德危机、社会危机等时时出现。社会需要变革、需要新思潮，甚至需要一些与传统背道而驰的理念来为这个不断变化的社会注入一剂“强心针”，以期唤醒丰裕的物质生活导致的昏昏欲睡的意识与灵魂。

“文化”这个词，从来都没有一个确定而精准的定义。只要与宇宙相关的任意元素，都可被列入某种文化范畴，“涉及哲学、科学、文学、艺术、宗教、教育、风俗等。文化具有时代性，也有民族性”①。而文化的时代性与民族性特征，注定不同时代的文化必然被其所处的时代、国家、民族、人民烙上深刻的印迹。作为一个移民国家，美国从来都是一个多种族、多信仰、多元文化共存共生的“熔炉”。在过去的几百年中，“西方的民族国家——英国、法国、西班牙、奥地利、普鲁士、德国和美国以及其他国家在西方文明内构成了一个多极的国际体系，并且彼此相互影响、竞争和开战”②。美国作为西方列强的重要一员，在世界历史的舞台上扮演着极其重要的角色。经过不断地扩张、征服、殖民、武力干预和思想渗透，美国在极大地提升本国经济实力的同时，也给本国社会带来了一系列的负面影响，其中以20世纪60年代的反越战运动为巅峰。其间，广大民众对国家的认知、对政府的认可和对自身的身份认同，都出现了不同程度的困惑与偏差。

第二次世界大战后的美国政府为了稳定国内局面，进一步保持战后的大好局势，相继颁布了一系列的法规制度，反复强调民众思想的一致性、温顺性和对政府的绝对顺从，严厉遏制新思想的萌芽。政府在制定政策和法规制度方面，加强意识形态的管理，要求政治和文化服务于第二世界大战后的冷战需求，进一步禁锢人们的思想，逐渐“形成保守、封闭的清教伦理和中产阶级价值

① 参见张岱年《文化与哲学》，中国人民大学出版社2006年版，第11页。

② ［美］塞缪尔·亨廷顿：《文明的冲突与世界秩序的重建》，周琪等译，新华出版社2002年版，第5页。

观为主题的社会文化"[1]。伴随着美国梦的逐渐实现，整个社会歌舞升平、百业俱兴。只是一切并非如表面这般或者想象中那般美好而光鲜。随着商业文明的不断加速，人口流动性越来越强，大量的人群涌进城市、涌向发达地区、涌向他们梦寐以求的希望之地，以为从此可以实现理想。然而，在人与人之间的交往看似更为频繁的背后，人的内心却愈加孤独。理想与现实的距离更为迢遥，个人与自己的心灵、与他人和社会更加疏离。有鉴于此，许多负有社会使命感和责任感的中产阶级和知识分子正视战争与现代经济文明带来的一系列消极影响，开始反思美国历史发展轨迹和社会现状所造成的一系列问题。

20世纪50年代，美国和苏联争夺世界霸权地位的斗争进一步加剧，核战争的恐怖阴影笼罩着世界。美国政府派兵入侵越南，激起国内广大民众的强烈义愤。同时，种族歧视引发大规模示威游行，暴力冲突层出不穷。而"麦卡锡主义"的肆虐，令成千上万的知识分子遭遇了美国历史上最为残酷的审查和拷问。举国上下在这极度压抑与苦闷的社会氛围中，却又弥漫着山雨欲来前的静寂与凝滞。很多人开始叩问社会是否在进步、是否给人民带来福祉，质疑政府是否时时在刻意制造各种麻烦、禁锢民众思想。在岁月静好的社会表象背后，很多人精神日渐空虚、心理日趋焦躁，缺乏安全感、缺乏身份认同，最终迷失了自我。诚如亨利·米勒（Henry Miller）所言："社会从来没有像现在这样如此渴望

① 陈杰：《本真之路：凯鲁亚克的"在路上"小说研究》，四川大学出版社2010年版，第44页。

安全感，而生活却又如此没有安全感……没有人相信爱的力量。人们不再信任邻居、不再信任自己，更不用说相信那个至高无上的上帝。恐惧、嫉妒、怀疑充斥着每一个角落。”①

另外，大多数知识分子对现行的美国政治并未妥协。1957年，梅勒在《白种黑人》中严厉批判民众的集体失语和懦弱：“一股恐惧的臭气从美国生活的每一个毛孔中冒出来，我们患了集体精神崩溃症……人们没有勇气，不敢保持自己的个性，不敢用自己的声音说话。”② 理查德·蔡斯（Richard Chase）在他的文章《先锋派的运动》中颇具预见性地指出：“家庭生活的新富裕究竟有什么价值，如果我们获得这种富裕的同时放弃了对国家物质发展的控制。我们现在应当扪心自问，在这样一个美国中究竟是否可能过一种富足而人道的生活？在这个国家里，永久性战争经济聚集了浮华而粗鄙的财富，贫民区里罪恶丛生，剥夺人性的低级公寓小镇猖獗蔓延，种族仇恨日益加深，自然资源遭到肆无忌惮地开发和浪费，压力集团、不作为的行政机构和因循苟且的国会控制了政府，学校日益庸俗化，更可怕的是，‘核装置’频频闪光，向四面喷洒放射性尘埃。这里有的是敌人。这里就是意识形态的温床。”③ 这所有的一切，无不与美国建国以来所倡导的美国精神背道而驰。

各种危机不断显现，矛盾亦不断升级。它们已不再是穷人和富

① John Tytell, *Naked Angels: the Lives and Literature of the Beat Generation*. New York: Mcgraw－Hill, 1976, p. 7.

② 转引自［美］莫里斯·迪克斯坦《伊甸园之门——六十年代的美国文化》，方晓光译，译林出版社2007年版，第56页。

③ 同上书，第68—69页。

人之间因为收入差距导致的经济上的冲突，也非资产阶级和无产阶级因为剥削与被剥削的关系导致的阶级对抗，而是存在于各个阶层的因对自身的身份认同以及文化价值差异而带来的方方面面的认知冲突。每一个阶层都在怀疑政府、怀疑现行的道德价值观，用一种审视的眼光重新看待这个社会。对于这样的社会现状，很多人心生疑惑："当掌权者的诫命违背上帝的律法时，百姓是否有顺服的必要？当掌权者违背上帝的律法时，百姓是否可以反抗？如果掌权者使国家步向灭亡，是否可以反抗？……"[①] 理想与现实的差距导致民众质疑社会，怀疑自己的价值判断，但很少有人有勇气批判现实，更不敢保持自己的个性，不敢用自己的声音说话，总是"将个人自我决定的权利交付给一位按照自我意志来执政的统治者，这种政治意志的形成既是虚构的亦是闭锁的"[②]。这种情形虽然在一定时期内存在，但并不会永远存在，因为一定会有人提前苏醒并反抗。

20 世纪 50 年代，美国的州际公路系统已然非常发达。四通八达的公路，把人们从东部带到西部、从内陆带到沿海、从农村带到城市，距离不再成为阻隔一切流通的最大障碍。1956 年，《联邦资助高速公路法案》（*Federal－Aid Highway Act*）通过，而贯穿美洲大陆的州际高速公路的建成有着极为重要的现实意义，它不仅提供了更加安全的交通模式，而且修改了限速的标准，缩减了旅途时间。交通的便利，直接促进了经济的繁荣与人际交往的畅

① ［德］莫尔特曼：《俗世中的上帝》，曾念粤译，中国人民大学出版社 2003 年版，第 28 页。

② 同上书，第 36 页。

通。与此同时，一些旧的运输方式和重要的传统却并未随着一望无际的高速公路通向未来。最为明显的一点是，新的高速公路多穿越在人烟稀少的地方，旅行者的脚步从此经过的都将是人迹罕至之地，逐渐与当地人的真实生活绝缘。著名小说家约翰·斯坦贝克（John Steinbeck）在其名著《愤怒的葡萄》（*The Grapes of Wrath*）中叙述了经济危机中的各州农民破产、逃荒和斗争的苦难历程。书中提及的著名的66号公路，曾经风光旖旎，却在不可逆转的现代化文明进程中蜕变成记忆中颓败的风景线；曾经的一路往西的美好岁月，停滞在回忆中。现代生活里可选择的道路一旦变多，新的思想和生活模式总会跃跃欲试。20世纪50年代，一群独立的受过良好教育的中产阶级、知识分子，不惜以自我毁灭的方式来发出自己的声音，论证自己的价值观，并试图建立新的符合普通大众心理需求的各种价值模式。他们不是开拓者，而是继承者，他们传承了19世纪著名政治家、文学家拉尔夫·沃尔多·爱默生（Ralph Waldo Emerson）的超验主义思想和个人主义精神，并用更为激进的方式重新解读和书写。爱默生曾在《美国学者》（“American Scholar”）这篇振聋发聩的演讲词中大声疾呼：“我们依赖旁人的日子，我们学习他国的长期学徒时代即将结束。在我们周围，数百万的青年正冲向生活，他们不能再依赖外国学识的残羹来获得营养。出现了一些必须受到歌颂的事件与行动，它们也会歌颂自身。所产生的新事物和人们的行为应当加以歌颂，而他们本身也将歌唱自己。”[①] 爱默生鼓励美国学者要脱离欧洲母体文化的束缚，建立美国文化教育机制，从精神上彻底独立。20世纪50年代的美国知识分子则鼓励有志青年挣脱政府的精神桎梏，寻回遗失的美国精神，重塑新的道德价值标准。

在这个进程中，传统的宗教信仰难以满足人们的精神需求，大众媒体方兴未艾，正进入一个新的发展时期；年轻一代对音乐、电影、服装、食品等都有了新的认知。渐渐地，来自社会各个阶层的质疑之声汇聚在一群人身上，即在这种背景下产生的“垮掉的一代”（The Beat Generation）。作为一场不期而至的文学文化运动，“垮掉的一代”的所有表现形式和外部特征，恰巧满足了人们对新生事物的好奇感与探求心理，最终发展成美国文学及文化史上颇具美国特色、彰显美国精神和自由主义传统的一场非常重要的思想文化解放运动和文学运动。这场运动从20世纪40年代中叶一群共同致力于诗歌、散文创作乃至人文关怀的年轻人的聚会开始，到20世纪50年代末期几乎家喻户晓。“垮掉的一代”的成员构成比较复杂，有普通劳动者、乐队成员、自由职业者，也有当时活跃于各个领域的艺术家、诗人、作家等。他们表现出来一个共同点就是不为当局所喜，是社会的边缘人，持不同政见的局外人及不为世俗文化所包容的叛逆者。它的代表人物主要有威廉·巴勒斯（William S. Burroughs）、杰克·克鲁亚克（Jack Kerouac）、艾伦·金斯伯格（Allen Ginsberg）、尼尔·卡萨迪（Neal

① ［美］爱默生：《美国学者》，选自《美国的文明》，孙宜学译，广西师范大学出版社2002年版，第55页。

Cassady)、格里戈里·柯索（Gregory Corso）、约翰·克莱伦·霍尔姆斯（John Clellon Holmes）、加里·斯奈德（Gary Snyder）、赫伯特·亨凯（Herbert Huncke）和彼得·奥洛夫斯基（Peter Orlovsky）等。

“正如第一次世界大战后‘迷惘一代’、60年代末英国‘愤怒的青年’一样，‘垮掉的一代’也是在特定的社会情势下产生的。广义地说，那是指五六十年代对美国社会生活厌倦，乃至愤慨，信奉‘垮掉’哲学的一代年轻人，他们的嬉皮士生活方式可以被认为是对美国政治社会体制的一种反抗。”① “垮掉的一代”成长于第二次世界大战后的美国，他们对这个物欲横流、价值沦丧的社会深表不满和厌倦，他们无力改变，只好用各种极端的方式——酗酒、吸毒、纵欲、摇滚、游历以寻求精神上的自由和暂时的解脱。他们认为现实不可靠，难以把握，转而寄望于存在主义和东方宗教哲学。他们执着于自己的内心体验，特别重视“心灵的顿悟”，无论行为还是情感，均不加掩饰地袒露。他们四处流浪，自我放逐，与政府展开了一场旷日持久的“精神战争”。他们崇尚自由主义，浪迹欧美大陆。他们热爱自然风光，热衷禅宗思想，用特殊的生活方式将自我从各种社会桎梏中解脱出来。

“垮掉的一代”大多来自中产阶级和知识分子，这些人接受过良好的高等教育，却拒绝循规蹈矩。他们居无定所、行踪不定、行为怪异、放荡不羁，对现实不满，经常做一些惊世骇俗的事情。他们奇装异服，蔑视传统观念，厌弃学业和工作，长期浪迹于底

---

① 文楚安：《“垮掉一代”及其他》，四川大学出版社2002年版，第47页。

层社会。他们颓废的生活方式，被世人认为是垮掉的、消极的。他们用各种特立独行的方式来证明自己存在的意义和价值，来验证他们的世界观。也正是在这种背景下，他们试图从弗洛伊德主义、存在主义、东方佛教等思想中找到一些能让他们产生共鸣的东西，用来建立独特的社交圈和处世哲学。他们在理想与现实之间徘徊，在妥协与抗争之间挣扎，最终以文字的形式向社会、向现实宣战。他们的种种行为，不是为了单纯的标新立异，而是宣泄对第二次世界大战后美国社会现实的不满，是受迫于麦卡锡主义反动政治高压下的呐喊。他们所有的言行，只是为了让自己从那令人窒息的政治文化高压政策下解脱出来，能自由呼吸新鲜的空气，而政府的种种暴力，依旧如“毒液慢慢渗入血液；留下了垃圾，留下了要命的垃圾”①。

“垮掉的一代”这个称谓，来源于克鲁亚克与霍尔姆斯在1950—1951年之间的某次交谈。他们在闲聊一些过去的人和事情，回顾刚刚过去的“迷惘的一代”（The Lost Generation）带给年轻人的希望和期待。克鲁亚克不禁感慨自己虽然错过“迷惘的一代”，却又不小心地变成“垮掉的一代”。1952年，霍尔姆斯将他这句话写成文章《这就是BG》（“This is BG”）并发表在《纽约时报》（*New York Times*）上，立刻引起了人们的关注。克鲁亚克坦言：“1951年我在写《在路上》（*On the Road*）的时候用了这个词语描写一群像莫里安那样的年轻人，他们开车横穿美洲大陆，

① ［美］比尔·摩根编：《金斯伯格文选——深思熟虑的散文》，文楚安等译，四川文艺出版社2005年版，第34页。

一路上做着各种各样的工作，结交各类女孩子，筹钱吸毒。"① "实际上，克鲁亚克也确认他的小说《在路上》中也确实用到了这个词。"② 霍尔姆斯一再强调此词源于克鲁亚克的无心之言，也预言了他最终将成为真正的"垮掉之王"。华明在《垮掉的行路者——回忆杰克·克鲁亚克》代译的序中总结道："垮掉的一代"的主要特征可以概括四点："反社会，平民性，青年文化，以及东方艺术和神秘主义。"③ 从某种意义上而言，"垮掉的一代"身体上确实垮掉了。他们当中的多数人或者是同性恋者，或者乱性、吸毒、偷窃，以致遭遇牢狱之灾，居无定所。凡是被现实社会不理解甚至不齿的行为，他们都"以身试法"，认为只有这样的体验才能称得上真实的生活。

在"垮掉的一代"中，金斯伯格的诗歌流传至今，记录和揭示了那个年代的症候。越南战争、冷战、种族冲突、毒品泛滥、性解放等各种世态都在他的作品里得到了真实的反映。他的诗歌《嚎叫》("Howl")、《美国》("America")、《卡迪什》("Kaddish")等都毫不留情地披露了这些社会病症。克鲁亚克的小说《在路上》《达摩流浪者》(*Dharma Bums*)以及巴勒斯的《赤裸的午餐》(*Naked Lunch*)也共同构筑了"垮掉的一代"文学和文化运动的基础。他们描绘了一群酗酒吸毒、崇尚性解放、高速驾

① Paul Maher Jr. , ed. , *Empty Phantoms*: *Interviews and Encounters with Jack Kerouac*, New York: Thunder's Mouth Press, 2005, p. 311.

② See Paul Maher Jr. , ed. , *Empty Phantoms*: *Interviews and Encounters with Jack Kerouac*, New York: Thunder's Mouth Press, 2005, pp. 71 – 72.

③ [美] 巴里·吉德福、劳伦斯·李：《垮掉的行路者——回忆杰克·克鲁亚克》，华明等译，译林出版社 2000 年版，第 3—5 页。

驶、信奉禅宗佛学的年轻人的生活理念，以这种独特的方式对美国社会进行了最激烈、最有力的抗争。因此，“有必要树立信仰，即使这一必要性还处于一种隐蔽的晦暗状态，即使这种信仰还难以变成现实，而且也缺乏任何迹象表明能够用确切的字眼去说明这一信仰”①。

他们的作品和思想代表了那个时代年轻一代人的生活状态和他们内心的彷徨与对未来的各种社会想象力。他们希望回归最初的自然，用真实的、自己能听得见的声音来与外部不可控制的、喧嚣的社会对抗，却最终将自己卷入一场充满叛逆和争议的文化运动中来。他们一反故常的生活作风和行为，给当时枯槁的美国社会里吹来一股清新的风，瞬时在无数青年的心中荡起万千涟漪，将“垮掉”的文化之波吹送到整个美洲大陆。他们当初只是尝试或者模糊地预见某种颠覆性的或者说新的精神有可能出现，但对这场运动的广度、深度和现实意义未敢预期。他们激进而反叛的人生哲学和惊世骇俗的生活方式对美国各阶层青年具有强大的吸引力和凝聚力，因此，“垮掉的一代”运动与60年代的学生激进运动、嬉皮运动、反战运动、民权运动和女权运动联结在一起，形成了巨大的反文化浪潮。

“垮掉的一代”运动发生于特定的环境中，“是美国的民主传统和麦卡锡主义、人性自由和清教主义、大众文学同学院派文学激烈冲突的产物”②。作为“垮掉的一代”运动的主要人物，克鲁

① ［美］杰克·克鲁亚克：《在路上》，王永年译，上海译文出版社2008年版，第409—410页。

② 文楚安：《“垮掉一代”及其他》，四川大学出版社2002年版，第1页。

亚克一生饱受争议。这些争议基本都围绕着他放荡不羁的生活、惊世骇俗的思想、各种否定传统的创作理念展开。克鲁亚克终其一生努力让自己成为一名真正的作家，一名严肃的作家。在某些时候，他似乎成功了，但是媒体和评论界对他总是吝于褒奖。作为个案的克鲁亚克研究，其积极的现实意义在于有助于我们进一步深入了解整个20世纪50年代美国文学和文化的发展状况，廓清和修正以往人们对“垮掉的一代”这一文学现象在认知上的一些模糊乃至错误的观念。研究克鲁亚克对中国禅宗思想的接受，有利于塑造中国文化的良好形象，真切体悟“和而不同”这一文化全球化不可避免的趋势。同时要认识到，随着不同文学文化比较研究的深入，必须更加尊重文化差异，认同文化对话，了解自我与他者文化的异同，才能更为有效地促进本土文化的进一步发展。

第一章

# 自传式小说的继承者

克鲁亚克的很多作品表达了第二次世界大战以来美国社会意识形态的转型。他以自身经历作为创作素材，以美国广袤的土地和旖旎的自然风光为背景，完成了一系列传记小说。克鲁亚克曾在《大瑟尔》(*Big Sur*)的序言中强调，他所有的作品都不过是他的普鲁斯特式的喜剧般的杜洛兹传奇系列中的一个章节，独一无二的章节。实际上，考虑到每部作品完整性的创作需要，很多内容往往重复出现于不同作品中。克鲁亚克在作品中描述生命中短暂的幸福与满足，亦很真实地袒露人生的困惑与痛苦。在他笔下，孤独、无助、天真、率性等性格描写令人物形象跃然纸上，立体而丰盈，而这所有的一切，均出于作者的良苦用心。他希望用传记式的创作模式拉近自己和读者的距离，增强小说的可读性和真实性，实现作品的价值，最终成就他作为一个伟大传记作家的文学地位。

# 第一节　成长的足迹

每一个作家的作品，包括日记、随笔以及最后的出版物，都是作者思想、性格、品位以及审美价值观的具体表现。“文如其人”大抵便是这个意思，即人的品格总是与他的作品的品格保持一致，只是在形式上会表现出一定的差异。原因很简单，“每一创作过程，都是作者藉他所感受的真实世界，再以我们现实上的人和事供其驱使，造出一艺术世界来。即使是现实主义者，他也有他相信之真实世界。这真实，便是现实”①。每个人的经历、思想、价值观均有不同，他们认识的真实世界便会与他人有所差异，甚至同样一个人在不同的时间对同一个事物的认识也会不同。因此，每一个作家创作出来的作品总是独一无二不可复制的。当然，不同的作品其价值必定不尽相同，文学作品良莠不齐也是正常不过的。

克鲁亚克丰富的人生经历是他创作灵感的最大来源。他天性敏感，心思细腻，性格内向，不擅长与人交往。他少年时代颇具运动天赋，大学毕业后出过海，做过司闸员，折腾过职业创作人等行当。他断断续续从事过各种工作，从没能在长时间内坚守一份工作。他一生最长时间坚持下来的，便是以体验生活的名义四处旅行，不断地穿梭在美国的西部与东部之间。克鲁亚克的旅行，更像一场心灵之旅，无明确的目标，有时甚至无具体的目的地，

① 周辅成：《论人和人的解放》，华东师范大学出版社1998年版，第410页。

总是说走就走，居无定所，乃至身无分文，穷困潦倒。他随遇而安，在糟糕透顶的境遇中练就了随遇而安的心境以及面对外界狂风暴雨般的批判和嘲讽依旧淡然处之的心态。

克鲁亚克观察入微，在平凡的日常生活中注重收集灵感的点滴，留心所有人和事物的具体特征，感受大自然和世人带给他的欣喜、悲伤、失落等种种况味。他随时记录旅途的所见、所闻和所思，甚至不顾后果将自己或者朋友们的各种令人费解乃至可能让世人不齿的行为和隐私叙述给读者。他的叙述，遭来很多刻板、保守、因循守旧的学院派和评论家的谩骂与指责，完全否定他是一名合格的作家，认为其充其量不过是一名不入流的传记小说家而已。克鲁亚克依然坚持自我，不断告诉读者，他的书写是他和他的朋友们曾经的亲身经历，是真真切切的往事回忆，渴望世人认可和接受他的作品。为了减少不必要的麻烦和保护隐私，克鲁亚克听从出版社的建议，用不同的名字替代自己和朋友的真名。细心的读者只需稍加观察，便可一眼分辨出他笔下人物的真实身份和他们曾经惊世骇俗的经历。但在克鲁亚克的不同作品中，即使同一个人物，也会有一个完全不同的名字，由此增加了读者阅读和理解的难度。换言之，克鲁亚克的创作，不同于严格意义上的自传式书写。

女性人物在克鲁亚克的作品中占据了一定的篇幅。其中他最不惜笔墨去描写且刻画得最为成功的是母亲这一角色。克鲁亚克对母亲形象的深刻刻画，源于他对母亲加布里埃尔的深厚感情，也是他对母亲多年跟随他四处奔波、颠沛流离却任劳任怨地照顾他的歉意表达。母亲这个人物无论在现实生活中还是他小说的世界里，都扮演着非常重要的角色。在克鲁亚克的一生中，唯一一直陪伴他的是从来不曾对他放手的母亲，不管艰辛还是顺利，陪伴他走过所有的起起落落，也见证他从一个无名小辈到后来的声名鹊起。克鲁亚克对母亲的记忆，“总是与母亲在一起，她靠在鞋厂工作挣钱来支持我的工作，那些年我一直忙着创作”①。即使在生命的最后时刻，母亲也没有离开过他半步，不知这是他人生的幸福，还是母亲最大的痛苦。

克鲁亚克的人生很难简单地用幸福或者磨难来形容。他人生中的每一次决定，仓促的、深思熟虑的、好的、不好的，到头来他都必须为这些行为埋单，不自怨自艾，也不向任何人解释。他遭遇身份认同和文化冲突危机，却从不忘初心，总是记起带给他无限快乐和美好回忆的洛厄尔小镇，他在那里度过了童年和少年时代。他独自远行，在哥伦比亚大学求学，不停地穿梭在美洲大陆上。他带着疲惫的心归来，母亲都在默默等候，成为永远的安全之所和避风港。

作为“垮掉的一代”文学文化运动的发起者之一，克鲁亚克备受关注。杰克·克鲁亚克（1922—1969），1922 年 3 月 12 日出生于美国马萨诸塞州的洛厄尔镇，在那里度过了他的童年时代。克鲁亚克的父母在新罕布什尔相识，两家人都是早年从加拿大魁北克地区移民过来的法裔加拿大人，信仰罗马天主教。他的父亲里奥·克鲁亚克（Leo Kerouac）开了一家印刷厂，母

---

① Paul Maher Jr, ed., *Empty Phantoms*: *Interviews and Encounters with Jack Kerouac*, New York: Thunder's Mouth Press, 2005, p. 223.

亲加布里埃尔·莱维斯克（Gabrielle L' Evesque）负责全家人的起居。

克鲁亚克的家庭背景比较复杂。1914 年前后，年轻帅气的里奥遇见了名叫加布里埃尔的“整洁的法裔加拿大女孩”①，一见倾心。加布里埃尔是一个血统比较复杂的法裔加拿大移民。她出生在加拿大的魁北克省，14 岁丧母，后与父亲相依为命。加布里埃尔的父亲经营一家磨坊，后又做了一家酒馆的负责人。她的父亲在 38 岁那年不幸过世，加布里埃尔 16 岁便成为孤儿，一度在叔父和姑姑家做女佣以维持生计。她后来在新英格兰的一家鞋厂工作，学会了一些工厂技术工的手艺，也练就了坚强、忍耐、独立的性格，为她后来嫁给里奥，撑起一个家庭做好了准备。克鲁亚克的父母早年跟随家人分别从加拿大的魁北克地区的农村移民到美国的新罕布什尔州，那时他们彼此并不认识。两人后来在新罕布什尔相遇并结婚，婚后他们沿着梅里马克河搬到了 14 英里之外的马萨诸塞州的洛厄尔镇，从此定居下来。

在洛厄尔这个小镇里，克鲁亚克兄妹三人先后出生。1917 年，克鲁亚克家族的第一个孩子杰拉德（Gerald）出生。1920 年，第二个孩子卡洛琳（Carolin）出生。1922 年 3 月 12 日，克鲁亚克出生，并在一周之后接受了天主教的洗礼，成为一名天主教徒。根据加布里埃尔后来的回忆，说小杰克出生那天，她听到一英里外的波塔基特瀑布落入梅里马克河的巨大的撞击声，惊天动地。这是否意味着她的儿子从脱离母体的那一刻开始就注定不同凡响？

① Jack Kerouac, *Desolation Angels*, New York: Putnam's, 1979, p. 283.

克鲁亚克的教名是“Jean – Louis”，来源于加布里埃尔印第安血统的“让”（Jean）的祖母家庭的名。祖母后来嫁给了一位叫莱维斯克（L' Evesque）的男子，生了一个叫路易斯（Louis）的儿子，即加布里埃尔的父亲。这些人的名字合在一起，构成了克鲁亚克的全名：让·路易斯·杰克·克鲁亚克（Jean Louis Jack Kerouac）。克鲁亚克虽然遗传了父亲里奥的俊朗外表，但他乌黑的头发和高高的颧骨却继承了加布里埃尔的父亲即克鲁亚克的外祖父的特征。

克鲁亚克排行第三，是家中最小的男孩，他的童年生活平静而幸福。克鲁亚克从出生之时就得到了比哥哥和姐姐更多的照顾和关心。在他的哥哥杰拉德幼年夭折之后，加布里埃尔更是战战兢兢、小心翼翼，把克鲁亚克照顾得无微不至，将唯一的儿子视为自己最后的寄托和希望。这过分的关爱，对克鲁亚克的成长影响颇深，在某种程度上造成了他日后对母亲的过度依赖和母亲对他的过多约束。他将童年最多的感恩献给了母亲，称赞母亲是所有孩子梦寐以求的好母亲，一个天生就会照顾人和让人觉得安全、踏实的母亲。加布里埃尔确实是一位决断力强、能干的女性。她几乎掌管了家中的一切事物，里里外外都打理得井井有条，“即使是在大萧条时期，当其他的邻居家庭主食改为猪油三明治的时候，加布里埃尔依然有办法能为全家准备丰盛的食物，包括蘸满枫糖的可丽饼、香肠、巧克力牛奶，猪肉卷拌洋葱、胡萝卜和土豆，甚至还有她亲自制作的樱桃派”①。从克鲁亚克记事起，便不曾长

---

① Ellis Amburm, *Subterranean Kerouac: the Hidden Life of Jack Kerouac*, New York: St. Martin's Press, 1998, p. 9.

时间离开过母亲。即使他后来去纽约求学，母亲担心他在外无人照料，就带着父亲搬到纽约。加布里埃尔总是在他的身边，如影随形，呵护、陪伴，也束缚着他。

得益于良好的遗传基因和加布里埃尔的悉心照顾，克鲁亚克容颜俊朗，体格健硕，无论在哪儿都惹人注目。他从小便表现出过人的运动天赋，热爱骑马、打橄榄球等各种剧烈运动。13 岁那年，克鲁亚克在当地参加一场业余少年橄榄球比赛，一鸣惊人，一夜之间成为镇上万人瞩目的中心。同年，他在另一场挑战赛中再创佳绩。激烈的对抗比赛极大程度地满足了一个热血少年的表现欲望，也激起了他战胜别人的欲望。他后来回忆当初的种种比赛场景，却心有余悸，有些后怕，觉得那些比赛犹如令人恐惧的、鲜血四溅的荷马时代的角斗场。作为一名出色的橄榄球运动员，克鲁亚克在洛厄尔镇很快成为家喻户晓的小球星，为里奥和加布里埃尔带来极大的荣耀。

1939 年，因为在橄榄球运动中的出色表现，波士顿大学和哥伦比亚大学同时向克鲁亚克抛出橄榄枝，答应为他提供上大学的全额奖学金。任何人一旦面临选择，问题就出来了。年少的克鲁亚克当时正与镇上的某位漂亮姑娘处于热恋之中，难舍难分。若选择留在波士顿读书，这段恋情还有可能维持下去。但是，年少气盛的克鲁亚克向往更广阔的天空和更精彩的生活。他踌躇满志，想去看看外面的世界，但又不愿意长时间离开母亲，举棋不定。犹豫之际，加布里埃尔果断地帮他做出选择：天涯何处无芳草，离开心爱的姑娘；世界那么大，去纽约，去学习，去生活。自然地，那段青涩的恋情只得让位于少年的梦想与远方，无疾而终；而加布里埃尔，从此巨细无遗几乎接管了克鲁亚克的全部生活。

克鲁亚克凭借橄榄球特长顺利进入哥伦比亚大学，并顺理成章地成为学院球队的一员，定期参加严苛的训练，否则奖学金就会泡汤。然而克鲁亚克并没有打算成为一名职业运动员，他更希望成为一名作家，虽然那时候他的文学创作天赋似乎并不比橄榄球运动更出色。不过，在选择去哥伦比亚大学这件事情上，父亲里奥非常恼火，这直接影响到他供职的公司的商业利益。如果选择波士顿大学，里奥与他所在的公司都将从中受惠。但是克鲁亚克的选择最终导致里奥被公司解聘，事业一落千丈，从此一蹶不振，借酒消愁。在母亲的抉择和父亲的劝导之间，母亲的权威、决策明显起着决定性作用。究其原因，里奥凭借着自己的一副光鲜外表混迹赌场与酒吧，将照顾家庭的责任早已抛却脑后，而加布里埃尔向来强势，日夜操持全家，在关键时刻绝不会让平日对家庭不闻不问的里奥做任何决定。加布里埃尔后来成为克鲁亚克的生活中不能须臾或失的部分，是他的精神支柱，是引导他回航的灯塔。

加布里埃尔逐渐养成固执己见、猜忌多疑的性格。她受教育的程度不高，拒绝学习英语，一辈子说一口法语方言。因为混杂的语言环境和母亲对他语言教育的失职，克鲁亚克从小说法语，六岁开始学习英语，十八岁以后才慢慢学会准确地使用英语，仍时常词不达意。在以后的生涯里，克鲁亚克一直坚持用英语创作，在与朋友的书信往来和交流中，他会偶尔使用法语，法语似乎能更好地帮助他思考和表达。克鲁亚克的英语能力，与常年的家庭环境和教育不无关系。加布里埃尔没有引导和教育克鲁亚克学习英语的能力，平素总是与他用法语交流，在很大程度上确实影响了克鲁亚克和外界的交流与沟通。克鲁亚克家族说的法语并非地道的法语，而是一种叫作若阿尔语（joual）的法语方言，是未受教育的法裔加拿大人经常使用的一种加拿大法语，即加拿大魁北克人讲的法语。克鲁亚克从小熟练地掌握若阿尔语这种独特的方言，能够区别方言和标准法语的不同，并在日后的写作中根据人物和情节的需要使用法语。夹杂着若阿尔语和英语的叙述，读来更加亲切自然，更有地域特色，人物形象也更为鲜明和饱满。这些在《萨克斯医生》（*Doctor Sax*）、《杰拉德的幻想》（*Visions of Gerald*）、《科迪的幻想》（*Visions of Cody*）中可见一斑。克鲁亚克一辈子都在努力地让自己成为一名使用地道英语写作的美国作家。作为一名专职作家，克鲁亚克显示出很多与其他作家不同的特征。比如，他钟情自传式小说，喜欢天马行空的自发式写作，酷爱用真实的经历向读者讲述一个个跌宕起伏的故事，这包括："他的移民背景；他的哥哥杰拉德的夭折；他强烈地想要成为一名伟大的作家的决心；他父亲的辞世；他与母亲的相依相守……他对佛教和天主教神秘主义的探索以及酗酒。他把自己的人生描绘成一个巨大的戏剧，就是他后来说的杜洛兹传奇。"① 这所有的一切，构成了他的创作素材。

克鲁亚克自幼运动天赋过人，但生性腼腆。成年后浪迹天涯，

① Matt Theado, *Understanding Jack Kerouac*, South Carolina: University of South Carolina, 2000, p. 9.

结交无数朋友，放纵不羁，却依然内向，不善言辞。这样大概可以解释他成名后不善于和媒体打交道，更不善于在聚光灯下侃侃而谈地表达自己的原因了。克鲁亚克不断遭到评论家和媒体的恣意批判，指责他语言不严谨，措辞不准确，书写不符合英语的写作规范。面对这些扑面而来的批评乃至嘲讽，他总是三缄其口，几乎不做任何正面解释或者回复。或者，他本性如此，一贯懒于辩白。又或者，他根本不知道如何为自己的书写做出令人满意的解释。于是，沉默便是最好的解释，这也成为他面对媒体所能采用的最好的自我保护方式。克鲁亚克复杂的法语和英语语言背景，对他而言，犹如一把双刃剑。一方面，多重语言的使用丰富了小说创作，读者对他的人物刻画和事件叙述充满了好奇和期待。另一方面，这种看似复杂的语言使用习惯，也让他背负诸如写作随性、语言使用混乱等疵议。在学院派大行其道、经典并未坍塌的20世纪50年代的美国文学界，克鲁亚克宛如天际的清风，让很多读者耳目一新，满怀惊艳；也被另一些读者视为洪水猛兽，欲除之而后快。今日看来，正因他独特的语言使用技巧和行云流水般的叙述，他的一些作品才能别具一格，脱颖而出，进而跻身于名作之林，成为曾经拒斥它的经典的一部分。

1936年春，克鲁亚克初中毕业，同年秋季进入洛厄尔高中学习，他的文学创作天赋也一点一点地展露出来。他从小爱好读书，只要有时间便跑去镇上的公共图书馆阅读。图书馆虽小，藏书却颇为丰富，古典和现代文学作品插架盈壁，各个时代的伟大作家、作品均在馆藏范围之列。年少的克鲁亚克徜徉于浩瀚无垠的书海之中，美国的、英国的、法国的作家的作品，他都一一读过。在这段难得的时光中，他谙熟的法语对他的阅读帮助很大。他慢慢地有了自己喜爱的作家，崇拜沃尔特·惠特曼（Walt Whitman），深受托马斯·克莱顿·沃尔夫（Thomas Clayton Wolfe）等作家影响。克鲁亚克的阅读范围并不局限于单纯的文学作品，他还对宗教与哲学产生了浓厚的兴趣，阅读了不少相关的书籍。正是这种广泛的阅读，拓展了视野和思想，慢慢地开始形成自己的思维模式和创作理念。在那段静谧的时光里，克鲁亚克心无旁骛，随手写下大量的阅读笔记，并养成了终身做笔记的习惯。克鲁亚克后来颠沛流离，四海为家，但是他不管到哪里，都会随时记录下所见、所闻、所感，以备不时之需。他周围的一切，亲戚、朋友、邻居的日常琐碎、闲聊、广播节目、电视访谈等，他总都用心地记录。有时兴之所至，他会随手在旁边画上几笔，就当是配图了。这些看似漫不经心实则难以坚持的随笔，记录了他生活中的点点滴滴，为后来的创作提供了丰富的创作灵感与素材，也为他后来形成独特的自发式写作风格打下坚实的基础。

年少的克鲁亚克知道自己的梦想。他踌躇满志，思索再三，却不敢向母亲吐露心声。几番出入教堂后，他鼓起勇气与一直信任的阿门德·斯柏克（Armend Spike）神父深入交谈：

“每个人都在嘲笑我。”

“为什么？”

“因为我想成为一名作家。”

“我没有嘲笑。”

“你真没有吗？”

"没有。我觉得这个想法很好。"

"我想成为一名作家。我想写很多书。比你还有力量。很有可能。作家就应该像我们这样。"

"我还是要提醒你。你将来可能会很失望。"

"我不介意。"

"那么恭喜你。我也会帮助你。作家很重要，他们可以影响无数人。"①

善解人意的神父提出不少真诚的建议，鼓励他如果想成为一名作家，就要去纽约那样的大城市学习，去拓展自己的视野，那里有他的梦想与未来。神父的这番话，对他后来在面对波士顿大学和哥伦比亚大学的两难选择中最终选择哥伦比亚应不无引导之功。克鲁亚克在洛厄尔镇的童年生活和学习经历，是宁静、充实而幸福的，是他一生无法忘怀的记忆，也是他成名之后时常愿意带着疲惫回归的地方，是他渴望回归童年和回归母体的重要象征。

虽然生长在一个相当幸福的家庭，克鲁亚克的童年还是经历了一些不幸与伤痛。克鲁亚克四岁的时候，大他五岁的哥哥杰拉德因先天风湿性心脏病而夭折，全家上下一时难以接受这个事实，一度沉浸在极大的悲痛之中。这件事情对年幼的克鲁亚克影响极为深刻。儿时的他并不懂何为痛苦，但是随着年岁的渐长，每当忆起此事的时候，他都会陷入深深的忧伤和悲痛中不能自拔。他唯一的哥哥杰拉德，只是他记忆中一个模糊的影像。

---

① Barry Miles, *Jack Kerouac*: *King of the Beats – A Portrait*, New York: Henry Holt and Company, 1998, p. 21.

杰拉德天资聪颖、生性善良，对一切生命充满敬畏之情，从不伤害任何人和物，深受长辈和同龄孩子的喜欢。在克鲁亚克的眼中，他几乎是一切美好事物的代表。不幸的是，这样一个充满爱心、本应得到更多爱护和关照的孩子，却因病早早离世。这突如其来的生离死别震撼了年幼的克鲁亚克，给他的童年留下了极深的阴影。从那以后，克鲁亚克对死亡突然有了模糊的认识。他后来回忆起那段难以忘记的时光，说自己总梦见哥哥，希望他能回来继续和他说话。他有一段时间变得特别没有安全感，害怕一个人待在黑夜中，更不敢一人独自睡觉。他更加依恋母亲，而母亲也确实更加细心地呵护他。

或许因为哥哥早夭，克鲁亚克开始说服自己相信今生来世，认为在未来的某个时光隧道里，他一定还能再遇见杰拉德。当然，他不可能再遇见。为了表达对哥哥的思念之情，克鲁亚克在他后来专门为纪念杰拉德而创作的小说《杰拉德的幻想》中，饱含深情地回忆了很多杰拉德生前的故事，叙述了葬礼上亲友们悲伤的情绪。他在各种回忆的痛苦中挣扎，希望通过文字的力量帮助自己缓解对哥哥的无限思念并走出那无法摆脱的痛苦。笼罩于哥哥夭折的阴影下，克鲁亚克的不安全感伴随着恐惧在内心慢慢滋长，对他后来的性格和心理成长影响极大。他后来笃信佛教应该也与这段经历密不可分。他不时痛苦，渴望解脱，却永远无法逃离。“克鲁亚克在孩提时代的人世沧桑感，随着时间的推移，变成了潜在的野蛮心理”①，这种心理暗示他拒绝权威，拒绝循规蹈矩，不

① 李斯编著：《垮掉的一代》，海南出版社1996年版，第61页。

时反叛。与克鲁亚克痛苦的经历相比，在这个家庭中承受着更为巨大的痛苦的其实是母亲加布里埃尔。她满腔自责，认为自己疏于照顾才导致杰拉德生病离去。从那以后，加布里埃尔更加战战兢兢，唯恐家中的其他两个孩子再出任何差池，将所有的心血倾注在他们身上，更加小心翼翼无微不至地照顾克鲁亚克和他的姐姐卡洛琳。

这个家庭还遭遇了另外一场突如其来的变故，从此经济状况一落千丈。洛厄尔镇是一个以传统工业生产为特色的小镇，镇上的人们生活自给自足、宁谧顺遂，同时为整个波士顿地区创造了大量的物质财富。1936 年 3 月，毫无预警地，一场洪水一夜之间淹没了小镇，冲毁所有的交通要道，整个洛厄尔镇一时陷入瘫痪。面对这突如其来的自然灾难，人们手足无措，生活瞬间陷入困境。里奥的家庭也不能幸免，在洪水面前遭遇了致命的打击。他苦心经营的印刷厂被大水冲垮，整个家庭唯一的经济来源突然被彻底切断，经济状况变得相当糟糕。考虑到印刷厂短时间内难以恢复到以前的状况，里奥狠心关闭工厂，缩减家庭日常开支，举家搬迁。他们从后院开满苹果花的安逸舒适的大房子搬到了距离不远的穆迪大街上的一幢小平房里。这幢房子空间狭小，年久失修，够他们勉强安顿下来。这次搬迁预言着整个家庭从此由兴盛走向衰败。他们后来反复搬家，每次只会搬到条件更差的房子里去。因为经济状况的恶化和生活的各种不如意，这个家庭曾经的灵魂人物里奥，作为整个家庭经济支柱的他饱受打击，一蹶不振，酗酒赌博，不仅没能做好一名合格的父亲，还四处添乱，彻底逃避作为一家之长应尽的责任和义务。克鲁亚克家族一直坚信的座右铭是“爱，工作和容忍”①，与其说这是一个家庭的座右铭，不如说是加布里埃尔真实的人生写照。在整个家庭举步维艰的岁月里，最终撑起家庭渡过难关的，不是里奥，而是体型瘦小，却有着坚强意志的加布里埃尔。

为了支撑整个家庭走出困境，加布里埃尔毫不迟疑地扮演了一家之主的角色。她白天在镇上的鞋厂继续老本行工作，挣得一点薪水维持家庭开支。空闲下来，她操持家务，照顾孩子们，把一切安排得有条不紊。越是在困难时期，她越不抱怨不争辩，异乎寻常地冷静且具有决断力。家里大大小小的事情她说了算，她掌管并决定家里的一切事情。里奥乐得清闲，从此更加逍遥。在克鲁亚克后来的回忆录和小说的叙述中，母亲留给大家的印象总是厨房中忙碌的身影和鞋厂里日复一日的劳作。克鲁亚克饱含深情地刻画母亲形象，一方面旨在表达他对母亲的深厚情感，另一方面他也在不断尝试建构与其他女性包括自己的妻子的相处模式。遗憾的是，因为母亲的形象实在过于高大与强势，结果在现实里和在小说中，他只能与母亲妥协，而与其他任何女性，都很难长时间维系和谐而密切的关系。

少年的克鲁亚克，不谙世事，是个心智晚熟的男孩。曾有那么一瞬间，他目睹洪水覆盖小镇的“壮观”景象兴奋不已，甚至在内心希望洪水将这世界、这成年人的世界彻底洗涤一遍。他不能理解整个家庭和小镇所面临的种种困境，带着孩童般的天真兴奋地享受这残酷的现实带给他的满是新奇的“快乐”。洪水过后，

① Jack Kerouac，*Satori in Paris*，New York：Grove Press，1966，p. 104.

看着自己生活的小镇满目疮痍、面目全非，他才慢慢明白这场洪水带来的后果。他和姐姐伤心地徘徊在走过无数次、曾经带给他们无限欢乐、如今却摇摇欲坠的穆迪大街的大桥上。想到那曾带给他美好时光的镇上图书馆而今宛若废墟，克鲁亚克悲从中来，慢慢明白了父母们的痛苦和无助，为自己最初的无知和幼稚懊恼，当然他无力让这一切变得好起来。亲历了这场洪水带来的种种磨砺，克鲁亚克懵懂地感到世间万事万物变化无常，唯有痛苦恒在，唯有坦然接受。

克鲁亚克从小缺乏安全感。他目睹杰拉德的逝世，经历家道中落的生活转折，幼年时期总是跟着父母不断地搬家，从未在洛厄尔镇上的某个房子居住超过 4 年。他从小在骨子里厌倦漂泊的生活。反讽的是，漂泊却成为他的宿命。成年以后，克鲁亚克总是带着母亲，带上所有的家当，瓶瓶罐罐，反反复复地从一个城市搬往另一个城市，总是在路上，总是在迁徙，总是羁旅天涯，总是居无定所。在克鲁亚克的心里，“家”非安居之处，只是一个抽象的概念，一顶可随时搭建和拆卸的帐篷，哪里都可以成为一个家。在他一生如候鸟般不断地迁徙中，唯一一直守护在他身旁的只有母亲加布里埃尔。母亲在哪里，家就在哪里，这可以说是克鲁亚克对“家”这个概念的最直观的理解。

克鲁亚克在作品中描述的父亲和母亲形象直接地表达了他对男性的恐惧和对母亲的俄狄浦斯情结。这种情绪形成于克鲁亚克年幼时期，伴随他整个童年时代，还影响了成年时期。虽然常年对父亲充满了各种怨恨与不满，父子之情总是让他一次次选择原谅父亲，尝试着去爱对方。他们之间的感情在《镇与城》中被再度翻开。在小说的结尾，克鲁亚克通过描写主人公彼得·马丁（Peter Martin）在面对父亲乔治·马丁（George Martin）逝世时的不能自控的痛苦情绪，将自己积压在内心多年对父亲的怀念宣泄出来："可是彼得，虽知道父亲已经去世，却拒绝相信事实。他走过去，抓起无力的手腕，试图感觉脉搏……他大声呼喊，他的声音孤独、疯狂，响彻整个空旷的屋子。他仍然拒绝相信，带着强烈的迷茫，他伸出手轻抚父亲的脸，像个小孩子，他现在知道他可以任意轻抚父亲的脸，因为他死了。"① 里奥生前与克鲁亚克的交流极少，他们相处的时光嫌隙多于理解。随着时间的流逝，克鲁亚克最终原谅父亲，也与自己达成了和解。他答应病榻前的父亲，他会照顾好母亲。后来一直陪伴在母亲身旁，一方面说明了他对母亲的深厚感情，另一方面也是他在履行对父亲的承诺。

克鲁亚克喜欢社交，喜欢交朋结友，喜欢在漫无目的的旅途中感受生命的雨露和阳光，是一个性格温和、易于相处的良友。这样一个表面乐观、开朗、行事独立的人，内心却充盈着各种脆弱和无助感。克鲁亚克对母亲的过多依赖不止于为了兑现早年对父亲的承诺。更大程度上的，是他不能离开母亲，总是渴望在母亲的庇护下享受安宁与沉静。在深厚的母子感情面前，克鲁亚克的婚姻生活变得无足轻重。因为长时间和母亲生活在一起，原本

① ［美］杰克·克鲁亚克：《镇与城》，莫柒译，人民文学出版社 2013 年版，第 476 页。

生活能力就很糟糕的他惰性更强。他就像一个从未断奶的孩子，即使出门逛街，都习惯性地向母亲伸手讨要一点儿备好的零钱。他不会照顾人，不会驾车，偶尔陪加布里埃尔去一趟超市，要么预约出租车，要么等着搭邻居和朋友们的顺风车。他很少考虑母亲的出行是否方便，一如既往地享受母亲的悉心照顾，也很愿意让自己的自理能力降至最小。

不管在现实中，还是在小说中，克鲁亚克总是不遗余力表达惊心动魄的在路上的疯癫与叛逆。在那部令他一举成名的小说《在路上》中，他非常生动地描写了一群生活在路上的年轻人的疯狂旅途。这样的故事，让无数年轻人相信那便是克鲁亚克真实、鲜活且充满激情的现实写照。他们为此痴迷沉醉，期盼着自己也能那般真实地感受惊世骇俗的生活。然而，在这样的描述背后，诸多细节早已暗示作者并非就是那群在路上穿越的垮掉者们的核心人物。克鲁亚克没有驾照，不会开车，在一个需要驾车驰骋在广阔无垠的美洲大陆的时代，他不是故事的主角，不是坐在驾驶座位上的那个人。他完全依赖朋友们的不知疲惫的驾驶。加之自己丰富的想象力，才能生动地描绘出刺激的驾驶乐趣。也曾有那么一段时间，克鲁亚克因为不会开车而烦恼。他意识到没有车的艰难，没有车几乎寸步难行。他不愿意总是依靠别人出行，希望有朝一日考个驾照买一辆车："春天一到，我就去考驾照，买一辆1600美元的全新大众车，然后开车到处看看。"[①] 有趣的是，尽管

① Jack Kerouac, *Selected Letters, 1957—1969*, Ann Charters, ed., New York: Viking Press, 1999, p. 246.

每次信誓旦旦，克鲁亚克依旧不紧不慢地沉溺于他喜爱的文学创作中。冬去春来，他依旧心安理得地待在母亲身旁，等着她将美食摆放于餐桌上。至于学车一事，他早已抛在脑后。然后，又开始一次次地体会着没有车所带来的各种生活上的不便，加布里埃尔似乎也舍不得催促克鲁亚克去学开车。时间久了，他便再也不想甚至想不起学车和买车的事了。克鲁亚克后来数次神奇地横穿美洲大陆，这不得不感谢他那帮真挚慷慨的旅伴朋友们对他的包容和无私的相助。或许因为他生性腼腆、内向，遇事总是习惯地往后退缩，他这样的性格总是让人心生怜悯，总是忍不住对他施以援手。克鲁亚克习以为常地依赖母亲和朋友，他这样的“伎俩”在母亲那里永远管用，在朋友面前也总奏效。他与母亲既有亲密的母子情分，更是无话不谈的朋友。他对婚姻丧失信心，对很多女性充满怀疑，唯独对母亲言听计从，很少与母亲发生争执。即使偶尔抱怨，不快也会转瞬烟消云散。克鲁亚克确实是一个相当孝顺的儿子，寸步不离地照顾母亲。实际上是他需要白天陪伴其左右、深夜为他留一盏灯等他回家的母亲，一个痛苦可以倾诉、高兴可以分享的母亲，一个聪明、能干、洞察一切，能在他犹豫不决的时刻为他做出决断的母亲。在他的人生岁月中，他很少独自面对挫败、忧伤，更不会独自承担所有事情最糟糕的结果。他总是逃回母亲的住所，到母亲那里寻求庇护；他写信给朋友，四处求助。他就是这样一个极端矛盾的人，性格孤僻却从未远离人群。

克鲁亚克和母亲亲密的关系令世人费解，他对母亲的过度依赖给媒体留足了想象的空间。克鲁亚克对母亲并非百依百顺，也没有很强烈的恋母情结。金斯伯格曾谈及他们的母子关系，直言克鲁亚克与母亲很多方面皆存在分歧，时常因为一些琐碎发生激烈争执。他回忆说，母子二人曾讨论第二次世界大战期间纳粹是否应该杀尽所有犹太人的问题，加布里埃尔异常激动地支持纳粹的极端行为。克鲁亚克为了顺从母亲，只得点头默认。然而这样的随声附和，转身便会招来加布里埃尔一顿恶骂，指责他心里阴暗，心狠手辣，怎能支持纳粹，一场从天而降的口舌大战瞬间爆发。不管他是支持还是反对，他都逃不过加布里埃尔的责骂，这完全取决于后者当时的心情。加布里埃尔就是个喋喋不休的家庭主妇，不能与她讲大道理，她和儿子的争执没完没了。每当这类情况出现的时候，克鲁亚克总是尽力冷静地向母亲表达自己的观点，以期说服眼前这个固执的老太太。结果总是以他苦苦求饶，加布里埃尔大获全胜而告终。这样的争执，从来都没有彻底结束过，且发作频率日趋频繁。下一场暴风雨总是会毫无征兆地降临，这让胆怯懦弱的克鲁亚克时时彷徨于惊惧无措间，却又不得不隐忍母亲的喜怒无常。他虽对母亲偶有怨言，但只要一想到母亲对他的付出与关爱以及曾经在父亲面前许下的诺言，所有的不快和不满遂变得无足轻重，每次旅行依然不辞辛劳地带上母亲。

加布里埃尔早年含辛茹苦地打理全家人的生活起居，逐渐变得武断、刚愎自用。她跟着儿子东奔西跑，表面上看是克鲁亚克在照顾她的晚年生活，实际上是她把儿子管得严严实实，一切均得依照她的意愿行事。加布里埃尔强烈的控制欲望从早年掌管家族生活开始，愈演愈烈。她“经常去教堂礼拜、忏悔。她所有的裙饰物品都有宗教的徽章”[①]。她时时叮嘱克鲁亚克不可背弃信仰，要像她一样做一个虔诚的天主教徒。有趣的是，克鲁亚克在信仰问题上却与母亲渐行渐远，直至选择佛教作为自己的精神寄托。克鲁亚克时常和好友金斯伯格、斯奈德等人探讨如何研习佛教、如何参禅冥想……他们的这些行为令加布里埃尔十分恼火。加布里埃尔偏执地认为自己的儿子天性纯良，是金斯伯格等一拨人给他灌输了邪恶的思想洗了脑，带偏了儿子的信仰轨迹。她警觉地关注克鲁亚克的一举一动，限制他与那些她认为不应该继续交往的人往来，尤其痛恨金斯伯格这个瘾君子兼同性恋者。加布里埃尔粗暴地干涉克鲁亚克的交友自由，私自拆阅金斯伯格写来的书信。一旦发现风吹草动，她便拿起笔和纸，直接给金斯伯格回信，警告其远离自己的儿子，不得打扰他。盛怒之下，她一度毫不客气地将前来拜访的金斯伯格挡在自家门外，警告其如若执意如此，就要向 FBI(联邦调查局）举报。加布里埃尔的种种过激言行令金斯伯格气愤不已，却又无可奈何。惮于母亲的火爆脾性和不依不饶的处事方式，克鲁亚克自然不敢吭声，更不敢公然与之对抗。他一再退缩，忍气吞声，私下里则继续和那些母亲眼里的“狐朋狗友们”来往。他终究敌不过母亲顽强不屈的阻挠，逐渐丧失了择友的权利，对母亲逆来顺受，最终信誓旦旦断绝与金斯伯格往来。1958 年 7 月，克鲁亚克鼓起勇气写信给金斯伯格，询问后者是否收到加布里埃尔写给他的信，并在信中强调一些个

---

① Barry Gifford & Lawrence Lee, *Jack's Book*, New York: Shambhala Publications, Inc., 1979, p. 217.

人想法："我很赞同她的观点不是因为她说的话，而是我现在确实开始回归了，想过以前年幼时候的那种简单的生活……大门不出，二门不迈……我仅仅是一个佛教——天主教徒，既不想要闲言碎语，也不想要玫瑰……"① 他似乎完全屈服于母亲的个人意志了。而他和金斯伯格二人嫌隙渐生，真的疏远了，很长时间未曾和好。这其中，加布里埃尔"劳苦功高"。

金斯伯格与克鲁亚克的友情历经岁月的洗礼，两人之间的"分分合合"非三言两语可解释。他们的相识可追溯至克鲁亚克在哥伦比亚大学上学时期。克鲁亚克初识金斯伯格，对他印象并不太好，二人不过点头之交而已。放荡不羁的金斯伯格锲而不舍，执拗地要进一步发展和克鲁亚克的关系。他不屈不挠，百般诱惑，终于说服克鲁亚克成为自己的同性恋友人。金斯伯格与克鲁亚克的亲密关系后来被加布里埃尔发现。她勃然大怒，坚决反对金斯伯格把自己的儿子带入同性恋的深渊。然而金斯伯格从来都不打算放弃克鲁亚克，所以才引出后来他不断徘徊于加布里埃尔家门口的一幕。不管继续保持同性恋人还是做好朋友，金斯伯格都希望克鲁亚克存在于他的生命中。在金斯伯格的笔下，加布里埃尔的形象也很是不堪，她自私、武断、偏执，是"一个法裔加拿大农民，一个思想狭隘、自私、幼稚、冷漠，以家庭为中心的老妇人。她总想着把杰克拴在身边，也非常需要他，依赖他"②。金斯

① Jack Kerouac, *Selected Letters, 1957—1969*, Ann Charters, ed., New York: Viking Press, 1999, p. 142.

② Paul Maher Jr., ed., *Empty Phantoms: Interviews and Encounters with Jack Kerouac*, New York: Thunder's Mouth Press, 2005, p. 278.

伯格这番不无偏激的评价与卡萨迪对加布里埃尔的印象截然相反。卡萨迪并不比金斯伯格好很多，日常行事更加放荡不羁。但是他摸透了加布里埃尔的脾气，从不与她对着来，更不会直接发生任何冲突，且适时地表达对加布里埃尔的敬重。他就像一个温顺的少年，让加布里埃尔无法讨厌。

克鲁亚克与金斯伯格日渐疏远，减少与金斯伯格的频繁见面。他们私下依然互通有无、互报平安。1959 年，克鲁亚克心血来潮，在信中突然大胆地表达他对金斯伯格的深厚情谊："我必须说，圣洁的艾伦，你是如此的美丽……很快我就能见到你了。不要在意世人如何评价你。很多人都在撒谎，但是像卢锡安和我这样的人都很爱你，希望上帝能将他最美好的祝福赐给你。"① 在这封信中，克鲁亚克对金斯伯格的情愫清晰可见。他对母亲一再隐忍，不愿意惹母亲不高兴。他也不愿意离弃金斯伯格，那是他生命中另外一个非常重要的人，一个除母亲之外长久地陪着他跋涉人生途程的旅伴。

克鲁亚克周旋于母亲和友人之间，逐渐学会在他们之间寻找平衡点。时间一久，他的心理发生了变化，对男性充满了信任与渴望，不愿意了解女性，不愿与异性长久稳定地相处，变得没有耐心，不考虑对方的感受。高中毕业那年，因为要去哥伦比亚大学求学，他与第一任女友分手。之后，克鲁亚克经历了一个又一个女友的离开和反复的婚姻失败。他从小忍受母亲的各种管教，

---

① Jack Kerouac, *Selected Letters, 1957—1969*, Ann Charters, ed., New York: Viking Press, 1999, p. 224.

受到过度的照顾和保护，从而丧失了与其他异性交往和沟通的能力，而他断断续续的双性恋行为加重了与女性交往的心理障碍。

在克鲁亚克的情感经历中，一帆风顺和幸福美满与他无缘。他的第一次婚姻在仓促中开始。1944 年 8 月中旬，克鲁亚克因帮助隐匿卢锡安·卡尔（Lucien Carr）刺杀大卫·卡默勒（David Kammerer）的证物而深陷牢狱之灾。女友埃迪·帕克（Eddie Parker）情急之下，只得提前申请结婚证，在狱中与克鲁亚克完婚。她以此为条件，提前从祖父留给她的遗产基金中支取了 500 美元做保释金帮助克鲁亚克脱身。这段婚姻从一开始就不被大家看好，包括克鲁亚克本人。出狱后的克鲁亚克似乎并不懂得珍惜埃迪的良苦用心，只想着如何偿还那 500 美元赎金。埃迪的奶奶不喜欢克鲁亚克，尤其不能原谅他当初一个人出海，让埃迪一人承受怀孕和堕胎的痛苦。克鲁亚克的父母在儿子入狱一事上既不出钱，也未出力，事后还对先斩后奏想方设法解救克鲁亚克的埃迪小姐心存芥蒂，认为他拐跑了自己的宝贝儿子。克鲁亚克已与埃迪完婚，里奥和加布里埃尔并没有学会放手，要求继续支配儿子的所有收入。克鲁亚克当然言听计从，教养颇好的埃迪只能选择沉默。

短暂的蜜月期之后，克鲁亚克夫妇二人之间的隔阂悄然而至。由于彼此缺乏足够的了解、沟通和信任，加之第一部小说《镇与城》（*The Town and the City*）销路不佳，他情绪低落，转而迁怒于埃迪。克鲁亚克深感自己难以继续平淡的家庭生活，害怕创作的灵感和生活的激情在日复一日的柴米油盐中消失殆尽，毅然决然选择了远行。1946 年 9 月，由于克鲁亚克的长时间出走和过度的冷漠，埃迪在母亲的不断劝说之下，无奈地向他发出解除婚姻的文件。作为克鲁亚克的第一任妻子，埃迪在回忆录中，详细记录了她与克鲁亚克的相遇、相恋和最后的分手。她曾认为自己和克鲁亚克在性格、气质和爱好方面互补。他们彼此相爱，一定能携手到老。分手之后，她不无遗憾地写道：“如果可以重新构建我生命中的很多事情，我绝对不会在1946年离开杰克……所有的理由都显得那样遥远，而我关于杰克的回忆只剩下我对他的爱，这种爱，远远早于他的传奇和声名。”① 如果没有那场意外和保释金事件，埃迪与克鲁亚克的婚姻之路也许可以走得更从容、更完美吧。

重获自由的克鲁亚克似乎并不是为了获得创作的灵感，而是想摆脱埃迪，当然他并不承认。他也没有从这场婚姻中吸取任何教训，迅速与新结识的琼·哈维蒂（Joan Harvety）闪婚，婚后定居于纽约。当时克鲁亚克在为20世纪福克斯公司撰写电影脚本，收入稳定。日子虽略显平淡，一切倒也宁贴。克鲁亚克一心想要珍惜第二次婚姻，希望好好经营、维护两人的情感，但是中间状况频仍。克鲁亚克一度怀疑琼与他人有染，盛怒之下，两人于1955年离婚，终成陌路。

第二次婚姻带给克鲁亚克的创伤更为严重。很长一段时间，克鲁亚克鲜少与外界往来，过着封闭、压抑的生活。他回到母亲身畔，宛如回到孩提时代，粗茶淡饭，与家里的三只猫为伴。寂寞难耐时，他怨声连连：“没有女朋友，也没有男性朋友，没人说

① Frankie Edith Kerouac - Parker, “Foreword,” Timothy Moran & Bill Morgan. ed., *You' ll be OK: My Life with Jack Kerouac*, San Francisco: City Lights Bookstore, 2007, pp. 21 - 22.

话，什么都没有。”[①] 而他原以为能一直持续的这份宁静终究被打破。1964年，即他与琼离婚9年之后，后者突然将他告上法庭，索要他们共同的女儿珍妮特（Janet）的抚养费。惊愕之余，克鲁亚克才发现自己竟然有一个已经9岁的女儿。他毫无喜悦感，而是怀疑珍妮特是否是自己的亲生女儿。在事实面前，按照法院的判决，不管克鲁亚克同意与否，他每周要支付给珍妮特52美元的抚养费，直至她21周岁成年。克鲁亚克仍旧固执己见，根本不打算说服自己接受这个突然出现的女儿。“他知道那是他的女儿，但是又认为那不是他的宿命，他也不应该有一个完整的家庭。”[②] 他的这种自我否定的性格，源于他儿时的各种经历和成年后的多重挫败。他虽然生活在一个看似完整和幸福的家庭，但是父母关系并不融洽，而先后遭遇原生家庭和次生家庭中的重重变故，他似乎已经认定幸福与他无缘。

加布里埃尔性情多变。在婚姻这件大事上，克鲁亚克从未与母亲商量。他结婚、离婚、再婚……一个人做所有的决断，承受婚姻带给他的快乐、痛苦以及失落。在珍妮特的抚养费问题上，加布里埃尔不置一词，既不否认也不肯定珍妮特的身份，任凭克鲁亚克自行处理。两次婚姻，克鲁亚克基本都是先斩后奏，这令加布里埃尔多少有些不愉快。虽然从未当面抱怨儿子失败的婚姻，但在后来的生活里，当发现克鲁亚克与其他女性相处的时候，加布里埃尔变得更为敏感、挑剔。她心里只装着自己的儿子，世间

① Tom Clark, *Jack Kerouac, a Biography*, Orlando: Harcourt Brace Jovanovich, Publishers, 1984, p. 196.

② Ibid., pp. 205 – 206.

其他任何一切她都漠然置之。克鲁亚克后来陆续结交了很多女性朋友，曾经专门带了一个女孩子回家见母亲，希望讨得母亲的欢喜和认可，消除母亲对他长期单身状态的担忧。加布里埃尔对这位不期而至的客人确实也热情周到，彬彬有礼，让克鲁亚克一时产生错觉，以为获得认可。但女孩子一离开，加布里埃尔便开始对他的这位新女友评头论足："头发太长……也不知道扎起来……喜欢光脚走路……是个印第安人……"[①] 她甚至怀疑对方是个居心叵测的女巫，断然不可与自己的儿子继续交往。因为母亲的反对，这段感情无疾而终。他后来频繁地更换女朋友，其女友之一乔伊斯·约翰逊（Joyce Johnson）在后来的回忆录中记录了与克鲁亚克的过往情史，为后来的克鲁亚克传记研究提供了丰富的第一手素材。克鲁亚克未能和任何一任女友长期交往，加布里埃尔也从来没有对出现在她家中的哪一位女孩子真正满意过。她寻找各种各样的理由打消儿子与其他女性交往的念想，比如这个女孩子说话的语气令人生厌，那个洗碟子的方式不够熟练，或者走路的体态不够优美……每一种理由尽显加布里埃尔的挑剔和无理取闹。克鲁亚克因此大为恼火，却又不敢公然与母亲对抗，连平心静气的当面理论都不敢，他一次次败下阵来。究其一点，他对母亲的逆来顺受并非自己过于懦弱，而是他绝对不会为了维持和别的女性的感情而不顾及母亲的感受，就像他当初毫不犹豫地答应断绝与金斯伯格的交往那样。他曾经在某首小诗里面写下"我爱上了我的母亲"，这也算是一种解释。根据乔伊斯的回忆，克鲁亚

① Aronowitz, "The Beat Generation," *New York Post*, March 10, 1959, p. 9.

克对母亲充满无限的依赖和眷恋，其他任何女性，在母亲面前都会变得无足轻重。在与女友相对时，他总是心不在焉，时刻记挂着母亲，不愿与情人厮守，却时刻打算与母亲待在一起。乔伊斯醋意大发，将所有的怨恨全归结在加布里埃尔身上。“他没打算和我待一个星期。那个让我输得一败涂地的女人是他的母亲加布里埃尔·克鲁亚克。他总是在期盼早点看到他母亲的厨房间的窗户。”①

克鲁亚克对母亲的感情在作品中得以充分体现。“我拖着沉重的步伐走进妈妈家的院子，看到她正站在厨房的水槽前面洗碗，脸上带着愁容，看来是在担心我还没有回来……我在温暖的厨房里和妈妈相互拥抱……我又一次回家了。”② 母亲的厨房代表着温暖和满足，母亲是他最终的避风港湾，爱母亲比爱任何人都重要。克鲁亚克对母亲的眷恋在《梦之书》中同样可见一斑。他会喃喃呓语：“梦见妈妈的大盖篮，盖着布，有图案缝在上面，如此干净而温馨，以至于我想要大喊：‘我再也不会看见这么干净而漂亮的东西了。’”③ 克鲁亚克在乎的不是一个干净的篮子，而是担心再也没有机会享受母亲的关爱。他对母亲的爱迸发自心底，直接而热烈。小说《镇与城》中有一段关于彼得回到母亲身边的描写：“他（彼得）跑回到她身边。他目不能视，天旋地转，感觉自己

---

① Jack Kerouac and Joyce Johnson，*Door Wide Open：a Beat Love Affair in Letters，1957—1958*，New York：Penguin Books，2000，p. 22.

② ［美］杰克·克鲁亚克：《达摩流浪者》，梁永安译，上海译文出版社 2008 年版，第 146 页。

③ ［美］杰克·克鲁亚克：《梦之书》，林斌译，上海译文出版社 2013 年版，第 120 页。

在噩梦中跌跌撞撞地从一个人跑向另一个人。他从孩提时代就没见母亲哭过，看见她这样，他伤恸难已。他自己也在哭，无声地，大滴大滴的眼泪从脸上滚落下来，又被她茫然地擦掉。”① 在母亲眼里，彼得是一个永远长不大的孩子，这样的描述正是加布里埃尔和克鲁亚克关系的生动写照。克鲁亚克一生与母亲相依为命，言听计从，甚至有些唯唯诺诺，这些都成为评论界关注褒贬的话题。

在 1962 年以后，单身的克鲁亚克带着年迈的母亲不断往返于佛罗里达和新英格兰之间。他想为母亲寻得一处安逸的住所，又不愿意在一个地方长时间待下去。他们不断行走在路上，勾勒出一幅宁静祥和的母子情深图。克鲁亚克的朋友们很难理解他的行为，纳罕他为什么总有一种一定要与母亲相守的强烈意愿，为什么总在寻找一切可能与母亲共处的时光。并且只有那样，他才“可以彻底做回自己，畅所欲言，意识上处于无我的一种放松状态”②。卡萨迪是为数不多的熟悉加布里埃尔且对她存有美好印象的一个人。他对加布里埃尔的评论没有其他人那么负面，而是认为“她是一个完美的、可爱的小老太”。1963 年，《时尚先生》杂志刊发了一篇有关克鲁亚克的文学评论，文末不忘讽刺克鲁亚克终究还是带着母亲在长岛安顿下来，从此长久陪伴。这样的讥讽让克鲁亚克懊恼不已。他不明白自己远离大众视线，媒体却为何

① ［美］杰克·克鲁亚克：《镇与城》，莫柒译，人民文学出版社 2013 年版，第 430 页。

② Paul Maher Jr.，ed.，*Empty Phantoms*：*Interviews and Encounters with Jack Kerouac*，New York：Thunder's Mouth Press，2005，p. 22.

仍不依不饶地拿他和母亲说事。他对外解释对母亲的所有照顾源于母亲早年的辛劳与付出，他只是在回报母亲，一切皆是自己的责任和义务。“和母亲生活在一起。她在鞋厂工作，用她微薄的工资支持我写作。她是我的母亲，更是我的朋友。”[①] 而他内心深处也很明白，自己“将永远和母亲在一起，就像夫妻那样，虽然母亲并不是他真正的妻子”[②]。他天真地以为他的所谓澄清从此会消除外界对他和母亲的误解，即“某种俄狄浦斯情结将他和母亲紧紧捆绑在一起的亲密关系的评价，他也蔑视弗洛伊德关于他和母亲关系和心理分析的诠释”[③]。然而这一切，并未如其所愿起太大作用。克鲁亚克和母亲一直以来的亲密关系影响了他童年时期的心理成长以及成年后对待女性的态度。他在情感的旋涡中沉浮、挣扎，借酒消愁，创作一度停滞不前。

1964 年，克鲁亚克的姐姐卡洛琳去世。从幼时哥哥杰拉德的夭折，少时父亲里奥的病逝，到中年姐姐卡洛琳的离世，亲人间的人天永隔令他长时间沉浸于痛苦之中。他将一切归于因果、轮回，明白谁也不能选择，只能面对。他记得当年父亲不顾家人劝阻，日日酗酒，嗜赌如命。直到有一天杰拉德突然没了，里奥幡然醒悟，后悔自己没能在杰拉德最后的时光陪伴其左右。“有些事情父母必须为他们生命中曾做过的事情付出代价——这样我就能

---

① Paul Maher Jr. , ed. , *Empty Phantoms*: *Interviews and Encounters with Jack Kerouac*, New York: Thunder's Mouth Press, 2005, p. 223.

② Barry Miles, *Jack Kerouac*: *King of the Beats – A Portrait*, New York: Henry Holt and Company, 1998, p. 5.

③ Robert A. Hipkiss, *Jack Kerouac*: *Prophet of the New Criticism*, Lawrence: The Regents Press of Kansas, 1976, p. 20.

解释为什么我的哥哥在9岁那年夭折了。从那以后我父亲再也不赌博也不会夜不归宿了。”[①] 这些变故对加布里埃尔的打击更为沉重。卡洛琳往生后，克鲁亚克更加坚定了信念，从此专心陪伴母亲。

加布里埃尔晚年偏瘫，生活无法自理，她的健康状态直接改变了克鲁亚克的人生轨迹。1966年，加布里埃尔因中风而半身不遂，这位坚强的老太太似乎终于被打垮。精神支柱突然倾斜，克鲁亚克在惊慌失措中要面对照顾母亲和支付高昂的医疗费的艰困之境。他四处筹钱，出售书稿、电影脚本，与出版商洽谈，去意大利演讲……能挣钱的活他都愿意做。他去意大利的旅途再也不像往常那样充满欣喜和激动。来去匆匆，惦记的总是母亲的健康和下一笔医疗费用。考虑到她的生活起居等一系列现实问题，克鲁亚克需要找一位日夜能照顾母亲的人，首选方式就是为母亲再找一个儿媳妇。那年11月，克鲁亚克与好友桑米·桑帕斯（Sebastian Sampatacus）的妹妹斯特拉·桑帕斯（Stella Sampatacus）结为秦晋之好，开始人生当中的第三段也是最后一段婚姻。斯特拉年幼便与克鲁亚克相识，稍稍年长于他，从小对克鲁亚克充满敬佩与爱慕之情。她似乎一直在默默地等待克鲁亚克将关注的目光转向她。终于，命运给了她这样的机缘。在克鲁亚克最脆弱的时候，她慷慨相助，也实现了自己与心上人牵手一生的梦想。斯特拉无微不至地照顾加布里埃尔，以女主人的身份打理克鲁亚克

---

① Jack Kerouac, *Selected Letters, 1957—1969*, Ann Charters, ed., New York: Viking Press, 1999, p. 328.

的日常起居。重新回归婚姻生活的克鲁亚克终于彻底安顿下来。从此，“她守在了家门口；她日日洗衣做饭；她对他的很多需求很排斥；杰克最终要求有自己的房间”①。看上去满是温情和温暖的家庭生活，对克鲁亚克而言，难以用简单的幸福来形容，倒也不能说不幸。

对于长期依赖母亲、婚姻观念模糊的克鲁亚克而言，第三次婚姻并没有使他变得更睿智。他不擅长经营人际关系，不懂家庭生活之道，常年把对家的概念缩小到他和母亲共同生活的狭小范围之内。从一开始，克鲁亚克对这场婚姻就没抱太大的希望。他需要的是一位能照顾他母亲的妻子，他的婚姻是为母亲而存在的。

但是，斯特拉却珍重和珍视这场婚姻。她对克鲁亚克的原生家庭、个人性格以及加布里埃尔都相当了解，时刻准备走进他的生活去扮演一个重要的角色。她意志坚定，不容许自己失败。同时，她是一个聪明练达的女人，很清楚在这个家庭中谁最有发言权和决策权。为了取得加布里埃尔的信任和欢心，斯特拉专门写信给加布里埃尔，非常真诚地告诉对方她对克鲁亚克的深厚感情，并希望得到加布里埃尔的同意和祝福：“我深爱杰克——这种爱已经持续了很久，我从来没有想过要嫁给他以外的任何人。我看了看镜子中的自己，我退缩了。我已韶华不再，甚至不可能再为他生儿育女。杰克需要一个更优秀的女人陪伴他……”② 斯特拉终

① Paul Maher Jr. ed., *Empty Phantoms*: *Interviews and Encounters with Jack Kerouac*, New York: Thunder's Mouth Press, 2005, p. 263.

② Jack Kerouac, *Selected Letters*, *1957—1969*, Ann Charters ed., New York: Viking Press, 1999, pp. 422 – 423.

于攻破了加布里埃尔这道牢固的防线，以难得的真诚与谦卑赢得了她的支持，得到加布里埃尔的认同比得到克鲁亚克本身更加重要和有意义。斯特拉接受了克鲁亚克的求婚，下定决心绝不能成为克鲁亚克离婚事件中的下一个女主角，而是要成为他人生旅程中的一位妻子。斯特拉比克鲁亚克的前两任妻子更了解这对母子，更懂得他们的心理，因而也更能从容应对。

纵观克鲁亚克的三段婚姻，他虽然对美满的婚姻和幸福的生活充满期待，却不善经营。他不懂得沟通之道，遇事选择逃避乃至放手。他更不愿意在经营婚姻的时候减少对母亲的依赖。他认为自己需要一个善解人意的妻子，却很少关心和满足对方的精神诉求。他既未享受过做父亲的快乐，更没有尽一个父亲的责任和义务。当然，他也有过短暂的幸福时光。《在路上》的创作初期，克鲁亚克与琼沉醉于婚后的甜蜜里。琼白天忙着出去上班，晚上回来照顾他，给予他莫大的帮助和鼓励："我依然扮演着他的缪斯和灵感来源的角色，即使当他的创作变得对我无足轻重甚至无法阅读的时候。这对他而言也算是一种解脱，总比总是专注于一些无聊的事情或者一些自私的需求要好得多。"① 那时克鲁亚克对琼充满着浓情蜜意，体谅她的辛苦，感激她对自己的支持和理解。他在一次访谈中深情地说道："我把它（《在路上》）献给我的妻子。她结束 4 个小时的服务员工作后回到家，总想知道一切关于尼尔的故事以及我和尼尔之间的事情。她总问我们之间到底发生

---

① Paul Maher Jr.，ed.，*Empty Phantoms: Interviews and Encounters with Jack Kerouac*，New York：Thunder's Mouth Press，2005，p. 13

了什么。我为她而写作。”[1] 克鲁亚克后来将《在路上》题献给琼，那位他曾深爱过、对方也曾深爱过他，最终却因彼此之间过多的误解与怨恨而沦为陌路劳燕分飞的第二任妻子。后来，克鲁亚克则将《杜洛兹的虚幻》题献给第三任妻子斯特拉，这是他对她曾经付出的认可与感谢。

斯特拉的出现，几乎颠覆了克鲁亚克原本看似宁静实则杂乱无序的生活。没有斯特拉的日子，加布里埃尔无处不在，充当着保护者、安慰者和陪伴者。斯特拉入住这个家庭之后，接管家中大小事务，一切事务在她的安排下变得有条不紊。她井然有序地打理整个家庭，照顾母子俩的日常起居。加布里埃尔对这位儿媳妇非常满意，克鲁亚克却不这么想。他骨子里潜藏的某种莫名的大男子主义思想令他在一个能干的女子面前时时觉得颜面有失，无地自容，尤其这个人是他的妻子。他可以坦然地接受母亲的照顾，却对斯特拉这个突然的“闯入者”心生抵触。在照顾加布里埃尔这件事上，他一方面感激斯特拉救他们母子于水火之中，另一方面也产生强烈的挫败感，发觉自己原来竟那么懦弱、那么无力。克鲁亚克的这种矛盾心理也不难理解。他在母亲面前可以不加掩饰，毫不设防地展示自己最糟糕的一面。但他希望在家庭生活中扮演主心骨的角色，不愿意在一个女人面前显得太过弱小，事事都做不好。但是斯特拉对这母子俩的照顾，比加布里埃尔有过之而无不及。加之克鲁亚克也不再年少气盛，只能接受现实，再也不妄提“离婚”二字。

---

① Paul Maher Jr. , ed. , *Empty Phantoms: Interviews and Encounters with Jack Kerouac*, New York: Thunder's Mouth Press, 2005, p. 51.

斯特拉剥夺了克鲁亚克更多的自由。他一度不能喘息，时常妥协。克鲁亚克的朋友保罗·马赫（Paul Maher Jr.）后来公开了他们之间的往来信件，提到了克鲁亚克与斯特拉之间的感情问题。他从克鲁亚克的来信中引发开来，认为二人之间并无深厚的感情基础，他们的结合不过是彼此需要。结婚初期，二人之间确实存有一些早已有之的好感和新婚燕尔的新鲜感，但这美好的感觉很快被现实消磨殆尽。斯特拉简直就是升级版的加布里埃尔，她与其说是照顾克鲁亚克，不如说是在对他实施严密的管理和监控。她禁止他酗酒，反对其私下约见朋友，将各类媒体拒之门外，规定他的作息时间。克鲁亚克平日的言行举止，都得按照斯特拉既定的要求去做，这一切都令克鲁亚克倍觉窒息。他不敢也不能再离婚。他可以不需要妻子，母亲却离不开儿媳妇。他一次又一次陷入女性主宰的世界不能自拔，迷失了自己。他的身体无法逃离现实，便在精神上选择逃入文学的世界中去创作，去寻找失落的自己。克鲁亚克周身散发着法裔加拿大男人独有的迷人魅力，很多女性为他痴迷。女性也成为他生活的陷阱，他一次次跌入感情的旋涡，努力挣脱逃离，从未胜利。他的这种反复的痛苦挣扎，如同《在路上》中主人公迪安不断周旋于女性之间那样，“同时向两个女人求爱，一个是他的前妻马丽卢，她在一个旅馆里等他，另一个是卡米尔，一个新结交的姑娘，她在另一个旅馆房间等他。”① 迪安不停地游走在不同的女性之间，不愿意受制于任何女

① ［美］杰克·克鲁亚克：《在路上》，王永年译，上海译文出版社2008年版，第53页。

性，渴望主宰自己的生活。迪安对女性的游离态度和时刻想要挣脱束缚的心理，正是克鲁亚克矛盾心理的真实写照。

克鲁亚克一生从未彻底相信过任何一任妻子，他多疑的性格是他婚姻失败的一个重要因素。他不相信埃迪，即使埃迪想方设法为他营造一个安逸的写作环境。他不相信琼，尽管琼早出晚归为他们的生计奔波。他也不相信斯特拉，觉得这个同床共枕的女人对他的操控欲过强。他自知不是斯特拉的“对手”，又不甘示弱，便在信中吐槽：“我把我所有的财产都归到了我母亲的名下。如果她先于我离开这个世界，这些财产都将转到你的名下……我只是想将我的财产分给与我有直接血缘关系的人，不会给我现在的妻子，一个百分百希腊血统的女人留一分钱。我计划着离婚，或者宣告这场婚姻无效……”① 斯特拉或许从来都没有想到，那个她用生命来爱护和照顾的男人，从来都没有真正地信任过她。如果克鲁亚克一直与她宁静地生活下去，谁也无法预料他们的婚姻将如何收场。克鲁亚克离世之后，斯特拉继续任劳任怨地照顾加布里埃尔，直到后者离世。后来的岁月，斯特拉选择一个人居住在她曾经和克鲁亚克共同生活的房子里，直到 1990 年 2 月孤独地逝去，和克鲁亚克合葬于洛厄尔镇的家族墓地中。这大概是斯特拉最后的心愿，也是克鲁亚克夫妇最好的结局。

1995 年，克鲁亚克的《书信集》整理出版，人们梳理了他尘封多年的信件，进一步确认了许多故事的真实性来源，以极大的

① Paul Maher Jr. , *Empty Phantoms: Interviews and Encounters with Jack Kerouac*, New York: Thunder's Mouth Press, 2005, p. 88.

包容性接受了他的小说的自传性。作为一名迟到的自传式小说家，克鲁亚克的一生，离经叛道，起起落落，在最后的宁静中最终回归平淡。而他所有的作品，恰是他“对人的身体和精神都去经典化”① 的结果。

## 第二节　幻灭的男性形象

一个有着深厚哲学素养的人，总是用批判的精神和态度来观察人和世界，审视世人认为理所当然或者习以为常的事情，总是与众不同。在做出他认为客观的、合适的判断之前，从不会轻易进行评价或者下结论。克鲁亚克便是这样一个极具哲学素养的作家，一个从不轻信任何权威，时常准备怀疑甚至否定一切，以一种相对极端的态度颠覆许多传统观念的作家。克鲁亚克在现实生活里与三教九流的人为伍，在作品中刻画形形色色或解放自我或放荡不羁的男性形象。这一切，均是他观察世界、揣摩他人、审视自我的具体表达。

纵观克鲁亚克的所有作品，他成功地塑造了一位伟大的女性形象：一位温柔、有决断力、不怨天尤人、任劳任怨的母亲。母亲既活在克鲁亚克真实的人生里，引导他从一个人生阶段走向另一个人生阶段，亦很鲜活地驻扎在他虚构的小说世界里，成为很

① Kostas Myrsiades, *The Beat Generation: Critical Essays*, New York: Peter Lang Publishing, Inc., 2002, p. 29.

多人物心目中的“母亲”。克鲁亚克笔下的母亲，总往返于现实和虚构之间，给读者以真实、踏实的感受，为那处处充斥着雄性荷尔蒙的男性世界增添了一笔暖色。与母亲形象形成强烈对比的，是克鲁亚克对男性形象的刻画。这些男性包括父亲、哥哥、各类朋友乃至一面之缘的陌生人等。在这所有的男性人物中，他塑造的唯一一个积极向上、充满智慧的男性只有杰拉德这个人物。他表达对哥哥的无限哀思和怀念，是他在残酷的世界中寻得的一丝光亮。他笔下的更多男性，则以颓废、堕落、玩世不恭、自我放逐的形象示于人。他们逃离现实、逃避责任、公然与现实说“不”……这些既是克鲁亚克自身形象的缩影，是他对自己的反省和批判，也是整个“垮掉的一代”人物生活在一个动荡时代的真实写照。

有关哥哥杰拉德的描述，在克鲁亚克的作品中占据的分量并不太多。一方面，他对亲情的理解似乎更多地局限在他与母亲的亲密关系之中；另一方面，杰拉德幼年夭折，留存给年幼的克鲁亚克的记忆并不深刻。他对杰拉德的很多描述都是长大以后从旁人那里听来的。克鲁亚克出生之后受洗成为天主教徒，沿袭了家族的宗教信仰传统。随着家庭遭遇的种种变故，尤其是杰拉德的逝世，他虽是虔诚的天主教徒，却心心念念期盼下一个轮回能与杰拉德重逢，与君世世为兄弟，更结来生未了因。由此他把对杰拉德的思念化作对佛教的信仰，成为他后来笃信佛教的一个重要原因。

杰拉德是一个古灵精怪满是灵气的男孩。三岁那年，由于家道中落，克鲁亚克全家搬迁至一套紧挨着公墓的公寓中居住。他们居住的木屋年久失修，只要有人轻轻走过，松松垮垮近乎开裂的地板便会嘎吱作响。墙边架子上的各种玩具、陶瓷罐等小玩意儿，经不得这番振动，不时跌落在地。年幼的克鲁亚克生性胆小，害怕身后物品摔落在地时发出的或清脆或沉闷的声音。杰拉德胆大包天，尤其喜欢胡编乱造有关自家屋子闹鬼的故事来吓唬年幼的弟弟克鲁亚克。可怜的克鲁亚克尚无分辨真伪的能力，不时觉得背后阵阵寒意袭来，幼小心灵初尝恐惧滋味。更不可思议的是，天真的克鲁亚克深信杰拉德有异于常人之功能，能看透现世之外的事物，对他崇拜有加。在克鲁亚克仅存的模糊的童年记忆中，“杰拉德是一个神圣的、纯洁的、能够看见天使和天堂的幻象的孩子。他会将掉入陷阱的老鼠救出来，会和阁楼上的小鸟说话……克鲁亚克将他的哥哥看成一个圣洁的永恒的生命”[①]。1926 年 7 月的某一天，杰拉德不幸离世，这对克鲁亚克而言是一个不小的打击，他第一次见证最亲近的人的死亡，第一次将死亡与生命联系在一起。他后来在《杰拉德的幻想》（*The Visions of Gerald*）中不无悲伤地回忆杰拉德下葬时的场景：“我的哥哥被埋葬在这里。那个雨天，一百多个孩子围绕装着哥哥的棺材唱着歌。我们把他缓缓地放入墓穴。每个人都在哭，除了我。”[②] 这满是悲恸的回忆是他多年积藏于内心深处的痛苦的再现。他在诸多作品中重复死亡的主题，想探究死亡的意义，却又害怕面对残酷的现实。为了忘

---

① Matt Theado, *Understanding Jack Kerouac*, South Carolina: University of South Carolina, 2000, pp. 11－12.

② Paul Maher Jr., ed., *Empty Phantoms: Interviews and Encounters with Jack Kerouac*, New York: Thunder's Mouth Press, 2005, pp. 182－183.

却痛苦，全家决定搬离满是回忆的家，住进了一幢矮矮的像木质结构般的凯洛石的房子里。这次搬迁对克鲁亚克而言，似乎加重了他的痛苦。在没有杰拉德气息的新家里，再没有杰拉德的陪伴——哥哥从此彻底成为他一个永远无法触及、无法拥抱的幻象——他变得越发惶恐不安、脆弱敏感。

按照心理学家西格蒙德·弗洛伊德（Sigmund Freud）的理解，人类的无意识主要来自个人早期特别是童年生活受到压抑的心理状态，这属于个人无意识，“或多或少属于表层的无意识无疑含有个人特性”[①]。卡尔·古斯塔夫·荣格（Carl Gustav Jung）进一步指出，“这种个人无意识有赖于更深的一层，它并非来源于个人经验，并非从后天中获得，而是先天存在的”[②]，是“集体无意识”。“集体无意识是精神的一部分，它与个人无意识截然不同，因为它的存在不像后者那样可以归结为个人的经验，因此不能为个人所获得。”[③] 根据金斯伯格的回忆，克鲁亚克年少时经历了苦痛和磨难，长大之后他并不自怨自艾，也不轻易流露那些痛苦的感受。相反地，他骨子里总透着一种天然喜欢磨难的本性，“对童年的各种遭遇非常享受和着迷”[④]。他把这些痛苦的过往，一点一滴写进了他的作品中，那些他反复强调的自传体小说。

克鲁亚克童年生活的洛厄尔镇居住着很多早年从加拿大迁徙

---

① ［美］卡尔·古斯塔夫·荣格：《心理学与文学》，冯川、苏克译，译林出版社 2011 年版，第 22 页。

② 同上。

③ 同上书，第 61 页。

④ Tom Clark, *Jack Kerouac, a Biography*, Orlando: Harcourt Brace Jovanovich Publishers, 1984, p. 6.

过来的移民，语言使用和生活习惯保留着原来的风貌，被人们称作“小加拿大”。小镇街边的小店挂着密密麻麻的英文招牌，与美国的其他城镇并无差异。但是，人们平日里多用法语交流，大街上随处可见形形色色流连忘返的法裔加拿大男子。浓厚的别具一格的加拿大文化与充满浓郁的本土文化的洛厄尔小镇一直和谐而宁静地在同一时空里共处，直到1936年洪水侵袭整个镇子，街道房屋建筑无一幸免，人们的生活一夜之间陷入困境。克鲁亚克的父亲在镇子上经营的印刷厂在劫难逃。厂子倒闭，里奥遣散工人，债台高筑。他零零散散地四处打工，挣不了几个钱。作为一家之长，里奥理应支撑起整个家庭，他尝试过，但是从来没有做到。他游手好闲，越来越沉溺于酗酒。他内心充满对妻子和孩子们的愧疚，却无力改过自新，只能借酒消愁，每次醉酒便情绪失控，在家里摔东砸西。更有甚者，里奥在外偶尔挣一点儿小钱，也不会拿去给加布里埃尔补贴家用，而是混进赌场，久而久之，赌债高筑。他既要躲避房东催交房租，还要与赌场上纠缠不清的债主们周旋，成为整个家庭最大的麻烦。克鲁亚克在小说《镇与城》中根据父亲的原型，塑造了发人深省、饱受批判的乔治·马丁这个人物，“一个右翼分子，顽固的民粹主义者，电台神父查尔斯·柯林（Father Charles Coughlin）品格的热烈崇拜者”[①]。柯林神父又是何方神圣？他是30年代著名的反犹太的天主教神父，一个极右的民粹主义者，在电台布道节目中拥有无数听众，最终成

① Todd F. Tietchen, “Introduction: Jack Kerouac’s Ghosts,” Todd Tietchen, ed., *Jack Kerouac: the Haunted Life and other Writings*, Philadelphia: Da Capo Press, 2014, p. 7.

为"最臭名昭著的极端分子之一：一个公开的反犹太者，疯狂的反共产主义者，强硬的孤立主义者，后来变本加厉地成为墨索里尼和希特勒的崇拜者"①。长期受极端主义思想影响的父亲，变得异常偏激，在处理子女关系问题中表现出来的父权主义和冥顽不化的固执导致家庭关系紧张，亲子反目，骨肉疏离。加布里埃尔对里奥一再隐忍和退让，与里奥迷人的外表不无关系。年轻时的里奥身材挺拔，外表俊朗，眼睛深邃迷人，头发乌黑发亮，这成为他日后在家庭生活中肆意妄为的最后一张王牌。加布里埃尔自知无法改变里奥，干脆放任自流，一人肩负起照顾全家的重任。里奥作为一个失败的丈夫和父亲，没有经营好自己的家庭，愧对加布里埃尔。他也没能好好教导儿子、引导儿子选择正确的职业和生活。

多年以后，克鲁亚克在接受访谈的时候，并不顾惜过世的父亲的尊严，指责其当年嗜赌如命，甚至在临死前还念念不忘赛马，耗尽家中仅有的一点儿积蓄，让他们母子三人时常陷入困境。克鲁亚克在作品中充满了对父亲的指责："他不断地回到这个梦境，回到洛厄尔，没有开店铺，连工作也没有。"② 他体恤母亲的艰辛与隐忍，也很清楚不管母亲如何唠叨和抱怨，在父亲面前依旧无计可施。由于父亲的不负责任和家庭经济状况的进一步恶化，克鲁亚克一家在洛厄尔镇上频繁地换租房子。他们每搬一次家，

---

① Todd F. Tietchen, "Introduction: Jack Kerouac's Ghosts," Todd Tietchen, ed., *Jack Kerouac: The Haunted Life and other Writings*, Philadelphia: Da Capo Press, 2014, p. 12.

② ［美］杰克·克鲁亚克：《梦之书》，林斌译，上海译文出版社2013年版，第6页。

房子就变得愈加狭小和拥挤。在那些年里，他们搬了近 20 次家，到了最后几乎都不知道还能搬到什么样的房子中去居住。正是因为童年时期经历太多的搬家，克鲁亚克逐渐产生居无定所的感觉，对家的概念变得越发模糊。这样的经历，从某个层面上为他后来热衷于在路上的生活而不愿意回归家庭的生活做出了解释。

在一个不够温馨的家庭中生活，克鲁亚克对婚姻和家庭缺乏信心。父亲在他心中的形象就是一个酒鬼、一个赌徒、一个人生的失败者，“我现在看到了他真正的灵魂——它与我的相似——生活对于他毫无意义可言——或者，我自己就是我父亲本人”①。在这位不负责任的父亲的负面影响下，克鲁亚克酗酒，在生活中拒绝承担做父亲的责任，更加拒绝在小说中塑造成功的父亲形象。按照弗洛伊德的解释：“父母和已成年的孩子之间的相互情感，常常不及社会所规定的那样理想而高尚；彼此之间，隐含敌意，假使一方面不受制于孝的观念，另一方面不受制于慈的观念，则这种敌意总难免有爆发的一天……在儿子看来，父亲正是他所不愿承受的社会压迫的具体代表，因为有了父亲的障碍，所以做儿子的不能畅所欲言，不能享受早期的性的快乐，也不能享受家庭财产的好处……父与女或母与子的关系，则似乎不易产生这种悲剧的局面，因为这里只有慈爱，不至于受到任何自私考虑的干扰。”② 父亲酗酒，孩子更容易怀疑自己，痛恨自己，痛恨父母，

---

① ［美］杰克·克鲁亚克：《梦之书》，林斌译，上海译文出版社 2013 年版，第 7 页。

② ［奥］弗洛伊德：《精神分析引论》，高觉敷译，商务印书馆 2013 年版，第 160—161 页。

痛恨生活，对很多事情失去信心。尽管克鲁亚克自己也酗酒，但他心底里着实厌恶这种行为，并把责任推到父亲身上。“他责备父亲酗酒，不喜欢母亲的郁郁寡欢，也不愿意看到父亲的失业状态，甚至不愿意接受哥哥（杰拉德）的早逝。”[①] 他与父亲之间隔阂太深，尽管两人极少发生正面冲突，但彼此之间的疏离感证实了淡漠的父子感情。晚年的里奥不务正业，但是有父亲在的家庭，至少是一个完整的家。克鲁亚克在父亲去世两年后创作了《镇与城》，回顾自己从哥伦比亚大学退学、出海、拒绝找工作等种种伤害父亲感情的行为，间接承认了自己当初的冲动和幼稚。但是时移事往，悔之晚矣。父亲的过世，让他与父亲之间的裂痕再也无法修复，隔阂再也无法消除。他在《镇与城》中以满怀悲戚的笔触叙述彼得回到父亲的病榻旁，与父亲完成了最后一次对话。在小说里，彼得忍着巨大的悲伤，温柔地给弥留之际的父亲盖好床单。父亲轻轻地说道：“对了，就是这样，我可怜的孩子。”[②] “可怜”，既是作者对彼得的同情，也折射出他自己在失去父亲后的内心痛苦。他还在《梦之书》里表达自己对父亲深沉而绝望的爱：“你们不能打我的父亲！他得了癌症！”[③] 他在遭遇一连串失败后，极度沮丧。“我写这本书因为我知道我们都将死去——在我孤独的人生中，我父亲走了，哥哥走了，母亲远离了，姐姐和妻子也走

① Ellis Amburm, *Subterranean Kerouac: the Hidden Life of Jack Kerouac*, New York: St. Martin's Press, 1998, p. 12.

② ［美］杰克·克鲁亚克：《镇与城》，莫柒译，人民文学出版社2013年版，第128页。

③ ［美］杰克·克鲁亚克：《梦之书》，林斌译，上海译文出版社2013年版，第7页。

了。现在这里除了我曾经被上帝控制的悲惨的双手，什么都没有剩下，现在这双手也被引向或逐渐进入死亡的黑暗，躺在孤独的愚蠢的硬板床上。与其相伴的只有曾经的荣耀和现在的慰藉。我的心在绝望中崩溃，同时再度向上帝敞开胸怀。我在梦中这样向上帝祈求着。”[①] 他这种悲观苍凉乃至有些绝望的心态，一次次将他带入人生的低谷。

克鲁亚克对朋友真诚，与人为善，是不可多得的好友。他不善于经营婚姻，不知道如何去扮演一个合格丈夫的角色，更不了解在婚姻生活中妻子的需求。他与埃迪的婚姻草草收场，二人分手后反而成为朋友。埃迪酷爱写作，以后时常向克鲁亚克请教。他鼓励其创作，时常给对方以灵感。他甚至主动提出，如果有一天埃迪需要他，他依然很愿意陪伴她去旅游、去看世界。他们总是最好的伙伴，因为“我从来都没有离开过你。在我很多的梦里，我们在墨西哥黑暗的小巷中漫步，想要找一个可以休憩的地方……在这个陌生的旅馆里，这样的午夜听到电话那头你的声音，如此的陌生而美丽。你变得更加温柔和成熟了。你是那样的了不起”[②]。在这封克鲁亚克写给埃迪的信中，他心底笔端流溢着柔情，是那般温婉体贴。他们短暂的相处也让他开始反思自己曾经的幼稚与鲁莽。他的思想在经历了失败的婚姻后也逐渐发生着变化，他更加希望“出离现实，力求简单”[③]。没有婚姻约束的克鲁

---

① ［美］杰克·克鲁亚克：《梦之书》，林斌译，上海译文出版社 2013 年版，第 150 页。

② Jack Kerouac, *Selected Letters, 1957—1969*, Ann Charters, ed., New York: Viking Press, 1999, p. 6.

③ Ibid., p. 6.

亚克与埃迪的相处变得更为和谐与自然，他们像亲人般交流，前嫌尽释，再无芥蒂。他一直称埃迪为“生命中的妻子”，甚至超越他对斯特拉的感情，逝去的一切已变得美丽，也未尝不是岁月的馈赠和慰藉。

克鲁亚克与第二任妻子琼的关系却没能在时光荏苒中净化升华，而是更加负面恶劣。根据克鲁亚克的回忆，1951 年 4 月的某一天，克鲁亚克和琼发生激烈争执，一气之下搬离了他们租住的公寓，随之二人关系急转直下。“几周以后我被踢出了公寓。我试着与她和解。她把我挡在门外，告诉我不能进去，因为床上有另一个人……我甚至不知道她当时已经怀孕了，那还是从一个朋友那里得知的。她后来再婚和第二任丈夫生了一对双胞胎。1960 年她和第二任丈夫离婚返回纽约。”① 一气之下，克鲁亚克与琼解除婚姻关系。琼当时不曾告诉他自己已经怀孕，且在迫不及待地结束与克鲁亚克的婚姻关系后，又火急火燎地开始另一段婚姻。9 年之后，为生计所迫的琼入禀法庭，向克鲁亚克索要女儿的抚养费。当初毫不知情的克鲁亚克惊愕之余亦震怒不已。终其一生，克鲁亚克和琼从未真正和解。

有其父必有其子。里奥当年沉迷于酒精与赌博，对家中大小事务不闻不问，不照顾孩子们，亲子关系淡漠。克鲁亚克和里奥有很多相似之处。父亲当初的不负责任对克鲁亚克带来了极大的负面影响。克鲁亚克在第二段婚姻中遭遇琼的欺瞒，明知珍妮特

① Paul Maher Jr., *Empty Phantoms*: *Interviews and Encounters with Jack Kerouac*, New York: Thunder's Mouth Press, 2005, pp. 182–183.

是自己的女儿，却在法庭上冷酷地要求女儿做亲子鉴定。他逃避的不是付给珍妮特多少抚养费的问题，而是突然成为父亲要担负的责任和义务。他矛盾的内心不断地斗争，不断地重复突如其来的一切："在孩子出生 9 年以后，她（琼）起诉我。我是那孩子的父亲。"[①] 克鲁亚克没有原谅琼早年对他的背叛和抛弃，更不能忍受她在自己的新书刚畅销的时候吵着索要抚养费。在和琼的离婚大战与后来的抚养费官司中，他都输了，只剩下疲惫与怅惘。从此，他更不相信自己有获得幸福和美满生活的能力与可能。他重演了父亲里奥当年的悲剧，变得更加不负责任，更不像父亲。克鲁亚克拒绝做父亲，还与早年埃迪的堕胎事件有关。当时克鲁亚克恰巧出海工作，不谙世事的埃迪在得知自己意外怀孕之后惊恐不安。未婚的她情急之下找奶奶寻求帮助，最终在私人医生那里堕胎，以至于这导致埃迪终身不孕。虽然埃迪从未因此怨恨克鲁亚克，但这次意外令克鲁亚克满怀歉疚并成为他心底不愿触碰的永远的痛。

在世俗的世界中，克鲁亚克缺乏爱心，缺乏责任心，不是一名合格的父亲。吊诡的是，在与好友卡萨迪多年往来的信件中，克鲁亚克总不忘问候卡萨迪家几个孩子的近况，也很愿意和孩子们玩耍。他不是不爱孩子，而是因为更懂得爱的内涵和责任。如果不能好好守护，他宁愿选择放弃。他喜欢别人家的孩子，那样的关爱只需停留在简单的问候和关心上，不需要更多的付出和担

---

① Paul Maher Jr., ed., *Empty Phantoms: Interviews and Encounters with Jack Kerouac*, New York: Thunder's Mouth Press, 2005, p. 182.

当。克鲁亚克曾经的一位叫乔伊斯的女友深有同感。她总是不能理解喜欢孩子的克鲁亚克为什么总是拒绝成为一名父亲："他是一个很喜欢别人家孩子的男人，自己却拒绝扮演父亲的角色。他甚至总怀疑我像其他任何女性一样时刻想着孕育一个新的生命。"[①]克鲁亚克曾不止一次和她讨论孩子这个话题。他反复强调新生命的到来意味着将来要面临各种磨难和死亡。既然注定要死亡，那就不要来到这个世界遭受磨难。杰拉德死亡的阴影似乎从未从他的心底彻底消失。加之里奥对他的放任自流，他从幼时起就体悟到生命中所内蕴的无望与无助，而这伴随并羁縻了他一生。他不愿像父亲当年放弃他和整个家庭那般，总在孩子满满的期待中带给后者失望和悲伤。他更不愿意让自己的孩子为自己贫困潦倒的境况感到委屈和无奈。他"不愿辜负他人，他深知自己没有能力给孩子一个完整的家。他无法接受自己是一个贫穷的父亲的现实，因此他干脆拒绝承认事实。这样一来，每见一次面，他的亲生女儿就被他伤害一次，尤其最初他认定她不是自己的女儿的时候"[②]。他无可奈何地逃避，逃避对他来说也许是最合适的一种选择。他曾向卡萨迪表露心声，卡萨迪最终理解了他。克鲁亚克注定是一个孤独的、悲剧式的男人。

克鲁亚克总渴望在别人的情感中寻得解脱。他漫无目的地结交朋友，在看似热烈的交朋结友中获得了短暂的慰藉。这些形形

① Jack Kerouac and Joyce Johnson, *Door Wide Open: a Beat Love Affair in letters, 1957—1958*, New York: Penguin Books, 2000, p. 25.

② Paul Maher Jr., ed., *Empty Phantoms: Interviews and Encounters with Jack Kerouac*, New York: Thunder's Mouth Press, 2005, pp. 24–25.

色色的朋友身份各异，有些小有名气，有些混迹于社会底层。他们偶尔给克鲁亚克制造麻烦，当然也会在他需要帮助的时候施以援手。金斯伯格在克鲁亚克的一生中扮演着非常重要的角色，也是克鲁亚克极为珍视的一位朋友。他们的相识，缘于克鲁亚克一段不堪回首的经历。1943 年 2 月，想出去见见世面的克鲁亚克申请加入美国海军军队服役。枯燥的军事训练让他很快对身边的事物丧失了兴趣。他离群索居，行为怪异，寻找各种理由请假，躲进图书馆里读书。没过多久，克鲁亚克被认为有精神病症而被送进精神病医院进行治疗，随后遭海军除名遣返。第二年，郁郁寡欢的克鲁亚克和当时还是女友的埃迪一道去看望她的姑姑和父亲，在返回途中认识了卡尔和金斯伯格。这次偶然的相遇之后，两人从此与克鲁亚克如影相随。年轻的金斯伯格羞涩，怯于与人交流，一脸懵懂，16 岁左右，长着两只大大的招风耳。克鲁亚克对金斯伯格的初次印象非常不好，并不喜欢他，与卡尔却一见如故。但是卡尔与金斯伯格关系亲密，这样三人不可避免地时常相遇，彼此逐渐熟识。1944 年 8 月，卡尔因为卷入一场谋杀案被逮捕，克鲁亚克等被指控犯包庇罪，从而招来牢狱之灾，随后克鲁亚克与埃迪迅速完婚。婚后夫妻俩和卡尔一起借宿在金斯伯格位于纽约的寓所。他的婚姻和他混杂的朋友们搅和在一起，再也没能理出头绪。

金斯伯格，“垮掉的一代”运动中的一位代表人物，从年少时的胆怯内向到后来的癫狂奔放，经历了一段传奇人生。金斯伯格就读于哥伦比亚大学，骨子里一直都充满着反叛精神。他桀骜不驯，曾在学校的一块玻璃上写满反犹太人的语言而被校方开除。

在社会上浪迹一段时间后，不知何故他奇迹般获准复学。重回校园的金斯伯格以一个胜利者的姿态开启了新的学业生涯。金斯伯格自带某种令人着迷的神秘气息。他爱好诗歌，喜欢朗诵，不断地向人们诠释他对诗歌的感悟和理解，他随时随地都准备在大庭广众之下用特有的雄浑的嗓音朗读诗歌。从一开始，金斯伯格的诗歌，从形式到主题，都遭到学院派诗人和学者的猛烈批判和否定。加之他各种怪异的言谈举止，可怜的金斯伯格一度被视为异端邪说的代表，但他依然斗志昂扬地坚持着自己的诗歌之梦。克鲁亚克与桀骜不驯的金斯伯格相识之初，曾感觉诸多不适。他小心翼翼地尝试着与其交往，逐渐觉得两人有一些共同的话题，可以成为朋友。但是，1945 年的某一天，金斯伯格突然神秘兮兮地向他表达爱意，这让克鲁亚克一时惶惑无措。他当下拒绝了，金斯伯格却锲而不舍地与之周旋。克鲁亚克终究抵不过金斯伯格的反复请求，他们之间开始了漫长的若即若离的同性恋关系。不仅如此，金斯伯格还有更多的同性伙伴，还把他们介绍给了克鲁亚克。可以说，金斯伯格在某种程度上把克鲁亚克带入了另一个深渊。也可以说，克鲁亚克本身就有双性恋倾向，金斯伯格只是一个诱因。还可以说，那个年代的每一个年轻人，都有着尝试新奇事物的好奇心。克鲁亚克和金斯伯格的关系很快被敏感的加布里埃尔察觉。作为一名极端虔诚的天主教徒，加布里埃尔以性为耻为罪，且不无乖张地排斥克鲁亚克接近异性，包括他的妻子埃迪。她厌恶克鲁亚克与妻子的亲密行为，更不能在她面前讨论任何异性以及和性有关的话题，否则，克鲁亚克会招来斥责。明乎此，不难想见，加布里埃尔对勾引自己的儿子、让自己的儿子陷入堕落的深渊的金斯伯格自是充满了厌恶乃至仇恨。而这所有的一切，除却信仰原因外，更多归因于加布里埃尔对儿子深厚的感情与依恋，她痛恨所有接近她儿子的女性、男性。儿子是她的唯一，是她最珍视的人，任何人都不可与她分享。这样看来，这所有的痛恨、厌恶也就不那么难于理解了。

金斯伯格卓尔不群的性格和各种荒诞的行为跟语言，与他恶劣的成长环境密不可分。金斯伯格出生于新泽西州纽瓦克的一个俄国犹太人移民家庭。他的父亲是一位小有名气的诗人，性格乖张，母亲则是一个思想激进的在美共产党员。第二次世界大战后，美国保守主义势力强势抬头，这让曾为共产党员的母亲精神几度崩溃，被送进疯人院治疗。从小在这种环境下成长的金斯伯格，目睹了父亲的癫狂和母亲的疯狂，总不由自主地想去接近、感知现实中“精神的疯狂”，以期获得心灵上某种莫名的满足感。他把他感受到的各种“疯狂”加以扩大，运用到了诗歌写作中，处处彰显“疯狂”之主题。他的长诗《嚎叫》（*Howl*）轰动一时，成为经典。金斯伯格的这种“疯狂”，是他内心的呐喊，是“垮掉的一代”青年们对当时的体制的愤怒、失望乃至绝望的呼号。然而，时光老去，金斯伯格所有的疯癫最终屈服于现代社会的文明和制度体系，他收起了凌越世俗的双翼，成为一个循规蹈矩的诗人。

克鲁亚克和金斯伯格逐渐达成某种默契，文学创作观亦渐趋一致。克鲁亚克喜欢“自发性写作”，强调文学创作要尊重心灵的感受，相信直觉，这个观点被金斯伯格诠释为“最初的思绪，最好的思想”。金斯伯格极为欣赏克鲁亚克的创作思维，从不吝啬对他的赞美，认为自己从中受益良多。1957 年，克鲁亚克写信给埃迪，谈到自己和金斯伯格的现状，满是落寞和无奈。因为母亲的百般阻挠和他自己面临的各种困扰，他选择与金斯伯格疏离。克鲁亚克发自内心地感激后者对他的付出："艾伦从来都不曾与我失去联系，即使我千方百计地躲着他。他给了我很多帮助。不管怎样，我和他毕竟是老朋友。"① 他们的关系发展到这般紧张的状态，与金斯伯格的一些处事方式不无关联。金斯伯格认为自己"深爱"着克鲁亚克，对他产生了莫名其妙的占有欲，时时担忧有人把克鲁亚克从他身边夺走，对出现在其身旁的所有人表现出极大的不满乃至厌恶。金斯伯格的这种心理让克鲁亚克倍觉压抑。克鲁亚克后来与琼结婚，金斯伯格气急败坏地写信给卡萨迪，在信中对琼极为不屑："我亲吻了新娘，一个个子很高、沉默少言、头发乌黑的姑娘……我不太了解她，但是我个人认为（仅限于你我之间，鉴于我不干涉别人自由选择的权利），她不能从精神上和杰克相媲美。而且我也不知道她到底能给予杰克什么，除了稳定的性关系、整理家务以及同情式的陪伴，当然还有孩子。"② 在金斯伯格的眼里，克鲁亚克只能属于他，且必须属于他。但他似乎无法牢牢地抓住对方，因为在克鲁亚克的世界里，金斯伯格绝不会是他的唯一，永远都不会。

---

① Jack Kerouac, *Selected Letters, 1957—1969*, Ann Charters ed., New York: Viking Press, 1999, p. 6.

② Barry Miles, *Jack Kerouac: King of the Beats – A Portrait*, New York: Henry Holt and Company, 1998, p. 6.

克鲁亚克与金斯伯格之间的情谊越发复杂。不在一起的时光里，他俩彼此牵挂。克鲁亚克每到一处都会写信给金斯伯格报平安，互致问候。有时，克鲁亚克对金斯伯格的赞誉溢于言表；有时，他又想方设法与后者划清界限。1959 年，克鲁亚克在接受艾尔·阿罗诺维茨（Al Aronowitz）的访谈中大赞金斯伯格："我一直都有一个叫艾伦的朋友。在洛厄尔的时候我有个发小叫桑帕斯。艾伦和桑帕斯他们两个是那么相似：就像那奇特的、充满诗意的拉丁文，我说他们非常非常地富有神秘感。艾伦是这个世界上让人感觉最亲切的男人。"① 1964 年，他却在一封写给一位名叫费尔南达·皮瓦诺（Fernanda Pivano）的意大利翻译家的信中抱怨："我刚刚拒绝了 3000 美元的片酬，因为我不想再和金斯伯格同时出现在一部电影里，再也不要在我的传记中写下我和他的这些关系。他们都是极端的政治狂热分子，甚至还辱骂我，仅仅因为我不赞同他们的政治观点。我已经厌倦他们以及他们那群垮掉的朋友。"② 克鲁亚克不愿意因为自己和金斯伯格的同性之恋而彻底改变自己，更不会为了金斯伯格从此不再结交女性，尤其不能忍受金斯伯格对他所表现出来的强烈的掌控欲望。这对一贯自由散漫、喜爱享受无拘无束生活的克鲁亚克是断然不能接受的。他一次次试图挣脱金斯伯格的掌控，在《梦之书》中叙述自己挣扎着离开金斯伯格，努力挣脱他那像蛇一样紧紧缠着他的胳膊。他认为自

① Barry Miles, *Jack Kerouac: King of the Beats – A Portrait*, New York: Henry Holt and Company, 1998, p. 52.

② Jack Kerouac, *Selected Letters, 1957—1969*, Ann Charters ed., New York: Viking Press, 1999, p. 377.

己终于从心理上战胜了金斯伯格，并把这个梦境告诉了母亲，证明自己已经脱离金斯伯格的控制，母亲兴奋得想要立刻奖励他一个礼物。

克鲁亚克和金斯伯格在对待同性之爱的问题上，态度完全不同。克鲁亚克一直讳莫如深，不太愿意过多谈及。金斯伯格则愿意在任何场合发表自己的看法。他甚至在一次采访中相当出人意表地将同性恋行为与禅宗等同起来："对我而言，同性恋就像公案——禅宗的谜语……这个谜语就是：我怎么看待我的同性恋行为？我是该学着接受还是拒绝还是为之极度兴奋？我该不该就这样一直下去并最终弄明白它到底是什么？另外一个问题是：它是公开的行为吗，和其他的普通的公开的行为一样吗？是和那些都会发生在我们身上的有好的有坏的事情一样吗，就像诗歌一样……"① 金斯伯格用很多疑问句反问记者，亦在坦然地告诉对方，或者说在向全世界宣告，他们这样的群体，和其他人一样，最正常不过，世人和媒体不应该戴着有色眼镜来看他们。

巴勒斯，与金斯伯格、克鲁亚克一样，同为"垮掉的一代"运动的早期代表人物，他涉猎广泛，热爱写作，喜欢摇滚乐，创作了不少通俗歌曲，晚年被年轻一代奉为朋克摇滚乐宗师。巴勒斯家庭背景显赫，其母亲是南北战争中南方著名将领罗伯特·爱德华·李（Robert Edward Lee）的嫡系后裔。他本人毕业于哈佛

① Allen Ginsberg, *Spontaneous Mind, Selected Interviews, 1958—1996*, David Carter, ed., New York: Harper Collins, 2001, p. 167.

大学，腹笥丰赡，对文学、语言学、人类学都有研究。本来可以在仕途上平步青云的巴勒斯，厌倦了衣食无忧的贵族式生活，向往无拘无束的自由。他四海为家，阅历极为丰富，一度移居墨西哥，与那里的下层人民广泛接触，领略、体味异域殊方的风土人情。他年纪轻轻便染上毒瘾，并根据自己的体验创作了小说《瘾君子》（*Junkie*），重现那个时代“瘾君子”一族的痛苦和无助。他的另一部小说《裸露的午餐》（*Naked Lunch*）用超现实主义的拼贴手法（collage）描写美国底层社会普遍存在的吸毒、同性恋等现象，一举奠定了他在美国文学史上的地位。巴勒斯是金斯伯格和克鲁亚克共同的朋友。在金斯伯格和克鲁亚克的心目中，巴勒斯思想崇高、充满智慧，是一位难得的人生导师。他们对巴勒斯满怀敬仰，高山仰止，景行行止。巴勒斯确实教会两个年轻人不少人生的哲理，指导他们阅读。但是他自己吸食毒品，还鼓励金斯伯格和克鲁亚克尝试毒品。他认为毒品能帮助他们寻找创作的灵感。不仅如此，巴勒斯还带着两个年轻人浪迹社会底层，感受狂乱的爵士乐带来的撼人心魂的喧嚣，享受吸食安非他明（Amphetamine）之后飘飘欲仙的感觉，见识街头妓女的放浪形骸。在《杜洛兹的虚荣》（*Vanity of Duluoz: an Adventurous Education, 1935—1946*）这部小说里，克鲁亚克完整地回顾了他和巴勒斯、金斯伯格的最初相遇和之后的各种交集。他还在《在路上》《科迪的幻想》等作品里描述了他们结伴横跨美洲大陆的经历与感受。在那些日子里，少不更事的克鲁亚克认识了金斯伯格，成为一名同性恋者；结识了巴勒斯，又变成一名瘾君子。他所有的经历，与其说是一种生命的成长，还不如说是一种“悲伤的，自我惩罚的各种行为，或者说是一种浪漫的折磨”[①]。由于长时间吸食毒品，克鲁亚克变得骨瘦如柴。他不时想起父亲里奥生前对他的警告，说那两个家伙迟早有一天会毁了他。巴勒斯绝非是个一无是处的损友。他曾指导克鲁亚克阅读斯宾格勒和科日布斯基，耐心解答克鲁亚克提及的各种困惑与问题。他还曾一度和克鲁亚克合作搞文学创作，当然是无功而返。另外，巴勒斯本人也为克鲁亚克的小说提供了一个非常重要的人物原型。《在路上》中的人物老布尔·李和《孤独的旅者》（*Lonesome Traveller*）中的布尔·休巴德，均以巴勒斯为原型。

终其一生，克鲁亚克努力地使自己成为一名伟大的作家、一个在自己的人生舞台上绽放光芒的人生赢家。他不遗余力地在作品中塑造叛逆的美国英雄，其中最重要的人物原型来自他的好友卡萨迪。克鲁亚克和卡萨迪相识于哥伦比亚大学校园。当时的卡萨迪年甫弱冠，辍学在家，聪明伶俐，却玩世不恭，爱好偷盗车辆。根据《在路上》中的叙述，卡萨迪在旅途中不断盗窃，短短的几年间偷车不下500次。他是警察局的常客，进过少年管教所、蹲过大牢，却依旧乐此不疲。有趣的是，卡萨迪热衷盗窃，却并非完全为了钱财，他只是很享受盗窃过程中所体验到的刺激和快乐。卡萨迪后来与克鲁亚克、金斯伯格发展成混乱的同性恋关系。他似乎并不满足单纯的同性恋，最后又娶妻生子，期待“那种自然借以把两性结合在一起的激情

① Tom Clark, *Jack Kerouac, a Biography*, Orlando: Harcourt Brace Jovanovich, publishers, 1984, p. 69.

亦具有同样的情形。虽然它生来就是所有激情中最强烈的，但是，它在所有场合都表达出来却是不合适的，甚至在这样一些人之间亦复如此……”[①] 克鲁亚克后来对卡萨迪家的孩子们非常关心，对他们倾注了仅有的一点儿父爱。

卡萨迪对克鲁亚克的影响非常深远。他才华横溢，喜欢莎士比亚，爱好爵士乐，他骨子里充满着自信和与任何人都能融洽相处的能力。他的这些气质，正是内向的克鲁亚克缺少和向往的。卡萨迪有着非同一般的智慧，总在不经意间给克鲁亚克以启发。有了卡萨迪的陪伴和鼓励，有一段时间克鲁亚克的创作变得畅通无碍。1951 年，卡萨迪给克鲁亚克写了一封长达两万三千字的信。在这封信里，他用自由联想的方式随心所欲地记录了自己混乱的性爱经历。受信中叙述手法的启发，克鲁亚克夜以继日，一边服用安非他明，一边打字，用不到三周的时间完成了《在路上》的初稿。小说的主人公迪安·莫里亚蒂（Dean Moriarty）的原型便是卡萨迪，一个几乎让所有美国年轻人为之疯狂地行走在路上与灵魂对话的探索者。在完成这部小说之后，克鲁亚克和卡萨迪之前的情谊愈加深厚，甚至超越了他与金斯伯格之间的感情。好友卡尔曾谈及二人的交往：“我觉得杰克和尼尔在一起感觉很自在（feel at home）。尽管他对尼尔更多的是崇拜……但这并不妨碍他与尼尔放松地相处。他和艾伦却从来不能彻底放松地相处，和

① ［英］亚当·斯密：《道德情操论》，余勇译，中国社会科学出版社 2003 年版，第 26 页。

我也不能。”[①] 对于一个在家庭生活中屡屡失败，缺乏安全感却时时渴望温暖的孤独者而言，卡萨迪在某种程度上给了克鲁亚克家的温暖和安全感，这一切令克鲁亚克身心愉悦。这份超越了同性之爱的感情，促使他不断挣扎，想要将自己从同性恋身份中分离出来，真切体会他一直渴望的亲人之间的温暖和关爱。他因此对自己的同性恋行为更为困惑和厌倦，“身体上的需要确实恶心到我了……我不确定我的潜意识里到底有什么”[②]。克鲁亚克仍然没能从困惑的沼泽中抽身而退。

走笔至此，有必要说一说《在路上》和它的主人公迪安。克鲁亚克笔下的迪安，是卡萨迪的化身，一个精力无限、眼睛会笑、魅力十足的少年郎。为了体验生活中无处不在的各种狂喜和惊险，迪安和好友萨尔·帕拉代斯（Sal Paradise）不辞辛劳地奔波在路上，不断地制造各种惊心动魄的事件。在他们的生命中，除了时间和死亡外，其他都不重要。在时间和死亡之间，时间可以掌控，死亡则是不可避免的恐惧之根源。他们试图用极端的疯癫无限地接近上帝，就像《镇与城》里面功成名就的马丁兄弟所坚持的那般，疯狂是最不需要解释的、最不会被阻挡的幸福。不仅在《在路上》，在克鲁亚克的其他作品中，卡萨迪也改头换面继续出场，一度成为“美国男性的原型”[③]。为了更好地塑造这位伟大的反传

① Barry Miles, *Jack Kerouac: King of the Beats – A Portrait*, New York: Henry Holt and Company, 1998, p. 108.

② Robert Holton, *On the Road: Kerouac's Ragged American Journey*, New York: Twayne Publishers, 1999, p. 55.

③ Robert A. Hipkiss, *Jack Kerouac: Prophet of the New Criticism*, Lawrence: The Regents Press of Kansas, 1976, p. 30.

统式人物，克鲁亚克毫不吝啬地在他身上堆砌各种惊心动魄的事迹，使迪安看上去更神秘更有魅力，俨然成了“美国式英雄”。从在《在路上》到《科迪的幻想》等作品中，卡萨迪被不断注入新的元素，成为克鲁亚克心中英雄的化身，亦是克鲁亚克对儿时视为英雄的哥哥杰拉德的怀念和形象重塑。

纵使卡萨迪具有多重英雄人物的气质，他和金斯伯格、巴勒斯等人一样，终究放荡不羁，偏离正统。所以，无论在与自19世纪以来即占据美国思想主流的浪漫主义思潮的抗衡中，还是在与学院派哲学等主流文化的斗争里，他都无法获得彻底的自由与终极的胜利。1968年2月，卡萨迪因为淋雨受寒暴毙于充血性心力衰竭，年仅42岁。噩耗传来，克鲁亚克伤心欲绝，一时无法接受。他甚至天真地骗哄自己，假想卡萨迪只是暂时远行，在非洲的某个地方漫步，终有一日会归来。《巴黎评论》（*Paris Review*）后来刊登了一篇克鲁亚克的访谈，他言语间充满着对这位昔日挚友的无限怀念。一年以后，克鲁亚克也追随卡萨迪而去。也许在另一个世界，他们会真的重逢，再续昔日情谊。克鲁亚克在生命的后期结识了一位新朋友克里夫·安德森（Cliff Anderson）。后者一直陪伴在他左右，与他一起经历人生的起起落落，从某种程度上延续了克鲁亚克和卡萨迪的深厚友谊。

与形象各异的男性相比，女性在克鲁亚克的生活和作品中占据着比较特殊的地位。有些女性是他赖以生活的保障，有些则是匆匆过客，偶尔带来温暖，更多的则是伤害。“垮掉派的很多成员都把女性仅仅看作性对象、供养人和母亲，他们中很少有人相信女性也可以像男人一样从事写作。他们没能检查自身的偏见，因而错过了很多发现杰出人才的机会。”① 克鲁亚克经历三次婚姻，交往过多位女友，却一生与母亲相依为命。在女性形象中，他刻画最成功的是母亲的形象，对其他的女性的褒扬则显得比较拘谨和吝啬。他对女性的审美判断能力较弱，判断标准也相当简单：“好女孩和坏女孩，圣母和妓女。”② 在克鲁亚克的笔下，唯有母亲是完美女性的代表，其他女性更多的是男权社会里的附属品，她们或颠沛流离或自甘堕落。《在路上》中的迪安以不断更换女友和寻找刺激为人生乐趣，从来不与任何一个女孩长期相处，更不愿意与某个女孩结婚生子。很难在克鲁亚克的作品中读到对女性的赞誉。她们不是邻家女孩，不是贤妻良母，更难成为令众多男性尊重与敬佩的群体。在他的笔下，荷尔蒙泛滥的男性渴望女性，渴望爱与被爱，却不信任女性，害怕被女性牵绊。面对一个倾慕已久的女性，他们偶尔会考虑结束漂泊，让灵魂得以休憩：“那样的姑娘让我害怕……我愿意放弃一切，听从她的支配，假如她不要我，我就一走了之。”③ 但男性骨子里的傲慢与偏见，又令他们怀疑女性，“‘漂亮女孩子是掘墓人’是我的格言，每当我忍不住目不转睛盯着那些美得无以复加的墨西哥印第安姑娘看时，就会用这句格言警醒自己。而摒除欲念之后的我，也确实享受了

① ［美］比尔·摩根：《“垮掉的一代”及其他》，龙余译，江苏人民出版社 2012 年版，第 140 页。

② Miles Barry, *Jack Kerouac: King of the Beats*, New York: Henry Holt and Company, 1998, p. 9.

③ ［美］杰克·克鲁亚克：《在路上》，王永年译，上海译文出版社 2008 年版，第 291 页。

一段相当平静怡人的生活。”[①] 他们一方面需要自由的真诚的爱，另一方面又不能从心底里完全接受一个女性，害怕失去所谓的自由。追求无拘无束的自由生活是克鲁亚克等人极度渴望的生活状态，他们因此对女性充满了不可名状的恐惧心理。这种矛盾心理必然导致他们在面对爱与自由的两难选择中最终放弃和逃离女性，孑然一身去寻求他们理想中的纯粹的精神生活。他们就像一个个大傻瓜，独自住在空荡荡的房子里，这是克鲁亚克笔下众多男性的生活状态，亦是克鲁亚克抵触女性心理的表露。他对包括妻子在内的所有女性，总是不断地选择，尝试接纳，最终放弃，在孤独中离去。

## 第三节　自我形象的颠覆

“垮掉的一代”反传统、反社会，用极端的行为与现实对抗。他们反社会的激情，“虽然源于想象力，但是，在我们能理解他们，或认为他们是合情合理的之前，必定有所控制，使他们不至于像任性的本性所纵容的那般强烈。这类激情就是敌意和怨恨，以及它们不同形式的变种”[②]。他们的激情，引来世人截然不同的眼光。那些怀有同样激情的人们，相信、鼓励、支持他们并最终

① ［美］杰克·克鲁亚克：《达摩流浪者》，梁永安译，上海译文出版社 2008 年版，第 33 页。

② ［英］亚当·斯密：《道德情操论》，余勇译，中国社会科学出版社 2003 年版，第 33 页。

成为追随者。更多的人则排斥乃至痛恨他们公然发表的各种不经之论，因为它们影响了看似宁静的社会现状。这些人，主要包括政府官员、当权者、上层社会的名流以及一些学院内的学者。面对主流文化带给他们的各种批判和压力，克鲁亚克等人用文字恣肆地宣泄与自我放逐。

克鲁亚克有写日记的习惯，他敏锐地记录着某个瞬间的所见、所闻、所思。他在日记中用写实的手法记录了第二次世界大战以后很多美国普通民众窘迫而无奈的生活现实。这些真实的描述时常令他倍感无助与压抑，对现实充满了失望和失落，从而变得郁郁寡欢。纵览克鲁亚克的所有作品，他的很多美好回忆基本上停留在洛厄尔镇的童年时光里。他怀念曾经带给他无限温暖的家，想念一起成长的小伙伴，记得镇上的每一条街、每一幢建筑和每一条反反复复走过的路。这所有美好的回忆，伴随着美国现代文明进程的加快和生活节奏的加速，在他的记忆里变得模糊，渐行渐远。托马斯·塞缪尔·库恩（Thomas Samuel Kuhn）曾谈及："思想和科学的进步是由新范式代替旧范式所构成的，当旧的范式变得日益不能解释新的或新发现的事实时，能用更加令人满意的方式来说明那些事实的范式就取代了它。"① 克鲁亚克深知个人的抗争无法改变社会的变迁，他努力地尝试着自我改变，想融入现世，去真实地生活。他偶尔用某种极端的方式自我逃避与麻醉，在宗教的世界中寻找自我救赎之路。他悲观地认为生命是各种事

① ［美］塞缪尔·亨廷顿：《文明的冲突与世界秩序的重建》，周琪等译，新华出版社 2002 年版，第 9 页。

物的混合，是各种衰败的牢笼。克鲁亚克在光怪陆离的世界中产生的宿命论和悲观思想，是他遭受的深重痛苦的结果。他骨子里悲观和自闭的情绪，使得他不断地自我否定与自我颠覆。

道德作为一种社会意识形态，总是和社会生活紧密地联系在一起。伦理思想则“是在社会矛盾中开始的，所以在每一社会，它最初发生，总是由于被统治的人民对于流行的统治阶级的道德标准或生活习惯，表示怀疑或反抗。经过怀疑与反抗，而后逐渐自觉地为自己所理想的生活方式做理论的阐明”①。克鲁亚克活在自己的文本世界中毫不顾忌世俗的眼光，袒露自己的性取向，承认自己吸毒、酗酒，并曾伙同卡萨迪等人偷窃车辆……他把这些惊世骇俗的经历一揽子写进小说，被媒体指为思想低俗，行为不检。面对种种批判，他不屑于解释，我行我素，继续尝试着各种新的方式释放自我。他在极度的空虚中探寻生命的意义，在不断的自我否定与肯定中度过他并不算漫长的人生。

克鲁亚克经历了人生的诸多洗礼和蹭蹬坎坷。少时的他只身一人从宁静的洛厄尔小镇来到繁华的纽约，从此离乡背井。彼时的他单纯而天真，稚嫩纯真的灵魂不断在骨感的现实里接受打磨，在社会这个大染缸中跌撞。在哥伦比亚大学求学的最初时光里，克鲁亚克仍然像在洛厄尔镇读书时那般勤勉刻苦。他选修许多专业课程，聆听各种各样的学术讲座，一有空就耗在图书馆。他博览群书，被朋友视为一名学识渊博的青年学者。不仅如此，克鲁亚克在如饥似渴地阅读之余，还非常努力地参加哥伦比亚大学的

① 周辅成：《论人和人的解放》，华东师范大学出版社 1998 年版，第 82 页。

橄榄球训练。不幸的是，他在一次训练中摔断了腿，由此进入漫长的修养期。他的体能逐渐下滑，终被球队清退，奖学金亦被取消，学业和生活一时陷入困境。金斯伯格很为他鸣不平，说他“是个优秀的橄榄球运动员，但是球队对他做出了很多疯狂的举动，剥夺了他的奖学金，使他无法支付他在校期间的房租”[①]。即使遭遇如此不公平的待遇，克鲁亚克也并没有过多抗议和抱怨，他默默地承受了一切。

克鲁亚克强烈的自我否定情绪深受父亲里奥的影响。里奥消极、逃避、不负责任，在克鲁亚克成长的岁月中扮演了一个极度失败的父亲角色，克鲁亚克对他充满了怨恨。他在作品中刻画的父亲形象，颓废、不思进取，堕落却从不自省。1946 年，就在克鲁亚克焦头烂额地忙着创作人生的第一部小说《镇与城》之际，饱受疾病折磨的里奥溘然离世。虽然对父亲积怨已久，但里奥的离世还是给克鲁亚克沉重的一击，令他陷入深深的悲痛中。他应允了里奥的遗愿，答应此生照顾母亲，也最终原谅了父亲。克鲁亚克虽与父亲的关系紧张，但两人仍然保持着书信往来。从 1942 年至 1943 年中里奥写给克鲁亚克的信中可见，他对儿子的关心从未消失殆尽。在信中，他认为他们那一代经历了一个美好的时代，而孩子们则将创造历史，他鼓励克鲁亚克“离开洛厄尔。去看世界。用你的大脑和你的心……虽然我不理解你的很多所作所为，但我坚信时间和经历会让我们更好

---

① Paul Maher Jr.，ed.，*Empty Phantoms*：*Interviews and Encounters with Jack Kerouac*，New York：Thunder's Mouth Press，2005，p. 2.

地了解对方。而你现在正好处在某种动荡的边缘，可能成就你，也可能摧毁你”①。毫不例外的，几乎在每封信中里奥都提醒克鲁亚克寄钱回家。与其说是帮他存钱，毋宁说是直接要他补贴家用。里奥还会提醒儿子要多问候关心母亲，有时间多回去陪伴母亲。在里奥的内心，他确实愿意关心照顾加布里埃尔，但他深知自己已沦为无用的废人、零余者，只好把最后的希望寄托在儿子身上。自身的无力加之傲慢的性格，注定他绝不会在生活中表现出自己体贴人的一面，只会在信中不断提醒离家越来越远的儿子，要代替他担负起照顾加布里埃尔的责任。

1948 年，《镇与城》在加布里埃尔的厨房里完稿。这是一部关于一个少年的回忆与成长的自传，也是一部家庭的兴衰史。小说重现了在现代化工业文明进程中洛厄尔小镇遭遇变迁的阵痛与不适，以及人们的内心在物质文明的刺激下表现出来的困扰、疑虑与渴望。同样地，昔日宁静的小镇景色、温馨的家庭场景与快捷鲜明的城市文明进程描写形成强烈的比对。这样的差异性叙述表达了作者对往日生活的追怀眷念，为全书奠定了悲凉的基调。整部小说便是在这种淡淡忧伤的情绪下缓缓开始。也是在这部作品里，克鲁亚克表达了向往自然、期待回归自然的愿景，幻想有朝一日成为一名自然文学家。他的这一思想源自他早年阅读的爱默生和梭罗的著作。早在 19 世纪初，美国超验主义（Transcendentalism）文学和文化运动的代表人物拉尔夫·沃尔多·爱默生

① Leo Kerouac, “Letters (1942—1943),” Todd Tietchen, ed., *Jack Kerouac: the Haunted Life and other Writings*, Philadelphia: Da Capo Press, 2014, pp. 159 - 161.

(Ralph Waldo Emerson) 和亨利·大卫·梭罗 (Henry David Thoreau) 便痛斥工业文明对自然环境和田园生活的毁灭性破坏，彻底打破了人与自然宁静而和谐的关系。梭罗身体力行，一度搬到人迹罕至的瓦尔登湖畔居住了两年零两个月。他希冀通过与自然、与飞禽走兽的对话摆脱世俗的烦恼和现代文明对他造成的种种困扰和烦忧。克鲁亚克对梭罗推崇备至，他后来独自跑到荒凉峰上做了57天的火山瞭望员，真正感受了梭罗当年的孤独与宁静。他的特立独行的行事风格为自发性写作做好了准备。

克鲁亚克在哥伦比亚大学读书期间，金斯伯格几乎彻底颠覆了他的人生观。克鲁亚克与金斯伯格共处的时光美好，堕落且违背常理。"伦理学就是研究人民平时过道德生活的生活，他们当然只能爱'好'，也恨'恶'，而道德生活就是靠爱与恨两个杠杆组成。人民，无时无地不爱，无时无地不恨。人民就靠这些经验的积累，构成他们的性格与人格。"① 克鲁亚克和他的"垮掉的一代"朋友们并不在乎日常的伦理道德。那些在旁人看来瞠目结舌的同性恋、吸毒、盗窃等行为，俨然已经成为他们的代名词。与他们交往的画家、评论家和文化人，也都或多或少是同性恋者，或者表现出同性恋倾向。更为严重的，他们几乎都有或轻或重的吸毒史，总是依靠毒品来"促发幻觉、支持写作和排遣人生烦恼"②。他们无所顾忌，完全不介意在公开场合表露各种心声，引起很多不满。"任何一个行为，是应受到赞扬还是该被谴责，

① 周辅成：《论人和人的解放》，华东师范大学出版社1998年版，第79页。
② 李斯编著：《垮掉的一代》，海南出版社1996年版，第5页。

首先要看行为得以产生的内在意图或情感；其次要看由这种情感引起的外在行为或动作实际造成的好的或坏的结果。”① 对于他身边的同性恋朋友们，克鲁亚克敞开胸怀来接受，甚至还将他们的同性恋关系与中国唐代疯僧寒山和拾得的关系相比：“很高兴看到你们两个（金斯伯格和皮特）又复合了……就像寒山和拾得那样”②。从表面上看，克鲁亚克成为同性恋者确实受到了金斯伯格的劝诱，但这既是偶然亦是必然。克鲁亚克在高中阶段就已表现出同性恋倾向，这些他都在《杰拉德的幻想》中做了详细的叙述。他曾在写给卡萨迪的信中反复提及，说自己十几岁的时候曾当着父母和朋友的面与一个同龄男孩子亲吻，一直不忘。克鲁亚克一边周旋于金斯伯格、尼尔·卡萨迪当中，一边也不忘记结交女性朋友。他绝不是一个单纯的同性恋者，他的好友们也大抵如此。他偏又要顾忌别人的感受，告诉金斯伯格和卡萨迪自己对女人并无感觉，一切都是逢场作戏。但在面对自己的这段复杂同性恋经历之时，克鲁亚克似乎痛苦不已。他珍惜与金斯伯格之间的情谊，在纠结与挣扎中渐渐远离了金斯伯格。他们所有疯狂的行为，无非就是“想在私底下保持明智的人采取的回避之法，他们就靠毒品，靠犯罪暴行和对极乐的追求来诱发疯狂。他们视为自然的‘疯狂’就是对明智的突破和观察事物的正确眼光”③。

如果说同性恋让克鲁亚克后悔不已，毒品则是让他堕落的另

① ［英］亚当·斯密：《道德情操论》，余勇译，中国社会科学出版社 2003 年版，第 100 页。

② Jack Kerouac, *Selected Letters, 1957—1969*, Ann Charters, ed., New York: Viking Press, 1999, p. 316.

③ 李斯编著：《垮掉的一代》，海南出版社 1996 年版，第 16 页。

一个重要因素。在认识金斯伯格之前，克鲁亚克从未触碰过任何毒品。他经不住诱惑，很快就学会享受在毒品的刺激下的灵感突现和飘飘欲仙的感觉。“吸食大麻后的知觉尽管很微弱，却将意识的重心从习惯上的浅薄、简单、口头陈述以及对体验反复进行的二手意识形态的阐述，转化为更直接、渐进、有趣、精微的、敏感的在巅峰时期或吸食鸦片后几个小时内发生的体验。”① 1961年，克鲁亚克和金斯伯格突发奇想，决定进行一项毒品实验，感受毒品对神经的危害，然后一起戒毒。克鲁亚克每日吃一定剂量的迷幻剂后，身体便慢慢地出现各种反应。他变得行动迟钝，手脚发麻，视线模糊，痛苦不堪。他以身试毒，告诫朋友们不要吸毒，说 LSD（麦角酸二乙基酰胺）之类的迷幻剂就是从苏联出口到美国的想毁灭年轻人的毒药。由于长时间吸食各种毒品，克鲁亚克的毒瘾变得比较严重，健康状况也每况愈下。毒品带给他的最明显的伤害就是他的体重急剧下降，日渐消瘦。他曾经健壮的体魄臃肿不堪，肝脏受损严重，头发也脱落得厉害。

精神的幻灭是克鲁亚克在“杜洛兹传奇”系列中展示的一个重要主题，也是他自身的写照。他在《镇与城》确立了这个主题，在《在路上》中将道德价值观的沦丧发展成一部现代流浪汉小说。为了寻求生命存在的意义和理想的精神世界，小说中的人物进行了一场自我放逐和救赎的精神之旅，一场堕落和反省的回归之旅。小说沿袭了《镇与城》的主题——对美国梦的追逐和最

① ［美］比尔·摩根编：《金斯伯格文选——深思熟虑的散文》，文楚安等译，四川文艺出版社 2005 年版，第 89 页。

后的幻灭，并在结尾处将这一主题推向了一个新的高度，即对新世界和新价值观的探索。克鲁亚克作品彰显出一个公共的特征，即几乎所有的事件都来源于作者和其他人的亲身经历。他在编织传奇系列故事的同时，也编织了自己的梦想。他时常幻想终将有一天，杜洛兹传奇故事能带着读者步入洛厄尔镇，沿着他儿时走过的每一条街，静静地观看每一幢建筑，更通透地认识一个真实的他。他希望这种信念能支撑自己完成这伟大的传奇系列，遗憾的是他从来没能实现这一愿望。而摧毁他伟大梦想的，不是外面的世界，不是他本人，而是酒精。克鲁亚克从小便见惯了父亲疯狂地酗酒和醉酒后的疯癫。他骨子里充满对酒精的抵触与鄙夷。成年以后，他与金斯伯格等人常年厮混，从品酒逐渐演变为酗酒。他依靠酒精生活、写作，麻醉自己，加之多年吸毒，克鲁亚克最终击垮了自己，“杜洛兹传奇”系列中途夭折。

自我放逐是克鲁亚克的主要生存模式。他生性脆弱敏感，情感多变，酷爱颠沛流离的生活。他一面在路上经历着看似丰富多彩的人生，一面不断反思自己的任性和随遇而安：“这就是我的人生写照，有时候富，有时候穷，以穷的时候居多，而且是穷到见底。”[①] 克鲁亚克对生活的需求并不算太多，对钱财尤为淡漠。不管是捉襟见肘之时，还是因为丰厚的稿费让他短暂富足，他总淡然视之：“有钱没钱又有什么分别呢？……根本不需要钱，唯一需要的是一个背包、一些可以装干粮的塑胶袋子和一双好的鞋子，

---

① ［美］杰克·克鲁亚克：《达摩流浪者》，梁永安译，上海译文出版社 2008 年版，第 50 页。

好让他能来到像这样的好地方，享受百万富翁才享受得到的快乐……我要背着一个背包，走遍整个西部、爬遍东部的所有山，所有沙漠，走出一条清净的道路。”① 他时时信誓旦旦渴望回归宁静的生活，而喧嚣的尘世总逼迫他反复逃离与背弃他所渴望的一切。

克鲁亚克对个人情感和家庭生活的态度相当复杂。他连续遭遇失败的婚姻，却从未放弃追求幸福。他在母亲急需照顾的时候慎重地选择重新组建一个稳定的家庭，直到他生命的终点。他始终缺乏一位温柔贤淑的妻子陪伴，对母亲的依赖自在情理之中。他从小与母亲相依为命，虽未意识到自己内心隐藏的俄狄浦斯情结，但他对母亲的依赖和母亲对他特别的关爱合力证实了他潜意识里的某个念想：弑父与娶母。当然，克鲁亚克并未动过弑父的念头，因为父亲很早就过世了。他亦不用娶母，因为母亲从未远离。他这种潜在的心理注定难以拥有幸福的婚姻生活。他急促地开始第二段婚姻，持续失业，时时惦记自己的创作，蜜月之行变得索然无味。加布里埃尔亦不合时宜地在这对新婚夫妇面前宣誓自己的存在。一个男人同时面对两个女人的生活立刻变得进退维谷。克鲁亚克从来不知如何周旋于妻子和母亲之间，更不懂经营家庭之道。他听任妻子和母亲之间的矛盾发展，不检讨自己，反而将所有的埋怨归因于琼的个性和她长期缺乏父爱的家庭教养。琼的母亲痛恨男性，觉得男人

① ［美］杰克·克鲁亚克：《达摩流浪者》，梁永安译，上海译文出版社 2008 年版，第 50 页。

都是无法信任的骗子。在琼的成长岁月里，母亲把对男性的怨恨转移到琼的身上，对她动辄横加指责和批评。琼和克鲁亚克结婚之后，这对母女又将她们对男性的怨恨全部转嫁到克鲁亚克身上，令他身心俱疲。也许受够了琼母女的责骂，也许因为琼某次的不忠，克鲁亚克终于选择再度放弃婚姻，终生拒绝接受自己的女儿。他的理由非常简单："我依然没有接受这个女孩做我的女儿。何况我还有一个 71 岁的母亲需要照顾……只要我能遵循纽约州最高法院的文书，每月按时将抚养费寄给对方，我的义务就尽到了。"① 这场关于一个作家支付女儿抚养费的官司让他一度登上报刊的头条。他顶着压力，我行我素。他在给好友菲利普·韦伦（Philip Whalen）的信中诉说自己的痛楚，觉得现实糟透了，时刻想逃离，只有"佛陀是对的。我要马上回到佛陀那里去"②。

克鲁亚克对琼和女儿的决绝和对母亲的悉心照顾与体贴，形成了强烈的反差。他宁愿扮演一个听话且温顺的儿子角色，对母亲的所有管教言听计从，也绝对不尝试做一个好父亲。因为他深知自己难以扮演好丈夫和父亲的角色。这种复杂的情感在《荒凉天使》（*Desolation Angeles*）中以主人公对温暖的家庭生活的渴望达到峰值。遗憾的是看似平淡的生活似乎与克鲁亚克无缘，他只能选择与母亲相依为命。了此一生，克鲁亚克在家人和朋友之间选择了一种极为分裂的生活。对妻子与女儿极度绝情，对母亲和

① Jack Kerouac, *Selected Letters, 1957—1969*, Ann Charters, ed., New York: Viking Press, 1999, p. 412.

② Ibid., p. 281.

朋友总是充满温暖，这是他的真实写照。在朋友和母亲之间，他再度将自己割裂开来。他时常混迹于身份各异的朋友群中，亦很眷恋与母亲在一起的平淡生活。每当厌倦了当前的生活状态，他会立刻转换至另一种生活模式中。这样的克鲁亚克，既需要真实平凡的日子，也需要充满刺激和冒险的体验。在对待女儿这件事情上，他虽然拒绝承认自己的亲生女儿，骨子里依然充满着对家的渴望，他在日记里这样写道："我要创造一个家，我需要一个家，一片农场，一个地下室，一个可以娶妻生子的地方，一个可以安心工作的点，一个可以好好生活可以做其他很多事情的地方。"① 他曾写下这样一首诗歌表达内心的无奈：

米苏拉有个家，
特拉基有个家，
奥珀卢瑟斯有个家，
老梅多拉有个家，
翁第德尼有个家，
奥加拉拉有个家，
我永远不会回的家。②

评论家丹·韦克菲尔德（Dan Wakefield）这样评论克鲁亚克："固执而天真，理想主义，珍惜家庭，爱护朋友，有着某种特殊的

① Brinkley Douglas, ed., *Wind Blown World: the Journals of Jack Kerouac, 1947—1954*, New York: Penguin Group, 2004, p. 72.

② ［美］杰克·克鲁亚克：《在路上》，王永年译，上海译文出版社 2008 年版，第 327 页。

浪漫的乡愁。”① 在一个喧嚣的时代保持一份纯真何其艰难，克鲁亚克在作品中反复诠释自己对纯真的理解。他的女儿几乎满足了他对所有简单、纯真和渴望丰富多彩的在路上的生活状态的心理。遗憾的是，珍妮特除了继承了克鲁亚克的DNA外，未曾得到他的任何关爱和照顾。她一直生活得非常艰辛，做过各种各样的工作。她怀揣作家梦，希望有朝一日能像父亲那样成为一名伟大的传记作家。她的小说《宝贝开车》同样以自传的形式记录了她人生中的颠沛流离及与母亲在一起时历经的艰辛，令人掩卷唏嘘。

克鲁亚克随波逐流，希望某日能抵达某个点，某个具体的能触碰到的点，可以最终停歇。可现实总以一种神秘的力量，牵着他朝某个未知的方向迈进。克鲁亚克试图在作品中表达真情实感，他认为这样世人会更好地理解和接受他。“通过《在路上》的写作，克鲁亚克终于找到了自己的声音和真正的主题——他自己作为局外人要在美国寻找一个位置的故事。”② 几乎在所有的半自传体小说中，克鲁亚克通过刻画形形色色的人物，叙述各种不同的事件来表达自己的真情实感。《在路上》中的萨尔横穿美洲大陆，没有目的，没有固定的同行者。他追逐自己的梦，却从不知梦想在何处。他在一个又一个城市中停歇，最终发现哪里都不是他的梦想可以驻足的地方，它们只不过是“伤心的天堂”。《在路上》的面世没能让媒体对克鲁亚克好评如潮，却令他一夜成名。克鲁

① Dan Wakefield, “Jack Kerouac Comes Home,” *Atlantic*, July 1965, p. 71.

② ［美］安·查特斯：《引言》，出自杰克·克鲁亚克《在路上》，王永年译，上海译文出版社2008年版，第XVII页。

亚克本可以在这个点上大做文章，抓住机会再接再厉。但是，他选择放弃接受媒体采访，拒绝抛头露面，推出了有关他生平经历的自传式小说：《达摩流浪者》《大瑟尔》《孤独旅者》《萨特里在巴黎》《杜洛兹的虚荣》及一些诗歌和散文。1965 年，他根据自己在巴黎寻访家族根源的经历完成小说《萨特里在巴黎》，此书于第二年出版。两年后，《杜洛兹的虚荣》出版。作为身前的最后一部小说，克鲁亚克回顾了他在故乡洛厄尔以及哥伦比亚大学打橄榄球的经历，也回忆了从第二次世界大战时期到父亲去世前后整个家庭的遭遇。他给该书取名为《杜洛兹的虚荣》，所谓"虚荣"，既暗示他始于童年时代文学追求的某种虚荣心理，也包括他对未来的各种幻想以及现实生活中的幻灭感。他曾计划在将来的某一天，恢复作品中所有人物的真实姓名，让世人读到完全真实的他们。遗憾的是，他的这一心愿没来得及完成。克鲁亚克生命的最后岁月在终极的孤独中慢慢消逝：与母亲和第三任妻子住在一起，喝酒、看电视、听音乐，偶尔写作，终于远离了那群"垮掉"的伙伴们。对克鲁亚克而言，出生就意味着"悲剧意识的开始，生命之舞最终以死亡谢幕"①。

克鲁亚克充满着悲剧意识。他早在《梦之书》中就透露自己写作的动因："我写这本书（《梦之书》），因为我深知，我们都会死去。在我孤单的生命里，我父亲死了，哥哥死了，我母亲远离我，我的姐姐和妻子也离我而去。除了我充满悲剧的双手还被这

---

① Ellis Amburm, *Subterranean Kerouac: the Hidden Life of Jack Kerouac*, New York: St. Martin's Press, 1998, p. 213.

世界紧紧掌控，我一无所有……”① 他曾经设想的宏伟的“杜洛兹传奇”系列随着他的离世已然无法与读者见面。他在世的时候，年轻人一度迷恋“在路上”，他的其他作品反响平平。20 世纪 60 年代以后，在著名的《巴黎评论》《新世界写作》《新方向》等杂志举办的文学研讨会上，克鲁亚克受到了广泛的关注，成为文学流派的新风向标之一。他被人们视为“垮掉的一代”的领军人物，是继 20 世纪 20 年代“迷惘的一代”以后关注爵士乐和幻灭感的新生代作家。这条路，他走了将近 30 年。

克鲁亚克孤僻内向的性格影响了他与媒体的关系。他的几部小说先后被改编成电影搬上银幕，他也被邀请参加一些人气较高的电视脱口秀节目，一时成为“垮掉之王”。但他本人并不愿意迎合大众的口味，也不喜欢“垮掉之王”这一称号，认为这样的称谓充满误读和嘲讽。他一本正经地解释“垮掉”的哲学，还给意大利编辑兼翻译家南达·皮瓦诺（Nanda Pivano）写信，抱怨人们对他的误读，声称不得不时刻提防三种“豺狼”：警察、流氓以及评论家。那些年，评论家们毁誉参半的评论全然超出了他的心理承受范围，他厌恶与媒体交往。他认为关注他的“评论家”，并不是寻常意义上的报纸或者杂志社的职业评论家，而是“由恶灵分派过来的一个迫害机构，专门来吸食他的血”②。他希望有一天，媒体能放他一马，不管他出版什么作品，勿再对他评头论足。

---

① John Clellon Holmes, “Gone in October: Last Reflections on Jack Kerouac,” Paul Maher Jr., *Empty Phantoms: Interviews and Encounters with Jack Kerouac*, New York: Thunder's Mouth Press, 2005, p. 115.

② Tom Clark, *Jack Kerouac: a Biography*, Orlando: Harcourt Brace Jovanovich Publishers, 1984, p. 193.

出人意料地，在他的新作《梦之书》出版发行之际，评论家们恰巧都在关注别的作家的别的作品，《梦之书》几乎无人问津，各大杂志上仅能找出两篇不痛不痒的有关此书的评论。被过度关注的时候，克鲁亚克避之不及；当媒体一旦将他忽略，他又急切地渴望报纸上还能出现有关自己的报道。在与媒体的拉锯战中，克鲁亚克屡战屡败亦屡败屡战。

克鲁亚克是那个时代被鞭笞、被压迫、被剥夺诸多自由的人们中的一员。他们与政府对抗，渴望获得公平与公正，他们并不真正反对政府。他们描述各种社会乱象，并非刻意揭露残酷的现实，恰巧是骨子里对堕落与腐朽的痛恨。克鲁亚克这一代人背负了那个时代的诸多包袱，渴望冲破思想的禁锢。但在所谓的“正统”文化面前，他选择屈服与妥协。或许只有这样，那一点儿难得的“垮掉”精神方可得以留存。他发觉自己“变得越来越老，过着一种文学僧的生活——我是这样的孤独，除了家庭——没有朋友，也没有女朋友……我很高兴我是孤独的，还能学习——可以读任何东西，历史、诗歌、哲学，所有的名著——除了特殊场合的应酬，我几乎不再喝酒——我现在是一个实实在在的光棍了”①。克鲁亚克和朋友们在路上体验的种种离经叛道，只是他们在某个时刻的生活掠影。实际上，他大部分的生活并非在挑战社会道德底线，他腼腆内向的性格总是将他带回到母亲身边，过着一种宁静的、隐士般的生活。克鲁亚克最后的生命在堕落与彷徨

① Jack Kerouac, *Selected Letters, 1957—1969*, Ann Charters, ed., New York: Viking Press, 1999, pp. 327 – 28.

中度过。他偶尔接受媒体的访问，不时去酒吧溜达，时常待在家里发呆、看电视、听音乐。由于常年的酗酒，1969 年 10 月以后，克鲁亚克的健康状况急转直下。10 月 20 日早上四点，他无法入眠，起床和母亲闲聊。不久，他伴随着腹部剧烈的疼痛，并开始呕吐和吐血。10 月 21 日，他在佛罗里达的圣・彼德斯堡医院孤独地死去。

第二章

# 路上小说的开拓者

在美国文化中，“路”是一个很重要的词，有许多含义。从惠特曼的《草叶集》（*Leaves of Grass*）开始，人们便对路充满诸多期待，希望去远方，去拓荒，去探寻新的道路，开启新的人生。到了20世纪50年代，著名的由东至西的大迁徙已经接近尾声，西部的发展日新月异，不再是待开拓之地。在这样的历史背景下，路上之旅的主题也悄然改变。它不再是人们为了谋生和寻求新的生活环境的冒险之举，而是新的精神生活的探寻之旅。《在路上》的出版代表着第二次世界大战后美国文化史的转型，对其所处时代的思想、文化有着深刻的影响，并打上深深的时代烙印。不止于此，克鲁亚克的路上小说还包括《达摩流浪者》《科迪的幻想》《地下人》（*Subterraneans*）等。克鲁亚克的路上小说开启了第二次世界大战后处于政治文化低气压下年轻人的新的生活模式。受“垮掉的一代”的影响，很多年轻人放弃安逸舒适的生活，在路上恣意驰骋，只为寻找、探索渴望已久的自由和生命的终极意义，从而证明自己的存在。总而言之，克鲁亚克用这样一种书写方式寻求自我身份的认同，向世人展示他波澜起伏的人生，也预示着一个追寻新的价值观的时代的到来。

## 第一节 身份认同

自 1775 年独立以来，美国社会和民众从来没有停止对自由与平等的梦想的追求。到了 19 世纪初期，这个思想已经发展得比较成熟，它“涉及社会生活的各个方面，不仅在政治和宗教上有所体现，就是在文化、工作、娱乐等生活中的方方面面也都有不同程度的体现……言论自由、宗教信仰自由、平等，成为美国人的三大权利”①。这可以从美国的超验主义运动思潮以及爱默生和梭罗对政府和民主的诟病和期许中看出端倪。

20 世纪初以来，美国逐渐领先于世界其他国家并率先完成了工业化和城市化的进程，商业文明获得前所未有的发展。在此期间，美国经历了经济大萧条和两次世界大战，但其一直坚持的民主精神、自由意志依然坚定地走向成熟。在急剧的变革进程中，整个国家面临着诸多新问题和新挑战。第二次世界大战后的美国社会，是一个“激进主义盛行的年代。以法兰克福学派为代表的激进主义对第二次世界大战后的西方文化进行了全面的批判。他

① 施袁喜编译：《美国文化简史》，中央编译出版社 2006 年版，第 13 页。

们认为以消费主义为特征的，借助于高技术手段进行大批量生产的文化工业的，尤其通过大众媒介广为传播的西方文化，其实是意识形态控制的新形式”①。

物质文化的急剧变化冲击着人们的思想观念。现代文明导致很多人患上了城市病。城市中的人们为各种商业文明和大型机械作业所驱逐，生活节奏越来越快，心理悄然发生了变化。“生活在西方的人，虽然大部分没有清楚地感觉到（或许大部分人一向是如此），他们正在经历着西方文化的一个危机，但是只有一些有批评眼光的观察者都共认这个危机的存在，并了解它的性质。这个危机可以被描绘为‘不安’‘倦怠’‘时代病’、死气沉沉。人追随理性主义，也已达到理性主义变得完全不合理性的地步。”② 社会充满了贪婪、野心、色情，到处迷漫着庸俗和道德败坏。人在不可逆转的大环境下变得焦灼焦虑，作家们不断地表达着各种情绪。“小说家们跟随西奥多·罗斯福（Theodore Roosevelt）在大决战中战斗……小说家们要做的和已经做了的，是用他们的笔去争取理想的世界。”③ 良知召唤作家们不惜笔墨揭露各种社会黑暗、政治腐败与人性堕落。残酷的社会现实与历史创伤，一次次挑战人的道德底线，也帮助人们更为深刻地了解自己身处怎样的一个社会。很多作家针砭时弊，讽刺商业文化，批判商人主导经济发展，以利益最大化为终极目标，破坏社会风气。由此，在他们的

---

① ［英］汤林森：《文化帝国主义》，冯建三译，郭英剑校订，上海人民出版社1999年版，第4页。

② ［日］铃木大拙、［美］弗洛姆等：《禅与心理分析》，孟祥森译，海南出版社2012年版，第119页。

③ 施袁喜编译：《美国文化简史》，中央编译出版社2006年版，第142页。

笔下，读者能看到一个物欲横流、经济制度混乱、人性堕落、资源浪费的社会。这种社会现状和文化，被定性为“差不多就是商人的文化”①。人们向往充满自然气息的乡村生活，渴望回归宁静的岁月。

知识分子感时忧国，愤世嫉俗，在他们的演讲与著述中，担忧和愤怒表露无遗。“我所有的纽约朋友都处于消极的、梦魇似的位置，整天在贬低社会，搬出他们那些陈旧的、学究式的、政治学的或者心理分析的理由……”② 可以说，20 世纪 50 年代的文化是令人失望、让人窒息却又无力反抗的文化低谷期。很多年轻人在现实面前逐渐失去了反抗力，退志日萌，最终学会与自己和现实妥协。到了 60 年代，各种社会问题层出不穷：“爱国主义思想消弱，核心家庭瓦解，公共文化充斥淫秽和暴力，毒品和犯罪日益失控，父亲、教师和国家的权威不断降低，公共秩序和个人纪律土崩瓦解。”③ 文化气候的急剧变化对克鲁亚克本人，以及整个“垮掉的一代”都带来了前所未有的冲击。当克鲁亚克、金斯伯格等人四处奔走时，美国主流文化批评家诺曼·波德霍兹（Norman Podhortz）毫不客气地指出：“所谓垮掉的文学是对文明社会的敌视，垮掉的作家崇拜野蛮、疯狂、性和毒品。”④ 为了证明他

---

① 施袁喜编译：《美国文化简史》，中央编译出版社 2006 年版，第 153 页。

② ［美］杰克·克鲁亚克：《在路上》，王永年译，上海译文出版社 2008 年版，第 11 页。

③ ［美］莫里斯·迪克斯坦：《伊甸园之门——六十年代的美国文化》，方晓光译，译林出版社 2007 年版，第 2 页。

④ Norman Podhortz, "Know Nothing Bohemia," Scott Donaldson, ed., *Jack Kerouac: On the Road, Text and Criticism*, New York: The Viking Press and Penguin Books, 1979. pp. 343 – 346.

们这种“垮掉的”行为绝非单纯的堕落与野蛮，整个“垮掉的一代”不断地用语言和行为证实自己的身份和存在价值，这条路走得漫长而艰苦。

克鲁亚克有意识地将自己与“迷惘的一代”区分。“‘迷惘的一代’主要是一种反讽的对浪漫主义的否定。‘垮掉的一代’则是在寻找身份认同，当然也包含一种讽刺，那就是愤世嫉俗，喜欢在口头上大谈伟大的生活。”① 克鲁亚克自身是一个复杂的矛盾体。他孤独内向，渴望与人交流，时不时担心友情会给他制造各种麻烦。他独立创作，又渴望融入人群。他在矛盾的心理中踟蹰前行。他与卡尔、巴勒斯长时间相处，在他们的推荐下阅读威廉·布莱克（William Blake）、T. S. 艾略特（T. S. Eliot）等人的著述，接触美国现代作家和欧洲作家。他总说：“在这个国家，要做一名作家，必须是疯狂的。”② 克鲁亚克用语言和行动为自己正名，却依然遭遇身份质疑。他读奥斯瓦尔德·斯宾格勒（Oswald Spengler）的《西方的没落》（*The Decline of the West*），关注变幻莫测的文化思潮。他热衷于人论，关注存在主义哲学。这两个问题，一个是文化，另一个是人的问题，实际上就是一个问题，即文化与人的内在关联性。人是文化的主体，而文化造就了不同的人。克鲁亚克追求的身份认同，归根结底是“争取人格独立、人的尊严与自由”③ 的过程。

---

① See Paul Maher Jr., ed., *Empty Phantoms: Interviews and Encounters with Jack Kerouac*, New York: Thunder's Mouth Press, 2005, p. 72.

② Paul Maher Jr., ed., *Empty Phantoms: Interviews and Encounters with Jack Kerouac*, New York: Thunder's Mouth Press, 2005, p. 356.

③ 周辅成：《论人和人的解放》，华东师范大学出版社 1998 年版，第 96 页。

“垮掉的一代”不同于嬉皮士文化。克鲁亚克认为“嬉皮士都是些好孩子，他们比‘垮掉的一代’要好多了。你看看，这些垮掉者们，金斯伯格，还有我……我们都年已40岁，开始这些工作。但是一群流氓、共产党分子骑上我们的脖子……我曾经讲过的‘beat’指福祉与愉悦，可是到了他们口里，就变成了垮掉者的暴乱，甚至叛乱。作为一名天主教徒，我从来没说过类似的话。我依旧相信秩序、温和以及虔诚”①。“垮掉的一代”这一思想文化运动，初衷是纯洁的、纯粹的、积极的，但是随着运动的深入和范围的扩展，乃至世人的偏见和误读，很多东西都改变了其初衷，甚至走向了反面的、消极的运动。

克鲁亚克的自我身份认同之路一波三折。他一生都在努力地去加拿大化，用各种鲜明的标识证明自己是一个地道的美国人。克鲁亚克的血缘注定了他法裔加拿大移民的身份，而他强烈地追求身份认同的潜意识促使他不断改变自我。他的身份本身无可厚非，无奈他太渴望改变，很大程度上源于他在融入美国社会和文化的过程中，总被排挤在主流文化之外。他在小说中弃用法裔加拿大名，用意大利裔或者其他族裔的名字为人物取名。几乎所有故事中的“我”，都时常迷失在喧嚣的尘世中，与世界格格不入，与自己无法和解，反反复复去适应环境，屡试屡败：“他们的活力迎头相遇，相比之下，我成了乡巴佬，我跟不上套。”② 克鲁亚克

① Paul Maher Jr., ed., *Empty Phantoms: Interviews and Encounters with Jack Kerouac*, New York: Thunder's Mouth Press, 2005, p. 332.

② ［美］杰克·克鲁亚克：《在路上》，王永年译，上海译文出版社2008年版，第8页。

努力去加拿大化的过程，就是他追求身份认同的一个剪影，就像《在路上》中的萨尔所说的："我拍了一张正面照，弄得像是三十岁的意大利人，一副蛮横的样子，仿佛谁侮辱了他母亲他就要把谁杀掉。"①

在追求身份认同的道路上，克鲁亚克几近走火入魔。他儿时从父辈们那里听说自己的祖先是从康沃尔郡来的法国布里多尼地区的男爵，从此坚信自己是远古的凯尔特人的后裔，是康沃郡的子孙，是真正的贵族后裔。他甚至推断他的家族从亚瑟王国的特里斯坦和伊索尔德岛来到康沃尔郡，不是盎格鲁－撒克逊人，而是地地道道的凯尔特人。他由此拆分并解释自己名字的意义。"KER 是房子的意思，OUAC 是在田野里的意思。两年以后，在另一次采访中，他说 KER 是水的意思，OUAC 则是语言的意思，甚至还说 Kerouac 是古爱尔兰语 Kerwick 的变体。"② 为了弄明白自己的家族背景，或者说为了证明自己来源于一个伟大的、血统高贵的家族，克鲁亚克在孜孜不倦地求证。

1962 年冬，克鲁亚克突发奇想，决定写一部有关家族衰败史或者说家庭悲剧的书，暂定名为《杜洛兹的虚荣》。里奥多年前爱好收集整理各种书报信息，摘抄了几本厚厚的笔记，还留存了一些关于家族历史的信件。克鲁亚克面对这堆杂乱无章的资料毫无头绪。他跑去教堂祷告，不断地和朋友唠叨，依旧一无所获。

---

① ［美］杰克·克鲁亚克：《在路上》，王永年译，上海译文出版社 2008 年版，第 9 页。

② Tom Clark，*Jack Kerouac*，*a Biography*，Orlando：Harcourt Brace Jovanovich Publishers，1984，p. 4.

1965 年，他头脑发热，只身飞往巴黎，期待在那里能查到家族的起源。10 天以后，克鲁亚克落寞地无功而返。这个法裔加拿大人证实自己是贵族后裔的心愿，直到逝世都没能完成。后来的学者根据他早年提供的其祖先的名字，专门查阅了那位叫“Maurice - Louis - Alexandre Le Brice De Kerouac”的人的所有资料，最终确定其并非男爵，亦非著名将领，而是一个来自法国的中产阶级商人。这位路易斯·亚历山大（Louis - Alexandre）在加拿大的魁北克省娶了一名叫路易斯·贝尼尔（Louis Bernier）的女子，生了三个儿子。儿子们成年后分别娶了法裔加拿大女子为妻。在家族的繁衍过程中，克鲁亚克家族还混杂了一些印第安血缘。如果克鲁亚克在世时知道自己的家族血统，也许就不会坚持构建他的“杜洛兹传奇”系列小说了。

除了血统问题外，克鲁亚克最渴望获得认可的是他的作家身份，一个从未放弃的梦想。他渴望成为一名职业作家，一名真正的、严肃的、受人认可和尊敬的作家。他一生坚持阅读，善于观察，虚心听取旁人的建议。这条路，他走了三十多年。早在 1937 年春，克鲁亚克在洛厄尔上中学，就时常在镇上的公共图书馆阅读。在那里，他遇见了桑米，一个长他几岁的希腊男孩，洛厄尔中学的高中生、当地颇有名气的年轻诗人。两人志趣相投，桑米为克鲁亚克朗诵自己的诗歌，推荐他读伍尔夫的小说，多看乔治·戈登·拜伦（George Gordon Byron）的诗歌。克鲁亚克在与桑米的交流中发现他非同寻常的智慧和深邃的思想，一度产生错觉以为他是成年后的杰拉德。这样的感觉让克鲁亚克激动不已，他们时常促膝长谈，分享读书的快乐，分享彼此最细腻的思想。彼时，克鲁亚克已经开始试着创作。由于里奥生意失败，加之他对儿子的橄榄球事业寄予厚望，自然不支持克鲁亚克从事文学创作。郁郁寡欢的克鲁亚克跑去教堂，向神父斯派克·莫里塞特（Spike Morissette）吐露内心的困扰。斯派克多年后忆起他们当初的谈话："我鼓励他最终应该去纽约，如果他想成为一名作家。当然，他也太穷了。因此我建议他申请点奖学金之类。我想其他人也会给他同样的建议。"① 神父的鼓励和母亲的支持，为后来克鲁亚克毫不犹豫地选择去纽约哥伦比亚大学读书坚定了信念。

克鲁亚克的阅读量与日俱增。克鲁亚克对伍尔夫愈加感兴趣，把他视为偶像，时常被他的语言震撼。伍尔夫在书中对旖旎的城市风光和变化莫测的天气描写，唤醒了克鲁亚克对美洲大陆的热爱。从那以后，他下定决心，终有一日，去前行，去漫步，去看看真实的美国，一个一直就在那里他却并不太了解的美国。他羡慕伍尔夫生活在20世纪20年代，他不喜欢现状，厌倦自己处在边缘文化下的生活状态。他依然对自己和未来乃至整个美国社会保持着美好的期待，希望有一天能实现自己的梦想。就像伍尔夫在他的小说《你不能再回家》（*you cant Go Home*）里面描述的，在美国，很多人迷路了，总想找到出路，然而道路很曲折。克鲁亚克视伍尔夫为他的精神导师，他相信自己某日亦能成为一名伟大的作家，创作出严肃的作品。他模仿伍尔夫写小故事。他的第一部小说《镇与城》就充满着浓郁的伍尔夫风格。克鲁亚克在模

① See Tom Clark, *Jack Kerouac: a Biography*, Orlando: Harcourt Brace Jovanovich Publishers, 1984, p. 32.

仿中逐渐成长。

语言是困扰克鲁亚克身份认同的一个重要因素。他虽然出生在美国，英语却算不上他的母语。克鲁亚克的第一语言严格说来是一种被称为若阿尔语（Franco - American Joual）的法语方言。“Joual”这个词在20世纪50年代被创造出来，来源于法国 - 加拿大语“cheval”的发音。在法语中它是“马”的意思。“Joual”意指“那种被英语化的、缩写的、富有音乐形式的法语，主要流行于圣路易斯山谷一带的魁北克人和以及后来来到新英格兰磨坊小镇的后裔，他们在此建立了自己的文化”①。若阿尔语是方言，缺乏精确的书写标准，有无数的变体，使用范围受限，无法与标准法语相提并论。克鲁亚克从小与父母使用若阿尔语交流，潜移默化，他后来回忆童年往事和经历时会不由自主地用若阿尔语表达。成年以后，他依然习惯用若阿尔语和母亲交流。“只有使用这种语言，他才更加愿意和母亲吐露心声，就像一个孩子那样毫无保留。”② 克鲁亚克的创作全部用英语书写，刻在他骨子里的若阿尔语是他童年美好时光的记忆。他努力让自己融入英语语言的文化氛围中，却在不经意中流露出对另一种语言的眷恋，时不时地冒出几句若阿尔语，在某种程度上阻碍了他的身份认同之路，他似乎也从未因此觉得懊恼。

克鲁亚克一直希望自己能成为一个真正的主流作家。不管是令他一夜成名的《在路上》，还是后来陆续面世的其他作品，克

---

① Tom Clark, *Jack Kerouac: a Biography*, Orlando: Harcourt Brace Jovanovich Publishers, 1984, p. 3.

② Ibid., p. 4.

鲁亚克深厚的语言功底和行云流水般的写作技巧确实打动了一批读者。他毫无顾忌地将奔放狂野的抒情方式与虚构的情节以及自传糅合在一起，在看似普通的叙述中展示动人心魄的旅途探险，流露出作者或喜或悲的真实情感。他曾感激自己受惠于伍尔夫，又对受伍尔夫的影响太深表现出某种“影响的焦虑”，希望尽早形成自己的风格。他发掘自己已有的语言优势，把法语、若阿尔语和美式口语糅合在一起，让叙述更生动，更符合美式英语的表达方式。《在路上》让他一夜成名，媒体很快追踪而至。他在最接近获得身份认同的关键时刻选择了退缩，四处躲避媒体，避免与外界接触。他一时不能适应过度地受关注：“无法控制自己的言行，冷落蜂拥而至的崇拜者，写作事业也一度停滞不前。”[①] 在这不期而至的逃避时段里，克鲁亚克依旧酗酒，时常焦虑。当《巴黎评论》发来信函邀请他加入“小说的艺术”这个系列采访时，克鲁亚克同样战战兢兢，如履薄冰。更为狼狈的是，1967 年，一位记者登门采访，他的第三任妻子斯特拉百般干涉，要求对方支付 100 美元的采访费。在采访过程中，斯特拉一直在旁监督，加布里埃尔则坐在帘子后面絮絮叨叨。来访者连杯水都还没喝上，斯特拉后来继续阻止克鲁亚克跟来访者去酒吧消闲。这样的生活环境，克鲁亚克想不与媒体交恶都难。

语言困扰只是为他制造了一些小麻烦，他真正遭遇的身份认同危机主要源于作品的认可和接受度。克鲁亚克坚持自发式创作模式，在文学的虚拟世界里流露自己对身份的困惑。他遵循传统

---

① Warren French, *Jack Kerouac*, Boston: Twayne Publishers Inc., 1986, p. 117.

写作手法又有自己的创新，认为所有的笔记、日记、草稿等都是一种演练和准备。他不仅在《在路上》尝试自发式写作，还在《地下人》《达摩流浪者》《特莉丝苔莎》（*Tfistessa*）《荒凉天使》中延续下来。克鲁亚克笔下的人物在虚构的世界里同样不断遭受质疑。“我醒来时太阳发红；那是我一生中最难得有的最奇特的时刻：我不知道自己究竟是谁了——我远离家乡，旅途劳顿、疲惫不堪，寄身在一个从未见过的旅馆房间，听到的是外面蒸汽的嘶嘶声、旅馆木器的嘎吱声、楼上的脚步声以及各种各样凄凉的声音，看到的是开裂的天花板，在最奇特的十五秒钟里我真的不知道自己是谁。我并不惊恐；只觉得自己仿佛是另一个人，一个陌生人……”① “垮掉的一代”讲述自己的人生经历、讲述自己对社会、对生活的看法，讲述他们的思想和精神需求。克鲁亚克曾相当自信地自我评价：“我注定是一个伟大的作家，像托马斯·伍尔夫那样的伟大作家。金斯伯格一直在读啊写啊，完成各种诗歌……巴勒斯读了很多书，到处走到处看……我们之间相互影响也不断地相互渗透。我们是在纽约这个有趣的大城市中的三个有趣的人，我们一起漫步在校园中，在图书馆，在咖啡店。”②

20世纪50年代的很多美国作家用嚎叫、咆哮等方式表明自己的政治态度。不同于19世纪的爱默生、惠特曼等，包括克鲁亚克在内的“垮掉的一代”，他们对政府和民主缺乏某种深刻的、持久的

① ［美］杰克·克鲁亚克：《在路上》，王永年译，上海译文出版社2008年版，第21页。

② Paul Maher Jr. , ed. , *Empty Phantoms*: *Interviews and Encounters with Jack Kerouac*, New York: Thunder's Mouth Press, 2005, p. 314.

信任，对政府的态度也表现出前所未有的困扰。克鲁亚克致信金斯伯格，谈及对美国政治现状的担忧，害怕有一天“美国也会变得像德国一样，成为一个政治国家”①。根据金斯伯格的回忆，克鲁亚克曾专门研读《资本论》《共产党宣言》，很有可能还读了一些其他的共产主义思想书籍。金斯伯格认为克鲁亚克早已就有共产主义倾向，甚至在一次访谈节目中公然谈论这一敏感话题，说克鲁亚克作为“国家海军局（National Maritime Union）的一名成员，在该部门被右翼力量和CIA（美国中央情报局）接管之前，很明显确实是一个共产党员，持续时间大概是从1939年到1941年或者1942年间”②。那时的克鲁亚克年少气盛，根本没有理会金斯伯格的这番评论，也未对此做任何回应。他是否是共产党员并不重要，重要的是他确实相当赞同一些共产主义思想。他也确实读过《资本论》《共产党宣言》等，但这些书籍对他日后的政治观念有多深的影响，却不得而知。不久之后，金斯伯格推翻了自己之前的言论：“他后来不再喜欢共产主义的很多理念，因为马克思主义者普遍认同我们是可以互相帮助的，有希望的，有用的，是革命前的某种群体。他们灌输给我们一些东西。”③ 实际上，克鲁亚克对共产主义思想的两个方面提出了异议：“一是共产主义者反对波西米亚主义，比如小资产阶级主义等。同时，共产主义否定上帝的

---

① Jonah Raskin, *American Scream*: *Allen Ginsberg's Howl and the Making of the Beat Generation*, Berkeley: University of California Press, 2004, p. 216.

② Paul Maher Jr., ed., *Empty Phantoms*: *Interviews and Encounters with Jack Kerouac*, New York: Thunder's Mouth Press, 2005, p. 7.

③ Ibid..

存在，否定空幻的普世意识的存在。”① 这些与克鲁亚克所信仰的天主教教义背道而驰。因为他早期的共产主义思想，克鲁亚克的编辑马尔科姆·考利最终放弃了他，评论家也为此批判他，认为他是冷战期间反动的共产主义思想的代表者，给社会的稳定带来极大的威胁。克鲁亚克对整个社会现状的控诉，对自身信仰的怀疑，终究还是源于“我们失去了上帝，上帝离弃了我们，因此我们既不管我们对别人造成的苦痛，我们亦不在乎我们让下一代去承担的罪状”②。他渴望回归，寻回被现代文明和政府压制的个人言论自由和思想自由的时代。他也希望每个人能各司其职做好自己的分内工作，憧憬社会减少种种不公与不义，这和19世纪梭罗的思想基本一致。当年梭罗为宣扬个人权利平等与自由四处奔忙无果，最终只能暂时退隐到瓦尔登湖畔。克鲁亚克的言语和行为，亦旨在反对政府制定的各种制度。他对人们充满善意，对未来也抱有希望。他当然无法成功，他和梭罗一样，是浪漫的爱人类的无政府主义者，“爱人类的无政府主义者要比不爱人类的无政府主义者可取得多”③。

克鲁亚克日渐消沉。他曾说：“活着是一种负担，沉重的负担，非常沉重的负担。我希望我死后去天堂，那里安全。”④ 克鲁

① Paul Maher Jr., ed., *Empty Phantoms: Interviews and Encounters with Jack Kerouac*, New York: Thunder's Mouth Press, 2005, pp. 7 – 8.

② ［德］莫尔特曼：《俗世中的上帝》，曾念粤译，中国人民大学出版社2003年版，第16页。

③ ［美］欧文·白璧德：《两种类型的人道主义者》，赵燕灵、宋念申译，《人文主义：全盘反思》，美国《人文杂志社》编，多人译，生活·读书·新知三联书店2003年版，第43页。

④ Paul Maher Jr., ed., *Empty Phantoms: Interviews and Encounters with Jack Kerouac*, New York: Thunder's Mouth Press, 2005, p. 66.

亚克很少规划自己的人生，从来不知道下一站在哪里，但他依然坚定地走在一条少有人走的路上，“在这条路上，我知道会有女人，会有幻想，会有一切；在这条路上走下去，名著会交到我手中”①。他的思维越发迟钝，记忆力逐渐衰退，作品也变得不那么受欢迎。《大瑟尔》刚一出版，《纽约时报》即评论其“荒谬”“可悲”，讽刺作者“当一个垮掉者老得都不能上路了，还能写出什么好东西呢?”② 这些带有羞辱性的评论让他心灰意冷，想从此封笔。事实也确实如此，克鲁亚克之后并没有再构思新的主题进行创作。他后期的小说缺乏代表性，也没能成功地书写出那一代人的彷徨。1965 年出版的《荒凉天使》并没有引起评论家的极大兴趣，或者说评论家已经不像从前那般关注他和他的作品。《大西洋月报》刊出了丹·韦克菲尔德（Dan Wakefield）的书评，认为“近期没有哪部作品比它更能如此代表美国文化了”③，另一位评论家邦特姆·布克斯（Bantam Books）认为这部书深刻地揭露了社会现状，用 50000 美元买断了该书的再版权。在褒贬不一的评论中，克鲁亚克的创作才华在慢慢地凋萎。

1968 年 2 月，《杜洛兹的虚荣》出版，媒体的评论如期而至。《纽约时报》最初认为那是克鲁亚克迄今为止写得最好的一本书，不出几日又贬低克鲁亚克，认为他不能与同时代的作家诺曼·梅勒（Norman Mailer）相提并论。梅勒是当时的畅销书作者，作品

---

① ［美］杰克·克鲁亚克：《在路上》，王永年译，上海译文出版社 2008 年版，第 12 页。

② “Lion and Cubs,” *Time*, September 14, 1962, p. 106.

③ Dan Wakefield, “Jack Kerouac Comes Home,” *Atlantic*, July 1965, p. 69.

以揭露和剖析社会及政治问题居多，以擅长叙述暴力及情欲名噪一时。实际上，梅勒似乎并没有比克鲁亚克更有作家的使命感，语言也未见得更为优雅，他只是更了解读者的心理，更能迎合大众的口味。媒体总是墙头草，见风使舵。各种负面的、嘲讽的评论随即而来，《杜洛兹的虚荣》一度陷入批评的浪潮里。这一回，克鲁亚克似乎有所准备，他表现得相当冷静，并未着急发声为自己辩解，也没有努力去证实或者争取某些认可。

克鲁亚克对身份的认同延续到他笔下人物对自我身份的探寻。这些人物有着共同的特点，即抛弃平淡无奇的生活，逃离让他们窒息的现实，又很不甘心从此默默无闻。他们四处流浪，坦然面对各种境遇，向世人袒露心声，表达自己的感受，并随时自我剖析。他依旧热爱传统文化，一直在努力学习美国文学的传统，崇拜梭罗和惠特曼。反讽的是，那段时期，惠特曼常被哥伦比亚大学的一些教授视为反面教材，其作品总被拿来批判，认为其不够严肃，缺乏严格的创作标准。克鲁亚克的作品在某种程度上是他真实的人格和心理的写照。因为过于真实，作品就一定缺乏严肃性吗？实际上，“不管是任何人，只要他处于……某种情绪状态之中，就不可能进行创作；只有当他的脑子冷静地思考着引起这样一些情感的原因时，才算是处于创作状态中”①。克鲁亚克在冷静的状态中严肃地书写，但他终究带着一些悲剧色彩。他一直希望获得尊重，希望自己的作品获得认可。这种尊重来自读者、媒体

① ［美］苏珊·朗格：《艺术问题》，李泽厚译，中国社会科学出版社 1983 年版，第 23 页。

和他的出版商。他却总与媒体和出版商龃龉不合、屡屡交恶。他曾在与卡萨迪的通信中斥责出版商不顾及他的创作意图，肆意篡改作品。在和各位编辑的交涉中，他害怕编辑们对他完整的手稿进行面目全非的删改。他为之焦虑不安，无比迷茫和失落："我们的破破烂烂的手提箱又一次堆放在人行道上；我们还有更长的路要走。不过没关系，道路就是生活。"① 每个人的道路都不一样，是"乖孩子的路，疯子的路，五彩的路，浪荡子的路，任何路。那是一条在任何地方、给任何人走的任何道路"②。克鲁亚克选择的路，看似植满狂喜，沿途摇曳的却是更多无奈和酸楚。他因此时不时地选择回到母亲身边，短暂地停歇，"可以彻底地做回自己，毫无意识地说任何自己想说的话"③。

在所有的"垮掉的一代"的代表人物当中，相比于金斯伯格和斯奈德，克鲁亚克的文学地位一直被低估。金斯伯格一度为他的这位亲密战友打抱不平："克鲁亚克是个天才作家。有那么些年，他的作品总被中情局培养出来的宽额头的资产阶级知识分子所拒绝。"④ 即使有再多的委屈，金斯伯格也无能为力去论证什么。从克鲁亚克的作品中不难总结出一些规律。他塑造的英雄人物并非传统意义上的符合主流文化审美标准的人物，但也绝非彻底的反传统的反英雄主义者。他笔下的人物总游离在某种文化的

① ［美］杰克·克鲁亚克：《在路上》，王永年译，上海译文出版社 2008 年版，第 271 页。

② 同上书，第 321 页。

③ Paul Maher Jr. ed., *Empty Phantoms: Interviews and Encounters with Jack Kerouac*, New York: Thunder's Mouth Press, 2005, p. 22.

④ Jonah Raskin, *American Scream: Allen Ginsberg's Howl and the Making of the Beat Generation*, Berkeley: University of California Press, 2004, p. xii.

边缘，这不妨视作他自身在主流文化和反传统之间徘徊和不断纠结的某种折射。这些人物最终必然面对主流文化带给他们的冲击以及自我身份的认同和最后的回归。

“垮掉派从内在获得权威。”① 这个内在是他们的思想和灵魂。克鲁亚克是一位极具人文关怀的作家。他一生追求和关注的，犹如欧文·白璧德（Irving Babbitt）所言：“人文主义者感兴趣的是个体的完善，而非使人类全体都得到提高这类思想。”② 这与他爱人类的无政府主义者的身份相符，也更深刻地诠释了其坚定不移地选择一条为主流文化所不能接受的生活与创作之路的原因。这样的一群人，更愿意生活在自己的世界里体悟一切，他们只在乎如何完善自己，他们对社会和对人的关怀同样具有极强的选择性。他们是斗士，为自己坚持的某种信念而斗争，不轻易屈服。“没有什么可以征服我不屈不挠的自由精神，当然，我的这种自由精神更多地来源于一种对信仰的怠惰，而不是来源于自满……一个人所有要做的就是随心所欲；那也是我为什么如此害怕好处的理由，因为每一个好处都要求感激；而我觉得我有一颗忘恩负义的心灵，也正是因为感激是一种责任。”③ 卢梭的这番话，似乎为克鲁亚克的一切随心所欲的行为和他认为自己所具有的人文主义思想找到了更好的理由。而他，也是这样回应的：“我们不愿意告诉他们的是，我们不想成为蚂蚁，最终将自己彻底贡献给社会。我们只想

---

① Thomas F. Merrill, *Allen Ginsberg*, Boston: Twayne Publishers, 1988, p. 2.

② ［美］欧文·白璧德：《什么是人文主义?》，王琛译，《人文主义：全盘反思》，美国《人文杂志社》编，多人译，生活·读书·新知三联书店 2003 年版，第 5—6 页。

③ 同上书，第 33 页。

成为个人主义者，每个人都是他自己。”① 克鲁亚克的个人主义，是他对身份认同的终极目标，是自爱默生、梭罗、惠特曼以来美国作家对“个人主义”这一概念更加彻底、清晰和更具个性化的诠释。

## 第二节　路上的风景

早在19世纪末，英国诗人兼评论家马修·阿诺德（Matthew Arnold）就表述过他对现实的担忧：“生活中只剩下两大关怀——一是赚钱，二是拯救灵魂——这情形却多么普遍，道出了我们中多少人的状况！”② 阿诺德与当时的很多知识分子一样，反对社会不平等，反对物欲横流和工业文明带给人类的异化，试图以一种理想的乌托邦思想来抗拒弥漫于生活各个领域的权力和统治。这些知识分子们从未试图建立一套统一的适用于整个社会的社会理论体系和与当时的环境处境相适应的政治策略。阿诺德的思想与言论，只是一种自发式的语言“革命”，年轻人依然不得不以自己的方式，在一个没有希望的社会中面临所有人必须正视的问题。

在第二次世界大战以后的美国社会，政治风云多变，每个人都在寻找自己精神上的家园，寻求心灵的一块宁静之地。早在一

① Jack Kerouac, *Satori in Paris*, New York: Grove Press, Inc., 1966, p. 47.

② ［英］马修·阿诺德：《文化与无政府状态：政治与社会批评》，韩敏中译，生活·读书·新知三联书店2002年版，第141页。

百多年前，惠特曼就指责美国这个“可恶的国家”，在政府的独裁统治之下，对民众实行赤裸裸的剥削。政府不仅在国内实行专制，也将铁腕政策延伸到别的国家，在世界很多国家建立自己的傀儡政权，制造一起又一起国际事件。美国政府破坏智利的民主，在柬埔寨、越南等亚洲国家肆意侵略与屠杀，犯下不可饶恕的滔天罪行。有良知的美国人民对政府的这些行为深恶痛绝，斥之为军事暴政。政府所谓“保卫自由世界”的口号用意何在，世人皆知。这些行动破坏了民众对政府的信任，也遭到了世界人民的反对。

美国一路高歌猛进的经济文明和商业文化，使得年轻一代对政府也渐生反感。他们不愿意苟且地生活，决定像克鲁亚克他们那样，践行“垮掉”的生活模式，以行为上的垮掉，宣示精神上的独立与自由。他们放弃古典音乐，改听爵士乐、跳摇摆舞、吸食毒品，肆意偷窃，四处流浪，发起了一场横穿美洲大陆的“背包革命”。这场革命，以《在路上》中各色人物在路上的玩世不恭和离经叛道，在路下则居无定所和离群索居为鲜明特征。他们三五成群寻求心中的终极真理。他们在路下忙于生计，在残酷的现实面前任凭理想一次次褪色。克鲁亚克连同这些人物不断地在现实和梦想之间徘徊，他们针砭社会时政，以智慧的双眼洞察一切，同情一切，表达一种同社会准则及社会情势相对立的疏远和异化意识。

1955 年，克鲁亚克再次踏上旅程，从墨西哥城出发去伯克利寻找老友金斯伯格，后者把他介绍给时年 25 岁的诗人、佛教徒加里·斯奈德（Gary Snyder）。这一年，《在路上》的前两部分已经分别在《新世界写作》(*New World Writing*)和《巴黎评论》(*Paris Review*)上发表。这一年,金斯伯格在旧金山的"六画廊"慷慨激昂地朗读其著名长诗《嚎叫》。这一年,"垮掉的一代"作为一个文学流派不断地活跃在公众的视野中。1957年,得力于评论家马尔科姆·考利(Malcolm Cowley)的极力推荐和修改,完整版的《在路上》由维京出版社出版,立刻引起轰动。《纽约时报》的评论家吉尔伯特·米尔斯坦(Gilbert Millstein)认为它是一部主流的作品,"诞生在一个历史性的时刻中的一部伟大的作品"[①],是对那个时代扼制一切的沉沉死气所给出的勇敢回复。《在路上》迅速登上新书销量排行榜,有电影公司愿意出11万美元的高价买断其版权。出版社一口回绝,克鲁亚克则暗自向菩萨祈祷,"如果这部书能卖到15万美元,我就立刻隐居一个月,不吃肉,全心全意为所有的生灵祷告"[②]。他所期待的15万美元的版权未能如愿以偿,《在路上》却成为很多年轻人行走在路上的重要理由。

将所有的回忆,交给打字机。《在路上》的魅力,不仅在于它是一部引人入胜的小说,还在于"在路上"本身已成为一种话语,"它象征着追求自由、勇于冒险、不循规蹈矩、不知疲倦的人类精神和创造力"[③]。小说描写的路上生活模式引发了大批精神苦闷的年轻人的共鸣,被视为"生活的教科书"。《在路上》中的人

---

① Gilbert Millstein, "Books of Times," *New York Times*, September 5, p. 27.

② Tom Clark, *Jack Kerouac: a Biography*, Orlando: Harcourt Brace Jovanovich publishers, 1984, p. 97.

③ 文楚安:《"垮掉一代"及其他》,四川大学出版社2002年版,第75页。

物酗酒、偷窃、吸毒、同性恋……他们以自身堕落的、“垮掉”的行为对社会进行了强烈的鞭笞，用不一而足的令人瞠目结舌的行为宣布与政府和政治的对抗。克鲁亚克等人的堕落、颓废行为，不应该简单地理解为玩世不恭，而是具有更加深刻的意义。他们毕竟影响了一代人，不管是积极的还是消极的。

《在路上》的开篇即呈现令人沮丧的场面：失败的婚姻，满身的伤痛，主人公“拔剑四顾心茫然”，惆怅彷徨，不知何去何从。此番叙述，是克鲁亚克某个时段的生活历练，是他笔下人物的生活常态，也是芸芸众生的写真。《在路上》讲述了一个简单的故事。整个故事发生于 1946 年和 1947 年间，是克鲁亚克和好友卡萨迪相遇相识的时光，亦是他们共同度过的最美好的时光。卡萨迪出生于一个不太完整的家庭，母亲经历了两次婚姻，父亲酗酒成性，酒后有暴力倾向，总将他打得遍体鳞伤。卡萨迪是《在路上》主人公迪安的原型。在“垮掉的一代”这群伙伴中，卡萨迪兼具着“天使”与“恶魔”的双重身份。卡萨迪从小野性十足，以偷车为乐，反反复复进出少年管教所。他行窃的目的主要是为了寻找“在路上”的新鲜感和刺激感。卡萨迪没有接受很多正规教育，但是酷爱读书，见多识广，思维敏捷，行动果断，谈吐机智。身处于一群受过高等教育的“垮掉派”分子中，卡萨迪毫不逊色。1946 年，卡萨迪从丹佛出发去纽约，旅途上被逮捕七次，经历了一年多的牢狱之灾。出狱之后，卡萨迪继续前行，毫无悔改之意。

克鲁亚克在《在路上》中表达的是无家可归、浪迹天涯这一主题，同时也渗透着他渴望友情、渴望回归的心情。在旅途中，克鲁亚克结识了形形色色的人。他们总在相遇后离别，“眼看他们离去了，心里很不好受，我意识到这次一别也许再也没有看见他们的机会了，但事情就是这么样”[①]。在1972年出版的小说《科迪的幻想》中，克鲁亚克再度描述了卡萨迪制造的各种闻所未闻的故事。在克鲁亚克看来，卡萨迪的执着坚毅、热情疯狂与玩世不恭，最能体现作为“局外人”的“垮掉的一代”的鲜明个性。《在路上》看上去是一幅幅在美洲大陆上东奔西走的画面，实际上是一幅卡萨迪的鲜活画像，是想将失去的时间奋力夺回来的男人们的集体肖像画，是他们证实自己生活在路上的写生。卡萨迪在路上经历的风景，绝非常人所能模仿，却引来许多人的向往。他们向往的，是他不羁的性格和藐视一切的率性与洒脱。他们读卡萨迪，恰是为领略自己所无法亲历的路上风景，感悟庸常人生中所缺失的激情。

考利把《在路上》定义为：“基于事实的一部叙事小说，人名和事件都未经过伪装，姑且称它是小说吧。”[②] 路上文化随着克鲁亚克的另一部小说《达摩流浪者》的面世而获得更为深刻的解读。维京出版社在《在路上》出版的第二年便推出了该书，被视为《在路上》的续集。随着这些著作的相继推出，一系列社会效应被带动了起来。许多年轻作家、名人都为其着迷，包括彼时美国第一夫人杰奎琳·肯尼迪（Jacqueline Kennedy），著名小说家

---

① ［美］杰克·克鲁亚克：《在路上》，王永年译，上海译文出版社2008年版，第40页。

② See Ellis Amburm, *Subterranean Kerouac: the Hidden Life of Jack Kerouac*, New York: St. Martin's Press, 1998, p. 260.

肯·克西（Ken Kesey），艺术家、影片制作人拉里·弗斯（Larry Rivers）。克西是一名作家，他受这些作品的影响自愿参加了政府在一所医院的毒品实验项目，1963 年根据自己的体验出版了长篇小说《飞越疯人院》（*One Flew Over the Cuckoo's Nest*）并一举成名。那部小说后来还被改编成电影，获奖无数。克鲁亚克和他的《在路上》所引发的蝴蝶效应被不断扩大，激发起很多艺术家的无限幻想和热爱。钢琴家、作曲家安德·普列文（Andre Previn），2016 年的诺贝尔文学奖得主鲍勃·迪伦（Bob Dylan），还有许多著名演员，都对他情有独钟。在“垮掉的一代”发展到顶峰时期，作为其发源地的旧金山“城市之光书店”，在周年店庆的时候曾出现万人朝拜的场景。七十多年过去了，这家书店的墙上依然挂满克鲁亚克、金斯伯格等人当年的各种生活照、他们出席活动的宣传海报等。书店里常年出售“垮掉的一代”的作品、纪念品。阁楼的窗户边，依旧摆着那把他们静静阅读时曾经坐过的“诗人椅”。夕色明灭间，这把古旧的椅子似乎在诉说着过往的一切。

《在路上》逐渐演变成一种文化现象。“1957 年，《在路上》出版后，美国售出了亿万条牛仔裤和百万台煮咖啡机，并且促使无数青年人踏上了旅程。当然，所以如此，要部分归因于传媒，那些头号机会主义者。他们善于发现可供炒作的题材……文学运动来得正是时候，说出了全世界各民族的千百万人盼望听到的东西。《在路上》被认为是一部挽歌式的浪漫主义小说。就浪漫主义文学发展历程来看，挽歌式的浪漫主义被认为是最后一个阶段，和现代主义并行发展。传统的浪漫主义总是刻画一个伟大的骑士形象，他被要求克服自己的弱点，完成各种艰难的任务，彰显自己高贵的品性。但当克鲁亚克指出出路时，异化、不安、不满早已等在那里了。”①

《在路上》的出版引发了年轻人的疯狂模仿。很多人却并不了解真正的“垮掉者”意在何处，多停留在表面的肤浅模仿。克鲁亚克曾质问《纽约论坛报》（*New York Tribune*）的记者：“你知道垮掉者是什么样的人吗？……那些人写几行诗，打印在厚厚的昂贵的笔记本上，夹在腋下，穿着拖鞋，留着山羊胡，在街上晃荡，逢人便说自己是诗人。这只是一种所谓的时尚吧，是媒体发明的。听着，我做过司闸员、水手。垮掉者不做那些事情的。他们不愿意工作，也不想要工作。”② 克鲁亚克逝世之后，金斯伯格等人一方面继续用自己的声音反对政府独裁，另一方面希望通过自己的呐喊，能让政府有所觉醒和悔改。他在《美国的衰落》（*The Fall of America*）获奖后发表感言：“出现这样的灾难，我们每个人都难辞其咎，包括我自己在内，因为我们通过自己的挑衅、伪善或多或少都应负点责任。杰克·克鲁亚克和其他‘垮掉的一代’所宣称的美国已经没有希望拯救了。‘垮掉的一代’意识清醒，奔走呼号，几十年前就为整个国家哀婉吟诵《卡迪什》：‘虽遭拒绝但仍不放弃灵魂的忏悔。’”③

---

① ［美］安·查特斯：《引言》，出自杰克·克鲁亚克《在路上》，王永年译，上海译文出版社2008年版，第XXVI页。

② See Matt Theado, *Understanding Jack Kerouac*, South Carolina: University of South Carolina, 2000, p. 25.

③ ［美］比尔·摩根编：《金斯伯格文选——深思熟虑的散文》，文楚安等译，四川文艺出版社2005年版，第21页。

路上的风景绝不止于《在路上》和《达摩流浪者》。克鲁亚克在另一部路上小说《荒凉天使》（*Desolation Angels*）中记录了1956年至1957年间的另一种路上生活。小说根据之前的日记改编而成，将路上小说的元素与禅宗文化糅合在一起，于1965年首次出版。小说由两部分组成：第一部分完成于1956年；第二部分直到1961年才完成。为了使整部作品看上去紧凑完整，克鲁亚克在创作的时候有意将所有故事发生的时间压缩至两年。外界对这部小说的评论也一直褒贬不一。评论家约翰·泰特尔（John Tytell）相当欣赏这部小说的主题和语言风格，称赞其为“目前最好的诠释‘垮掉的一代’人物生活状态的小说”[①]。也有很多负面的评论，主要批判该小说结构松散，两部分之间缺乏紧密的关联性，小说平铺直叙毫无新意，主人公形象不够饱满等。与《在路上》相比，《荒凉天使》的主题和文风确实发生了鲜明的变化，但这并非克鲁亚克才华渐逝的表现，而是他在经历聚散离合之后的心理变化。如果说《在路上》描绘的是一场充满野性和激情的对外部世界探索的旅途生活，《科迪的幻想》是一部关于主人公对内探索的心灵之旅，那么《荒凉天使》则是两者的巧妙结合。它既描写主人公只身一人在荒凉峰感受变幻莫测的自然风景、经历狂风暴雪的旅途，又探索人物不断反思与冥想，思考生命的终极价值。着眼于这个点，《荒凉天使》既是克鲁亚克对他曾经在路上生活的总结，也是作者面向未来无限思索的开始。这些人，“走在

① John Tytell, *Naked Angels: the Lives and Literature of the Beat Generation*, New York: McGraw - Hill, 1976, p. 174.

路上，不是为了寻找生活，而是为了将生活留在身后”[①]。

“垮掉的一代”试图用作品揭露权贵与统治者们粉饰太平的意图，表达了某种欣欣向荣的社会中隐藏的荒谬性和悲剧性。他们用真实得可怕的叙述来否定真、善、美的普遍准则，质疑主流文学的价值观。他们认为作为对主张艺术创作和艺术审美所呈现的事物必须是对与生活完全无关的现代主义的颠覆。从广义上讲，“垮掉的一代”包含了从哲学、文化到社会生活各个方面的反文化思潮和反体制震荡，他们是文化意义上的异在者和思想道义上的叛逆者。他们的社会身份复杂，既有世家子弟和中产阶级成员，也有来自下层社会的街头流浪汉。他们是一个拥有共同反传统精神盟约的青年知识分子群体，追求“开放的人生，是欢畅的、没有道德和文化禁忌过多约束的自我表达”[②]。他们需要做的，就是不断地行走在路上，带着各种心情，去欣赏、感受沿途的风景。他们在流浪中“解决人生的困惑（虽然多半无效），在流浪中寻找要表达的东西，也在流浪中使自己作为一个肉体”[③] 走向死亡。“垮掉的一代”为他们那个时代“重创了自白的风格，它来得太突然而热烈，使同时代的人大吃一惊。他们把自己的生活当作合适的文学题材，就像对图腾的虔诚崇拜一样。他们拒绝放弃直觉，拒绝忍受道德习俗的约束。他们滥用自己的思想和肉体，在冒险中探求主题。他们

---

① Robert Holton, *On the Road: Kerouac's Ragged American Journey*, New York: Twayne Publishers, 1999, p. 13.

② 李斯编著：《垮掉的一代》，海南出版社 1996 年版，第 15 页。

③ 同上书，第 5 页。

藐视文化禁忌，关注同性恋的人格与性表达，他们违法吸毒”①。他们所做的一切，都只是为了经历和见证。

## 第三节　路下的选择

克鲁亚克享受疯癫的生活状态和无拘无束的思想之旅。然而，他终究需要面对现实，回到家中，回到母亲身畔，回到熟悉的、时时令他窒息的环境中去，接受照顾，处理令他窘迫难堪的媒体关系，撇清与女儿的父女关系，等等。相比路上风景的绚丽多姿，路下的风景，灰暗而单调，平凡而枯燥，简单而残酷。路上与路下生活的反差既表现在小说里，也体现在他的生活里。如果说“垮掉的一代”行走在路上的生活是落拓不羁、是丰富多彩，是各种不确定与新奇，那么，回归的克鲁亚克和他的朋友们，面临的不仅仅是生存问题，还有身份认同、职业规划以及从来都难以厘清的生活琐事等爬满生命华服的虱子。

克鲁亚克经历丰富，走过很多路，去过很多地方，从事过各种各样的工作，做过职业运动员、铁路司闸员、水手……他从来没有一份稳定的工作，一辈子唯一坚持下来的只有创作这个职业。他从那些短暂的形形色色的工作经历中得到的最大收获就是体验各种各样的生活模式，为后来的创作积累了大量的素材。克鲁亚克真诚地希望文学作品带给读者身临其境的感受，邀请读者与他

① 李斯编著：《垮掉的一代》，海南出版社 1996 年版，第 39 页。

一起体会生命中的欢乐与痛苦，感受人生的跌宕起伏，领略沿途绚丽的风景。他也期待着有那么一群读者某一天能如他笔下的人物那般自由行走在广袤无垠的大地上，去自由地呼吸，去真实地生活，去享受惊心动魄的时刻。他在现实的世界里用文字回顾曾经，讲述不同的人物故事。他又在自己编织的梦想里努力耕耘，虽路途漫长，但依然充满期待，希望好运来临，从而成为一名伟大的作家。克鲁亚克勾勒出一群行走在路上的年轻人的生活状态，给读者带来无限的遐想和期待，幻想十年或者二十年以后这些人将开启怎样的生活模式。是否有那么一天，他们的心灵找到歇息之地，无须再考虑下一个驿站在哪里？

克鲁亚克的作品包含一个很重要的主题：回归。这包括两个方面：一是小说中人物的回归；二是作者自身的回归。这两种回归，他都施行得相当艰难。《镇与城》既像一部集哲学思想和各种预言于一体的小说，又像一部纪录片。小说没有过多的沉重的氛围渲染，空气中弥漫着人们在日常生活中表现出的各种无奈与无力感。在这部小说中，克鲁亚克描写了一个家庭的生活变迁和家庭成员的心理变化，把20世纪40年代生活在美国社会底层普通百姓的生活状态全景式地呈现到读者面前，折射出人们在现实面前的困扰和对自身价值观的怀疑，以及美国梦的幻灭，旨在告诉人们残酷的现实和真实的人生是什么。《镇与城》被称为“是一部顺应时代的小说，是那个时代的很多小说想要表达的主题的回声”①。这部小说完成于

① Regina Weinreich, *The Spontaneous Poetics of Jack Kerouac: a Study of the Fiction*, Carbondale: Southern Illinois University Press, 1987, p. 15.

克鲁亚克的父亲弥留之际。在父亲饱受胃癌折磨的最后岁月里，克鲁亚克选择原谅父亲早年犯下的所有错误，看着病榻上的父亲，却无能为力。虽然一直不支持克鲁亚克从事文学创作，但看到儿子义无反顾地选择，里奥在临终前表达了自己的遗愿，希望他尽早完成《镇与城》，并且能一直在这条路上坚定地走下去。小说于1950年出版，署名“约翰·克鲁亚克”。小说以主人公原谅父亲结尾，恰如克鲁亚克最终原谅里奥一样。

爱尔兰哲学家、政治家埃德蒙·伯克（Edmund Burke）在他的经典论著《法国大革命沉思录》（*Reflections on the Revolution in France*）中认为，人的权利在某种程度上需要受到限制，因为“在这些需要中，有必要把出自文明社会的、充分限制他们感情的需要考虑在内。社会不仅需要压制个人的感情，而且同样需要压制群体的感情。人的爱好应该常常收敛，他们的意志应该有所约束，他们的感情应该受到压抑，这只能借助他们自身之外的力量才能做到；而且，这种力量发挥作用时，不能受制于它要约束和克制的那种意志和感情”①。克鲁亚克以惊人的勇气在《在路上》中将“垮掉的一代”的生活方式，包括偷车、偷窃、吸毒、酗酒、同性恋等各种引人侧目的行为毫无保留地呈现给读者，告诉读者这些既是他真实的人生经历，也是他们那一群人的生活过往，是他们曾经在路上的狂欢。他记录这一切，是对当时政府和政治体制的反讽、抵触甚至挑衅。他们遭遇各种诟病，依然倔强地以

① ［英］埃德蒙·伯克著：《法国大革命沉思录》，选自《埃德蒙·伯克读本》，陈志瑞、石斌编，中央编译出版社2006年版，第184—185页。

一种无可奈何的方式来发出自己的呐喊。他们在路上我行我素，却总是败在现实生活的无所适从里。克鲁亚克本是理想主义者，他的自传式作品中有伍尔夫的影子，也有梭罗的痕迹。梭罗曾在瓦尔登湖畔短期居住，以自我生活经历为素材，完成了脍炙人口的《瓦尔登湖》(*Walden*)，让读者在美轮美奂的自然风光中暂时忘却现世之烦乱。克鲁亚克的传记文学挑战了世人的接受心理，源于他们对彼时的社会政治文化没有做好心理准备，各种混乱的社会价值观和抵触的情绪将作者和读者一并从一个低谷带入另一个低谷。年轻人还来不及细细品味克鲁亚克，便加入浩浩荡荡的背包客行列中探寻在旅途上的生命意义。梦想之路不时中断，但他依然心存美好念想，相信前路必有光亮，如《在路上》中所言："那条没完没了的路，一切怀有梦想的人们，我知道这时候的衣阿华州允许孩子哭喊的地方，一定有孩子在路上，我知道今夜可以看到许多星星，你知不知道大熊星座就是上帝?"①

在1952年至1953年间，克鲁亚克不断往返于旧金山、新墨西哥州、纽约等地。每到一个城市，他都会在朋友的家中暂作停留，深居简出。他在简单贫乏的物质生活里磨炼自己，聚精会神，提炼素材。在这两年中，他的回忆开始触及自己早年的感情世界，完成了《玛吉·卡萨迪》(*Maggi Cassady*)和《地下人》。这两部小说叙述了作者少年时代青涩的恋爱往事以及与第一任妻子埃迪(Edie Kerouac Parker)短暂的婚姻。时过境迁，克鲁亚克已经学

① [美]杰克·克鲁亚克：《在路上》，王永年译，上海译文出版社2008年版，第394页。

会接受生活带给他的快乐与痛苦，第一次用颇为轻松乃至略显自嘲的笔调描述了一个少年在青春年少时的纯真、浪漫最终不幸夭折的爱情故事以及成年后懵懂的婚姻，然后用沉重的笔调为这些故事写下一个不完美的结局。两部小说几乎浓缩了他所有的感情经历：许多相遇始于浪漫和美好，却一次次在现实的悲凉和无奈中结束。沿途风景无限美好，却终究短暂，总在落日的余晖中渐渐褪去昔日的光彩，在晚风中一声轻叹。

克鲁亚克的创作思路别具一格，在不经意间将现实与虚构交织于一体，令人难辨虚实。他这样的写作手法容易令读者和评论家误读，分不清哪些是作者的亲身经历，哪些又是他的杜撰。因此，“任何一个人在研究克鲁亚克的时候都必须认真地考虑到他的人生经历……克鲁亚克是为写作而生的。他透视自己的生活，这些都是他的创作中不可缺少的素材来源。从本质上来说，写作评判了他的人生，他的人生也评判了他的写作”①。他的生活状态，和小说中的很多人物类型基本一致。《在路上》中的迪安，几乎永不停止地奔走在路上，来去匆匆：“一个结结巴巴的、骇人的天使，风风火火地穿过马路，像云似的以极快的速度向我逼近，又像是传说中的穿尸衣的旅人，在平原上朝我扑来。”② 有必要对《在路上》的主要人物验明正身。萨尔·帕拉迪斯作为叙述者，实际上是克鲁亚克本人；迪安·莫里亚蒂是尼尔·卡萨迪；老布

① Matt Theado, *Understanding Jack Kerouac*, South Carolina: University of South Carolina, 2000, p. 25.

② ［美］杰克·克鲁亚克：《在路上》，王永年译，上海译文出版社2008年版，第332页。

尔·李是威廉·巴勒斯；卡罗·马克斯是艾伦·金斯伯格……几乎所有人物都能一一对号入座，且还在别的作品中换个名字重新登场，但这并不是说可以把《在路上》完全当成自传来读，更不能把一切都与现实彻底等同起来。

从表面上看，克鲁亚克选择了放荡不羁的生活方式，在短暂的欢愉中忘却各种烦忧，但他又何尝不是在借助这些方式排解不安情绪。“我们的破破烂烂的手提箱又一次堆放在人行大道上；我们还有更长的路要走。不过没关系，道路就是生活。”① “我十分孤独、悲哀、疲惫、哆嗦、灰心、沮丧，以致横下一条心，鼓起勇气接近一个陌生姑娘。”② “我非常高兴，我非常孤独，我旅行的时间太长太长了。”③ 漫长的旅途让克鲁亚克疲惫不堪，他渴望回归家庭，却总是找不到回家的路，或者毋宁说他根本就无家可归。在他的心灵深处，他从未放弃某一天要回归家庭生活的念想。“不能老是过现在这样东跑西颠、紧张忙乱的日子。我们终究要找个地方安顿下来，找些事做做。”④ “我们重新上路。我回头看厨房里的灯光在黑夜的海洋中逐渐后退。然后我向前探身。”⑤ 抱着这样的想法，克鲁亚克第三次走入婚姻的围城。不管是幸运还是不幸，他的余生确实是在与妻子和母亲的相伴中度过。对于一个已经习惯在路上漂泊的人而言，回归现实不过是短暂的停歇。即

① ［美］杰克·克鲁亚克：《在路上》，王永年译，上海译文出版社 2008 年版，第 271 页。

② 同上书，第 103 页。

③ 同上书，第 104 页。

④ 同上书，第 150 页。

⑤ 同上书，第 294 页。

使他们的身体已经安顿下来，灵魂依旧行走在路上。

不管这些人在经历或者说实践着怎样的生活，他们心怀梦想，却在现实和理想的矛盾中充满惆怅和失落。克鲁亚克几乎从未拥有一个完整的家庭，只好寄情于文学；他有一个女儿，却从不相认；他记恨父亲酗酒成性，自己却最终死于酒精中毒引发的并发症。他时而奔波在旅途，时而选择云淡风轻。他有时放纵自我，有时潜心创作，时而快乐，经常痛苦。根据琼的回忆，克鲁亚克在创作《在路上》的过程中时常陷入困境。他想标新立异，不断与人交流，总想形成自己的风格。作为作者，他自己都不能清晰地预言故事如何发展下去，人物的下一个驿站在何处。这所有的问题纠缠在一起，让克鲁亚克陷入沉思，创作灵感也不断迸发。他“更加快速地重重地敲击着键盘，直到深夜。早上醒来，我发现他汗湿的衣服扔在一旁，数英尺长的电报纸密密麻麻地悬挂在打字机的后面”①。小说可以让一切变为永恒，令所有人铭记一切美好的时光。而现实是克鲁亚克后来拒绝接受卡萨迪突然死亡的事实。因为卡萨迪这个原型的成功塑造，成就了《在路上》。他们充满欢歌笑语的路上生活，最终还是被冰冷的现实所替代。

现实与路上的风景存在极大的差距。20 世纪 50 年代美国社会的文化环境并不是太好。很多出版社认为《在路上》是一部无法阅读的小说，因为其行文不符合常规，主题太具颠覆性。这部手稿在维京出版社搁置了三年，直到 1957 年 1 月，出版商认为时

---

① Paul Maher Jr.，ed.，*Empty Phantoms*：*Interviews and Encounters with Jack Kerouac*，New York：Thunder's Mouth Press，2005，pp. 12 – 13.

机成熟才下定决心出版。那几年，克鲁亚克一边做着一夜成名的美梦，一边经历着严酷的经济窘迫，不得不向现实低头。“我很惊讶他竟然向维京出版社提出那样酸楚的请求，希望对方能预支他每个月25美元的薪水，维持他在墨西哥一个小屋中继续生活和写作。”① “我朝着我自己的凄凉生活张口结舌。”② 克鲁亚克是个自尊心极强的人，若非生计所迫，他断然不会向出版社请求预支微不足道的生活费。他没有经济头脑，对生活缺乏长远的规划，更不懂得未雨绸缪。他的一生，每每为生计所迫，仿若无法摆脱的梦魇。

好的作品往往带给读者心理上强烈的冲击和新奇感，却鲜有人会关注作品背后的艰难。《在路上》的修订工作历时三年，小说出版前一天的午夜，克鲁亚克守在路边报刊亭门口焦急地等待。他等来了雨后阳光般的书评：“《在路上》是杰克·克鲁亚克的第二部小说，在极度的时尚使人们的注意力变得支离破碎、敏感性变得迟钝薄弱的时代，如果说一件真正的艺术品的面世具有任何重大意义的话，该书的出版就是一个历史事件……［小说］写得十分出色，是多年前以克鲁亚克本人为主要代表，并称为‘垮掉的’那一代最清晰、最重要的表述……《在路上》将被封为‘垮掉的一代’的信仰声明。”③ 实际上，“六十年代的小说是一种混

---

① Jack Kerouac and Joyce Johnson, *Door Wide Open*: *a Beat Love Affair in letters*, *1957—1958*, New York: Penguin Books, 2000, pp. xiv – xv.

② ［美］杰克·克鲁亚克：《在路上》，王永年译，上海译文出版社2008年版，第325页。

③ ［美］安·查特斯：《引言》，出自杰克·克鲁亚克《在路上》，王永年译，上海译文出版社2008年版，第Ⅰ—Ⅱ页。

血文学，一种辩证的文学，就像金斯伯格的诗一样”[1]。克鲁亚克不遗余力地探讨现实与幻想、政治与理想、个人与群体的各种关系，而他自己未必都能厘清这些错综的关系。

1957年出版的《地下人》没能继续给他带来好运。评论家肯尼斯·雷克斯罗特（Kenneth Rexroth）极力贬低该小说，连同克鲁亚克一起挖苦，“不懂爵士乐和黑人，这两样他一样都不懂”[2]。一个月以后，他又在《纽约客》（*New Yorker*）上撰文，质疑克鲁亚克的才华，批评其“一直生活在他自己想象的世界中”[3]。1959出版的《萨克斯医生》和《墨西哥城布鲁斯》（*Mexico City Blues*）两部书的反响也不尽如人意，批判之声不绝于耳。大卫·邓普森（David Dempsey）认为“不仅克鲁亚克糟透了，他的《萨克斯医生》也很糟糕”[4]。甚至之前对《在路上》和《达摩流浪者》偏爱有加的拉尔夫·格里森（Ralph J. Gleason）也开始倒戈，认为克鲁亚克在《萨克斯医生》中“尝试着乔伊斯的风格，却根本没能做到”[5]。《纽约时报》的J. 唐纳德·亚当斯（J. Donald Adams）在他的“说说书籍”的专栏中侮辱性地讽刺克鲁亚克：“读克鲁亚克先生的《在路上》和《地下人》，就像听一个酒吧里的醉汉

---

① ［美］莫里斯·迪克斯坦：《伊甸园之门——六十年代的美国文化》，方晓光译，译林出版社2007年版，第15页。

② Kenneth Rexroth, “The Voice of the Beat Generation Has Some Square Delusions”, *San Francisco Chronicle*, February 16, 1958, p. 23.

③ “The Talk of the Town,” *New Yorker*, May 3, 1958, p. 29.

④ David Dempsey, “Beatnik Bogeyman on the Prowl,” *New York Times Book Reviews*, May 3, 1959, p. 37.

⑤ Ralph Gleason, “New Kerouac Efforts has its Moments,” *San Francisco Chronicle*, May 15, 1959, p. 37.

絮絮叨叨，各种语言充斥着你的耳朵。”[①] 此番恶评还引来一帮跟风者，令克鲁亚克难以招架，委屈得喘不过气来。客观地说，有些负面的评论不能完全归结于媒体。克鲁亚克用那独特的自传式叙述手法确实给人造成某种错觉，认为他是一个彻底的“吸食毒品的倡导者，性关系混乱者，偷车贼，蔑视法律，拒绝改变，他的作品对青年人带来恶劣的影响”[②]。他百口莫辩，但从《在路上》以后，他已逐渐成名，他的作品得以陆续出版，经济状况也有所改善。

绝不可以简单粗暴地将克鲁亚克定义为一个行为荒诞或者不够严肃的作家。巴勒斯曾说：“一个作家唯一真实的事情就是他所写的一切，而不是他所谓的真实的生活。”[③] 巴勒斯一再强调作品一旦成型，便脱离作家而独立存在，这样的作品更有艺术价值，更值得品读。作品与作家之间的关系，当然不可彻底割裂，尤其对克鲁亚克这样崇尚自传式书写的作家，作品与作家自身之间有着天然的紧密关系，但确实也不能因此就在作品与作家之间画上完全的等号。

长时间孤独的创作与最后作品的呈现都是他的选择。为了描绘那绚烂多姿的路上风景，克鲁亚克不辞辛劳地感受各种现实带给他的快乐与痛苦，甚至不惜抛却一切融入自然的怀抱。对于一个习惯四处漂泊的人而言，安稳的生活似乎只是为了暂时的休整。

---

① Paul Maher Jr. , ed. , *Empty Phantoms*: *Interviews and Encounters with Jack Kerouac*, New York: Thunder's Mouth Press, 2005, p. XVIII.

② Ibid. , p. 68.

③ Quoted in Regina Weinreich, *The Spontaneous Poetics of Jack Kerouac*: *a Study of the Fiction*, Carbondale: Southern Illinois University Press, 1987, p. 148.

他每次下定决心停止漂泊，结果都只是做短暂的停留，很快又会开始另一段旅程。他注定如此，否则，他的创作灵感将彻底枯竭。另外，克鲁亚克每次难得的短时宁静总被闻风而至的朋友们打破。他的朋友们拽着他，他自身亦经不起诱惑，每一次都是一听到吆喝，便毫不犹豫地和他们挤上一辆小车，膝盖挨着膝盖，在拥挤不堪的空间里开始另一段不知目的地为何处的旅行。

克鲁亚克马不停蹄的路上生活以他1956年6月独自跑到荒凉峰上做63天的火山瞭望员暂时画上句号。山上的孤独守望与沉思，让他逐渐领悟了之前很多不愿意面对的事实。他彻底回归自然，在大自然的怀抱中，逐渐了解了真正的人生与自我。所以我们“讨论自然与人生的关系，主旨虽在教人回到自然，但也未尝不是归根于认识人生。自然与人生这一种相反相成的关系，稍微了解辩证法原则的人想来不难领悟”①。这段回归自然的经历成就了《荒凉天使》，是作者告别过去的总结，是他回归现实的思量。他在荒凉峰上领略自然风光，涤净心灵的尘埃。克鲁亚克的回归，既是心灵的回归，又是真实生活的重新开始。

克鲁亚克为人坦诚、不固执己见、不见利忘义，不与他人攀比。他的单纯，在现实生活中却成为他的弱点，比如“富有同情心，不谙世故，考虑问题有点不切实际，比较节俭，有让人意想不到的近乎疯狂的想象力”②。克鲁亚克的前女友乔伊斯·记忆中的他，“是一个按照各个时刻来生活的人，从不承诺，非常坦诚，

---

① 贺麟：《文化与人生》，商务印书馆2005年版，第123页。

② Paul Maher Jr.，ed.，*Empty Phantoms：Interviews and Encounters with Jack Kerouac*，New York：Thunder's Mouth Press，2005，p. 119.

从不给别人制造伤害。当他和你说再见，就意味着你确实是自由了，不管你需要还是不需要”[①]。正是因为这种单纯不善掩饰的性格，使克鲁亚克很难与女性长久相处。他偶尔给人以希望，又随时让希望破灭。他飘忽不定的行踪，迫使他身边的女性不得不学着面对乃至随时放弃一个“情感总是不断变化的人。上周给你写信的克鲁亚克和已经站在你门口的那个克鲁亚克从来都不相同”[②]。克鲁亚克就是这样一个永远都不给人承诺和安全感的人。他对生活缺乏严肃的态度，似乎确实影响了他作品的严肃性。

克鲁亚克还有一个明显的弱点就是不善言辞，不善社交。难得参加一次访谈节目，他总词不达意，徒增世人对自己的误解。克鲁亚克曾在《萨克斯医生》出版之前参加了CBS（哥伦比亚广播公司）电视台的一次访谈节目，尝试着解释自己的各种怪异行为。

问：你认为“垮掉的一代”都是神秘主义者？

答：是的。是斯宾格勒预言过的复兴。他早说了在西方文明化进程的后期一定有一场宗教神秘主义的复兴。这不正在发生呢。

问：神秘主义者信仰神秘吗？

答：他们相信爱……以及我们都在天堂，真的都在那里。

问：你看上去不快乐。

---

① Jack Kerouac and Joyce Johnson, *Door Wide Open*: *a Beat Love Affair in letters, 1957—1958*, New York: Penguin Books, 2000, p. xvii.

② Ibid. , pp. xviii – xix.

答：哎，我糟透了。我极度沮丧。

问：为什么？

答：活着的压力太大了。[1]

在被问及“垮掉的一代”的这些神秘主义者到底相信什么的时候，克鲁亚克的回答是：“他们相信爱……虽然有些奇怪讨论这些……他们爱孩子，他们爱女性，爱动物，爱一切事物。”[2] 克鲁亚克的这番言语，与他的实际行为完全冲突：他确实爱孩子，但爱的不是自己家的孩子，而是卡萨迪的孩子们。他连承认接受自己的孩子的勇气都没有，更别说用心去爱。

吉尔伯特曾专门因为《在路上》的大获成功为克鲁亚克举办一场庆功宴。一直渴望成功、期待名利双收的克鲁亚克在这关键的时刻突然退缩。他躲进好友的家里，拒绝见媒体，拒绝发表演讲。在这场庆功会以后，克鲁亚克干脆取消了之后的一切媒体见面会，跑回佛罗里达，躲进了母亲家里。这不是他第一次逃离，他已经胆怯到不敢面对现实。他到荒凉峰上做火山瞭望员从某种程度上而言也是逃避。“我现在是一个完完全全孤独的人，除了喂饱自己、休息和为自己找些娱乐以外，没有什么别的需要做的，也没有人可以因此而批评我。”[3] 他内心脆弱，害怕外界的批评，不能适应大环境。外界对他的误解逐渐增多，他的形象被不断贬

① “Mike Wallace Asks Jack Kerouac What is the Beat Generation,” *New York Post*, December 1, 1958, p. 3.

② Paul Maher Jr., ed., *Empty Phantoms: Interviews and Encounters with Jack Kerouac*, New York: Thunder’s Mouth Press, 2005, p. 65.

③ ［美］杰克·克鲁亚克：《达摩流浪者》，梁永安译，上海译文出版社 2008 年版，第 258 页。

损。1968 年秋，克鲁亚克和他的朋友乔·查普特（Joe Chaput）、保罗·布尔茹瓦（Paul Bourgeois）到纽约参加一场名为“火线”（“Firing Line”）的电视脱口秀。他与其他几位社会学家、诗人一起参加录制节目，一到纽约就开始拼命酗酒。根据查普特后来的回忆：“和这些人在一起，杰克太紧张了。我想他有些太过偏执了或者其他的原因吧。”① 他在节目录制现场恣意妄言，大声喧哗，继续喝酒，与他人针锋相对。现场的一位诗人埃德·桑德斯（Ed Sanders）此前曾是克鲁亚克的仰慕者，眼睁睁地看着自己往日心目中的英雄人物形象瞬间坍塌，一时难以接受。因为克鲁亚克的不合作，节目录制到一半就无法继续下去。为了缓和现场气氛，有人提议邀请金斯伯格上台与他对谈。他一听更加暴跳如雷，不由分说地宣称自己和金斯伯格毫无情谊，不要将他们放在一起相提并论。经历了此番闹剧，再也没有媒体敢冒险邀请他上节目，他的旧友们也因为他的无理取闹对他深感失望。

不管在路上还是在路下，即使经历严寒，处处依然皆风景，有时绚丽多姿，有时灰暗无度。为了让母亲不受寒冬的折磨，1968 年春，克鲁亚克将洛厄尔的房子卖掉，举家迁往佛罗里达。这次离开之后，克鲁亚克再也没有回到洛厄尔这个生他养他，带给他无限美好回忆的小镇。他最后回归洛厄尔，已经是落叶归根，尘归尘，土归土了。虽曾名噪一时，各种书稿也为他获利不少，他却愈加穷困。他一筹莫展无计可施，打起了售卖手头留存的书

① Joe Chaput, “In MSI, Np. 3,” *Winter*, 1979, p. 49.

信的主意。“什么样的书是作者用一生在书写而他几乎不会去读的呢？那就是他的书信集。”[1] 克鲁亚克保留了很多与朋友往来的信件，记录了他们之间的情感交流以及他的创作思绪。他本应该妥善保存这些，但是为了支付加布里埃尔高昂的医疗费用，克鲁亚克委托经纪人卖掉了自己和金斯伯格、科索以及巴勒斯的往来信件。他后来在给出版商的信件中特意解释了自己的这一决定：“你一定会认为我变得越发商业化了。我想让你明白的是，我现在的经济状况实在糟透了。母亲瘫痪了，只能依靠妻子支撑全家。我的书稿（《科迪的虚幻》）也被出版商给拒绝了。我没有了收入，存款也少得可怜……我的身体状况也不容乐观，尤其最近一年。”[2] 其实，以克鲁亚克的经济头脑，他绝对想不出售卖书信挣点小钱、养家糊口这样的“高招”。这实际上是金斯伯格出的主意。他告诫克鲁亚克千万不要向出版商借钱，与其向他们借钱，不如自己卖书信：“我们都得靠手稿和书信生活。大家都是这样。”[3] 克鲁亚克用部分书信换来了6000美元，还劝说好友菲利普·韦伦（Philip Whalen）在去日本留学之前也赶紧把他手头的手稿和书信都卖给得克萨斯大学。韦伦是否接受了克鲁亚克的建议，不得而知。

所有的回归，都以家为终点。克鲁亚克和他的伙伴们时时期待回家，感受家的温暖。就像他们经历了漫长的旅途到达纽约时

---

① Ann Charters, “Introduction,” Jack Kerouac, *Selected Letters, 1957—1969*, Ann Charters, ed., New York: Viking Press, 1999, p. xxxv.

② Jack Kerouac, *Selected Letters, 1957—1969*, Ann Charters, ed., New York: Viking Press, 1999, p. 453.

③ Ibid., p. 465.

激动的心情："'啊，老兄，我们终于回家了。'纽约第一次将成为他（迪安）的永久家乡。"① 迪安这个人物，既是路上一道流动的风景线，又满足了所有女性对一个懂浪漫有责任感男性的幻想，"仅仅几个月后，卡米尔生下了迪安第二个孩子，伊内兹也生了一个孩子。加上西部什么地方的一个非婚生子，迪安一共有了四个孩子，但是没有一分钱，有的只是无穷的烦恼以及同以往一样的狂热和匆忙状态"②。迪安很少认真地对待感情，却一点儿都不排斥孩子带给自己的幸福和快乐。不管生活何等艰辛，他都努力行，为自己的孩子们营造良好的生活环境。现实中的卡萨迪就是这样一个好男人。他可能不是一个循规蹈矩的好丈夫，但总在努力地做一名合格的父亲。和卡萨迪相比，克鲁亚克相形见绌。他与女儿间有的只是疏离与冷漠。

克鲁亚克确实尝试着认真地生活，带着感恩之心去生活。他在离开荒凉峰顶的时候，想到《达摩流浪者》中的贾菲，每次只身远去总满怀虔诚与感恩之心："觉得应该延续这个美好的传统，于是就转过身，跪在山径上……"③ 克鲁亚克秉承的人生信念是："我在生活中去做自己、去体验自己，而不是在持有、存积与贪婪和利用中去做自己、体验自己。"④ 生活在喧嚣社会中的克鲁亚克，不时地思考各种变化莫测的政治制度和价值观

① ［美］杰克·克鲁亚克：《在路上》，王永年译，上海译文出版社 2008 年版，第 298 页。

② 同上书，第 316 页。

③ ［美］杰克·克鲁亚克：《达摩流浪者》，梁永安译，上海译文出版社 2008 年版，第 267 页。

④ ［日］铃木大拙、［美］弗洛姆等：《禅与心理分析》，孟祥森译，海南出版社 2012 年版，第 138 页。

到底给他和他周边像他一样的人群带来了什么，应当如何去应对。他不断地身体力行，不断地验证他之前的各种想法，最终与现实妥协。

克鲁亚克不得不面对生老病死，感伤别离。最后的人生总是分别。“迪安在漫长的血色黄昏中走远了。火车头在他头顶上喷着烟，摇晃着驶过。他的影子跟随着他，亦步亦趋，模仿他的思想和为人……他向我做最后的一个手势。我挥手示意。他突然弯腰，快步走得看不见了。”[①] 在现实中，克鲁亚克与卡萨迪二人在路上经历各种磨难，但生活总是逼迫他们分离，不得不面对各自的艰辛。重逢未必充满喜悦，有时反而令他更加伤心：“只想着迪安，揣摩着他怎么回到列车上，在那片凄凉的土地上行驶三千英里，我不明白他除了看看我之外，究竟为什么要来。”[②] 克鲁亚克内心非常清楚，卡萨迪不远千里奔波确实只是为了看看他。彼此的默契和相互的感动，从来都不需要太多的言语。然而，他总不满足于短暂的相聚，他希望时间可以暂停，可以与卡萨迪相互陪伴。这份深厚的情谊却因为卡萨迪某个深夜醉卧铁轨、突然离世戛然而止。在这个残酷的事实面前，迪安再也不会在夕阳下逆风行驶，卡萨迪也已随风远行。卡萨迪和迪安，终于合二为一，永远停留于《在路上》。克鲁亚克当然拒绝接受这一事实，自言自语，认为只是“他们说他死了”。他时不时会像祥林嫂追忆阿毛一般逮着人就重述卡萨迪是如何醉酒后在墨西哥的铁路上丧生，就像当

① ［美］杰克·克鲁亚克：《在路上》，王永年译，上海译文出版社2008年版，第325页。

② 同上书，第393页。

年他不断回忆哥哥杰拉德如何离去一般。

在克鲁亚克身旁的女性人物中，母亲是他无法选择且必须面对一辈子的人，妻子们则可以一个个换过来。至于女儿，他更希望从来都未曾遇见。克鲁亚克对母亲最无法忍受，却不得不忍气吞声。虽然小说中的母亲形象慈祥温和善解人意，现实中的加布里埃尔则时刻不离克鲁亚克，叮嘱每一个与自己儿子来往的人千万别亏待了他，别让他一个人待着，要好好地照顾他。他无数次吵吵嚷嚷说要买一辆车横穿美洲大陆，自己却根本不会开车。加布里埃尔担忧克鲁亚克的人身安全，宁愿自己辛苦一点，也不愿他冒险驾车。加布里埃尔的自私，表现为一切事情必须对她自己和儿子有利。而在儿子和自己之间，她又将自我让位于儿子。这种生活状况与《在路上》中描述的无拘无束逍遥自在的神仙般的日子当然有一定的脱节。克鲁亚克哪有那么自由、洒脱，他从未能逃离母亲的手掌。克鲁亚克毫不避讳承认自己的各种弱点或者说无能。他从母亲的关爱中深谙一个道理：示弱的人总能获得更多的同情和帮助。他亦习惯了依赖母亲，依赖妻子、依赖朋友去生活。当其他所有人都指望不上的时候，他至少还有母亲。他没有能力照顾别人，只得离婚，只得放弃自己的女儿。在克鲁亚克的世界里，他从来没有成为一个家庭的灵魂人物、精神支柱，甚至主要的经济来源他都很难坚持做好。

克鲁亚克在母亲和妻子的照顾下，生活能力和自理能力明显欠缺，不谙世事，人前更显腼腆和幼稚。他对朋友一直真诚，总是为他们辩护：“我不认为‘垮掉的一代’是一群低能的瘾君子和流氓。我挚爱的伙伴们是天性善良，热情而真诚的好孩子们。"① 但是，加布里埃尔并不会碍于儿子的情面而对各类来访者以礼相待。据唐纳德·艾伦（Donald Allen）回忆："他（金斯伯格）、彼得，和格里格瑞去了他（克鲁亚克）家。他们上前敲门，开门的是他的母亲，后者不让他们进家门。'走开，'她说，'你们都是坏孩子。我的杰克是个好孩子。让他一个人待着。'"② 因为母亲的各种干预，克鲁亚克与现实世界疏离得相当严重。他的好友卡尔·阿德金斯（Carl Adkins）回忆克鲁亚克曾自告奋勇应承为他写推荐信的糗事。克鲁亚克直接抹平一张皱巴巴的纸，歪歪扭扭写下这样一行话："卡尔·阿德金斯是一个好人，值得拥有任何人为之付出时间和金钱。"③ 克鲁亚克想当然地认为他写的推荐信必然很有分量，哪里知道这样的语言和内容既不吸引人，更无说服力，完全达不到推荐的效果。

回归并不代表重获安定与幸福。与第三任妻子斯特拉结婚以后，克鲁亚克便选择了一条再也没有更多自由的道路了。不管他愿意还是不愿意，他只能接受现实。斯特拉对克鲁亚克"照顾"得无微不至。哪些朋友能登门造访，哪些采访能如期进行，她都要一一斟酌。从某种意义上来说，斯特拉是他的妻子，还是他的职业经纪人。她这样做，让不善社交的克鲁亚克如释重负，瞬间卸下了沉重的思想包袱，不用再整日挂记朋友的邀约，也不用再

① Jack Kerouac: "Lamb, No Lion," *Good Blonde & Others*, Donald Allen, ed., San Francisco: City lights Bookstore, 1994, p. 53.

② Donald Allen, ed., *Good Blonde & Others*, San Francisco: City lights Bookstore, 1994, p. xi.

③ Paul Maher Jr., ed., *Empty Phantoms: Interviews and Encounters with Jack Kerouac*, New York: Thunder's Mouth Press, 2005, p. 395.

费心思忖如何应对嗅觉灵敏闻风而动的媒体，也无须担忧半身不遂的母亲无人照看。克鲁亚克最后的婚姻，可谓一举三得。他确实在生活上获得了前所未有的满足，精神却被斯特拉牢牢地绑架了。首先，斯特拉和加布里埃尔如出一辙，对这帮“垮掉”者们极为厌恶。她接受了克鲁亚克，并不打算爱屋及乌接受他所有的朋友，更鲜少顾及克鲁亚克的感受。她毫不客气地说：“如果你看见他（金斯伯格），你简直就在看一个恶魔。如果他在我家用玻璃杯喝水，我会把杯子砸了，这样别人就不会再用这个杯子了。”[①] 再婚后的克鲁亚克过着平淡而宁静的生活，完全可以安心创作，享受与家人在一起的美好时光。但对于一个漂泊感太强的人而言，突如其来的幸福令他无所适从，哪怕他曾在心底无比渴望家庭生活，渴望回归。曾经，他行踪不定，说走就走，加布里埃尔也不敢太过横加干涉。

而今，克鲁亚克被斯特拉严严实实地看管起来。最初，他觉得这样也挺好，至少斯特拉把他的生活打理得井井有条，也减少了很多不必要的应酬。时间一久，克鲁亚克心生怨恨，满腹牢骚，却敢怒不敢言。他极度生气的时候，甚至打起了和斯特拉离婚的念头。只是这一回，他再也不敢付诸行动。他已不再年轻，母亲也需要人照顾。在残酷的现实面前，克鲁亚克只能选择忍让。他别无选择，唯一能选择的就是继续维持和斯特拉的这场婚姻，不管他愿意还是不愿意。这对他而言，未始不是最佳的选择。

---

① Paul Maher Jr. ed. , *Empty Phantoms*: *Interviews and Encounters with Jack Kerouac*, New York: Thunder's Mouth Press, 2005, p. 393.

克鲁亚克在自己的余生里蜕变为一个深居简出、行动迟缓的“居家男人”。他有斯特拉陪在身旁，朋友和记者偶尔来访。他依然喝酒，身体日益消瘦。即使在他去世的前几天，朋友们还带着酒来看他。1969 年 9 月，克鲁亚克约见他的私人律师并签订了一份遗嘱，指定母亲加布里埃尔为他所有财产的唯一合法继承人。他没有给自己的女儿和斯特拉留下财产，没有人能理解他的这个决定。10 月 21 日，星期二，克鲁亚克在佛罗里达州的圣·匹兹堡的一家医院逝世。他以这样仓促的方式结束了在路上的生活，走上了另一条静谧的、彻底自由的路。

在克鲁亚克身上，总能感受到持续性的幻灭和悲剧性。他“与其说是一个人，更是一个作家。他的创作素材总是美国以及对美国的期许。美国被视为一首诗。当美国不再是伍尔夫笔下的理想的诗章时，杰克发现更难为美国书写情书或者一首狂想曲”①。克鲁亚克用各种极端的行为将自己的人生和文学推向了极致，达到了某种巅峰。到了这个点之后，他无所适从，心依旧无处安顿。他最终选择从峰顶走下来，走进孤寂的生活，慢慢咀嚼着岁月带给他的各种伤痛和回忆。他用真实情感书写了一个叛逆的时代，一个道德需要重建的时代，书写了一条无法预知未来的长路。

---

① Bill Morgan, ed. , *The Best Minds of My Generation*: *a Literary History of the Beats*, New York: Grove Press, 2017, p. 116.

第三章

# 禅宗思想的实践者

作为跨学科研究中的文学与宗教关系，克鲁亚克的作品中不仅包含他固有的天主教精神，还表达了他热衷的佛教文化。“其实，不论是宗教或是文学，其表达都得借助语言活动来传述其不同层次的意义；在超越语言层面部分，两者又有共生共成的辩证关系，其交叠性之呈现亦展演于语言的表述场域之中。”① 克鲁亚克探寻新的生活方式和宗教信仰观念，认为自己是一名虔诚的禅宗实践者。他参禅冥想，以解决长期困扰在内心的各种疑惑，甚至试图建立一种天真的、单纯的生活模式，以精神的绝对自由实现现实生活的流畅无碍，最终达到虚空的精神境界。

禅宗的形成，有着独特的文化历史背景。大乘佛教传播到中国以后，与中国本土的儒、道两大文化融合，从而形成了具有中

① 郑印君：《远藤周作文学中的宗教观——人与神圣论述会晤》，博士学位论文，台湾辅仁大学外国学院比较文学研究所，2004 年。

国特色的佛教，即禅宗。禅宗文化后来又逐渐向周边国家传播，先后流传于朝鲜、越南、日本等国。20 世纪，日本的禅学大师铃木大拙致力于传播禅宗文化，在美国高校任教时讲授禅宗文化，使得禅宗风靡于欧美大陆。佛教思想就其文化背景和教旨教义而言，包容性很强，从来都不是因循守旧或者一成不变的，这为克鲁亚克接受禅宗思想做好了准备。克鲁亚克认识、接受和误读禅宗思想，将禅理禅趣与作品创作密切结合，使禅宗思想逐渐为美国民众所接受，进而影响了一些年轻人的思想和生活方式。禅宗思想所内蕴的智慧和它正在进行的与其他文明文化的对话，对于回应美国社会正在经历的各种社会问题，有着重要的启示作用。

## 第一节　“遭遇”禅宗思想

19 世纪末期，佛教思想已经渗透包括绘画和诗歌等西方文化领域。著名诗人埃兹拉·庞德（Ezra Pound）受著名汉学家和诗歌理论家欧内斯特·费诺罗萨（Ernest Fenollosa）的作品《作为诗歌载体的中国文字》（*The Chinese Written Character as a Medium for Poetry*）的启发，建议人们学习从东方文化中汲取精华，完善自身的知识结构。庞德认为汉语诗歌的创作法恰好可以弥补西方诗歌中概念模糊、情感抽象的不足，甚至直接呼吁要把佛教经文中的“菩萨”请到西方诗学中来帮他们走出困境。庞德对中国文化的热衷世人皆知，他对佛教文化却并不太熟悉。但有一点是明确的，庞德一直极力主张文学创作要借鉴东方文化，要从东方文化中汲取精华。

一般认为，宗教是个体生命的价值选择，是主观的、偏向于个体的。作为一种普遍的、长期存在于人类社会中的文化现象，它几乎存在于每一个国家、每一个民族以及每一个时代。因为各自的信仰、教旨教义教规等差异，各种宗教皆具有一定的排他性。在西方文化里，宗教信仰在个人生活与社会活动中占据一个非常重要的位置。不管哪种信仰，总被认为是信仰者的人格之本和文化之本。信仰者如果动摇信仰，他的世界观和价值观亦会随之发生巨变。

中国文化与美国文化属于两个不同的文化类型。所谓文化类型，“是就文化的民族性而言。世界各国的文化，既有共同性也有特殊性”①。宗教文化往往折射出一个民族或者国家文化的某个侧面，反映人们的心理需求。在美国，19 世纪以前，人们对宗教的态度是必须严格遵循教义教规，道德标准极为严苛。很多教派禁止酗酒，反对两性关系混乱，抵制吸食毒品等。所有的信徒必须恪守教规不得逾越，违反者必将遭受残酷的处罚。然而，现代文明逐渐让这些约束丧失了一些效力，有人甚至公然做一些违背教义教规的事情，各种堕落和违法层出不穷。这个时候的美国社会，恰巧经历异域文化的融入。在信仰方面，美国历来是一个宗教信仰多元化的国家，以基督教为主，其他宗教教派同时持续发展，禅宗思想也悄悄地传入了美国，与美国

① 张岱年：《文化与哲学》，中国人民大学出版社 2006 年版，第 26 页。

的宗教文化发生了碰撞。

西方社会对东方文明的了解并不太早。在11世纪之前，西方人对中国、印度等东方文明国家几乎一无所知。“世界沸腾在一片混乱的强力和无组织的灵智之中。你有没有想过中国的情况？在那里，成千上万思维敏捷的大脑沉溺在花哨浅薄的念头中而无力自拔。没有目标，没有推动力，他们只能做一些徒劳无益的挣扎，而世界则在一旁窃笑。”[①] 他们对东方文化的认识停留在相当肤浅的了解和错误的认知上，却沾沾自喜，又以“欧洲中心论”自居。“东方一直是被动的旁观者，是牺牲品，或是西方权力的承受者，因而东方从世界发展史中被边缘化也是合理的。”[②] 1700—1800年，欧洲人按照自己的想象将世界分裂为两个对立的阵营：西方和东方。西方代表文明与进步，东方代表落后与野蛮。这样的对立，将世界文化主观地一分为二，你中无我，我中无你。在这样的思想引导下，西方无疑被想象成优越于东方，东方则被无限贬低，西方的优越性和先进性被无限放大，造成了两种文化对立局面的进一步扩大。

任何文化的对立，终会迎来破冰之旅。16世纪后半叶，西方传教士带着继续向东方输入宗教信仰的伟大心愿，加快了走进东方文化的脚步。这段时期，中国的道家文化、儒家思想、佛教文明已与西方文化出现或多或少的文化互动，西学东渐与东学西传

---

① ［美］爱德华·W. 萨义德：《东方学》，王宇根译，生活·读书·新知三联书店2000年版，第321页。

② ［英］约翰·霍布森：《西方文明的东方起源》，孙建党译，山东画报出版社2009年版，第4页。

成为一种文化现象。到了19世纪，“伴随着丝绸和香料的进口，东方的精神和价值观也进入了美国”[1]。由欧洲人翻译的包括《四书》(《大学》《中庸》《论语》《孟子》)在内的儒家文化典籍逐渐译介到美国。伟大的美利坚合众国人民在惊愕之余开始审慎地对待他们未曾接触却一直以为相当落后的东方文化和思想。从19世纪末到20世纪初，以中国文化和印度文化为代表的东方文明更加受到西方社会的关注，西方文学中开始出现描述东方风土人情的作品和主题。同时，代表印度宗教的佛教思想，随着印度文化的向西传播，“逐渐渗透西方的诗歌、绘画、建筑等领域”[2]。佛教文化不仅在包括印度、中国在内的东方国家产生了深刻的影响，在日新月异的西方社会对于个人和社会等各方面的价值和相互之间的关联同样具有启示作用。或许，那时的西方人还不那么了解东方文化，只是潜意识地认为“东方是一种可以使人获得解脱的方式”[3]。或许，他们找不到更好的办法去面对和疏导迷失在现代文明中的自我。不管目的何在，不管他们渴望寻求什么，西方还是将目光转向了东方。这种“在全球化的大趋势下，世界经济一体化、政治单一化、文化多元化，以及各文明形态跳跃、纠葛其间所构成的既相互交叉重叠又充满断裂与脱节的复杂秩序”[4]，为禅宗思想在美国的传播提供了契机和文化土壤。

---

① Arthur Christy, *The Orient in American Transcendentalism: a Study of Emerson, Thoreau, and Alcott*, New York: Octagon Book, p. vi.

② 张岱年：《文化与哲学》，中国人民大学出版社2006年版，第22页。

③ ［美］爱德华·W. 萨义德：《东方学》，王宇根译，生活·读书·新知三联书店2000年版，第215页。

④ 国际儒学联合会编：《儒学现代性探索》，北京图书出版社2002年版，第15页。

东西文化的互通与对话是一个相当漫长且不断反复的过程。很久以来，许多西方文人和思想家总是非常自信、傲慢且相当自我地站在他们的视角来审视这个数世纪以前被他们的祖先定义的概念：西方和东方。一般而言，每个人确实都有自己的政治和文化立场和态度，但过度的盲目自信或者夜郎自大只会蒙蔽自己的双眼，从而出现“看山不是山，看水不是水”的文化误读局面。维多利亚时期的英国首相本杰明·迪斯雷利（Benjamin Disraeli）在专著《坦克雷德（新十字军征伐）》（*Tancred*（*New Crusader Conquest*））中一边大力倡导对外侵略和殖民扩张政策，一边宣称东方不过是一种谋生之道，未来的文化与宗教信仰，只是按照现在的情形朝着某个方面顺利地走下去。迪斯雷利对东方文化的歧视可见一斑。而无论有意的歧视还是无意的误读，在一个很长的时段里都一直存在。1978 年，美籍巴勒斯坦裔学者爱德华·沃第尔·萨义德（Edward Wadie Said）在他的论著《东方学》（*Orientalism*）一书中对此做出了严正的鞭辟入里的批判：“东方几乎是被欧洲人凭空创造出来的地方，自古以来就代表着罗曼司、异国情趣、美丽风景、难忘的回忆、非凡的经历。”但“现在，它正在一天一天地消失；在某种意义上，它已经消失，它的时代已经结束”①。这对于认识自我与他者百害而无一利。

是的，对话不可避免。“通过中西文化比较，认清中西文明的差异和中国文化的内在特质，这是西学东渐以来绵延百余年的老

① ［美］爱德华·W. 萨义德：《东方学》，王宇根译，生活·读书·新知三联书店 2000 年版，第 1 页。

话题。”[①] 在当今全球化浪潮汹涌澎湃的整体趋势影响下，文化对话成了各国人民不得不面对和思索的问题。过去关于文化抉择的话题在新的时代背景中被赋予了新的内涵。“世界太复杂，以致不能简单地在经济上把它划分南方和北方，或在文化上把它划分为东方和西方，就大多数目的而言，这样的想象是毫无意义的。”[②] 异质文化之间不可避免地呈现你中有我，我中有你的文化交融。

英国玄学派诗人约翰·多恩（John Donne）曾用“少狎诗歌，老娶神学”的词句点评很多人的思想转变。古今中外很多文人后来转向宗教探究，寻找心灵和精神的寄托与归宿。在克鲁亚克之前，爱默生和梭罗读《四书》，了悟儒家思想之精髓，感受天地万物之“浩然之气”。庞德醉心于中国文化转而致力于《华夏集》的创作。中国唐代疯僧寒山的诗歌后来也悄悄地来到美洲大陆。时任哥伦比亚大学教授的铃木大拙也开始在美国讲授禅宗文化。面对台下对禅宗文化一脸懵懂却充满好奇心的听众，铃木大拙向大家提出一个简单的问题：禅的基本目标是什么？他用浅显的话语做出了解释：“看入自己生命本性的艺术，它指出从枷锁到自由的道路……我们可以说，禅把储藏于我们之内的所有精力做了适当而自然的解放，这些精力在通常的环境之中是被挤压、被扭曲的，因此它们找不到适当的渠道来活动，因此禅的目标乃是要救我们免于疯狂或废残。”[③]

---

① 张禹东、杨楹：《宗教与哲学》，社会科学文献出版社 2009 年版，第 41 页。

② ［美］塞缪尔·亨廷顿：《文明的冲突与世界秩序的重建》，新华出版社 2002 年版，第 14 页。

③ ［日］铃木大拙、［美］弗洛姆等：《禅与心理分析》，孟祥森译，海南出版社 2012 年版，第 170 页。

克鲁亚克的禅宗思想，深受铃木大拙的影响。铃木大拙是日本现代著名的禅学思想家，文化学者。他学贯东西，一生致力于禅宗思想研究。他精通日语和英语，英文论著达二十余部，其最大的贡献是将禅宗思想介绍和推广至西方世界，乃至很多美国人认为禅宗文化起源于日本。他“第一次在东、西方文化的宏大背景下，用现代语言激发了东方精神沉睡着的生命力，使它以本身的澄明与深邃，走向了当代人类思想的舞台”①。用铃木大拙自己的话说：“禅是中国的实际精神和充满高远思索的印度形而上学的牢固焊接。”② 铃木大拙一直关注两个问题：一个是自由的问题，另一个则是“减熵文化”，也就是我们今天说的“低碳文化”。他认为在俗世社会中，凡是“鼓吹这种无限制攫取的合理性，宣扬奢侈生活的必然性的大部分世俗文化叫作增熵文化，或曰高熵文化；而把主张与自然和谐、向往清寒与纯朴的文化，叫作减熵文化，或曰低熵文化”③。他的高瞻远瞩，已经远远走在了时代的前面。

铃木大拙思想中的禅是“非知性、非观念、非理性、非语言的，它依靠内在的检验标准”④。他所强调的悟是某种“纯粹的直觉”“纯粹的体验”“纯然的觉醒”“纯然的直觉”，他也称之为“般若直觉”⑤。他认为禅与世俗生活的距离并不遥远，“禅的一切

① ［日］铃木大拙：《铃木大拙说禅》，张石译，浙江大学出版社 2013 年版，第 9 页。

② 同上书，第 3 页。

③ 同上书，第 22 页。

④ 张禹东、杨楹：《宗教与哲学》，社会科学文献出版社 2009 年版，第 120 页。

⑤ ［日］铃木大拙：《禅宗的几个原则》，出自《禅学随笔·禅学大师》，孟详森译，台北志文出版社 1972 年版，第 15 页。

都是实际的、日常的、同时也是最生动活泼的”①。“人间无论是苦是喜，我们都走过它而生存下去，我们就不能不体验到既不能说是生存下去的喜悦也不能说是烦恼的超越的愉悦。这就是所谓的安心，所谓为佛所救、超越生死的境地。人就是这样地形成的，因此宗教不能离开我们。”② 禅宗的很多思想和用词表面上看与克鲁亚克信奉的天主教相去甚远，甚至毫无关联。如果深入思考，不难发现这两种宗教总在某些点上相互交汇，换一句话说，就是两种宗教文化用不同的语言和方式表达了某些共同的思想和目标。铃木大拙不仅传播禅宗文化，还以一个东方禅学大师的身份冷静地看待美国社会所面临的重重困境，诸如：“1. 人同机械构成了一种冲突，而由于这种冲突，西方经历着巨大的心理紧张……4. 人是生物，受生物学的律例所统治……7. 人唯有当他不再是一个人才能自由。当他否定自己并融入整体，他才是自由的。更确切地说，当他是自己而又不是自己时，他才是自由的。而当一个人彻底了解这个看来显然的矛盾，他才有资格谈论自由或责任或自发性。”③ 他的这番总结不仅指出了美国社会曾面临的困境，也对其他国家的社会发展有着深刻的启示。

作为早期旅美的禅学大师，铃木大拙拥有不少追随者，克鲁亚克便是其中的一个。但是，克鲁亚克鲜有偶像崇拜心理，并未盲目地崇仰铃木大拙，更未成为他的信徒。他那时对禅宗思想的

---

① ［日］铃木大拙：《铃木大拙说禅》，张石译，浙江大学出版社 2013 年版，第 19 页。

② 同上书，第 27—28 页。

③ ［日］铃木大拙、［美］弗洛姆等：《禅与心理分析》，孟祥森译，海南出版社 2012 年版，第 15—16 页。

认知还不够深刻，却凭着直觉武断地认为铃木大拙宣讲的禅宗文化是在拾人牙慧，并无太多原创。带着这种矛盾的心情，克鲁亚克一边潜心研读铃木大拙的论著，一边又很苛刻地谈及自己的一些个人看法，有时不无真知灼见，有时却是出自个人好恶、有失公允的率尔之言。他还认为弗洛姆的心理学研究也不过如此，在一封写给金斯伯格的信中曾严肃地告诉后者："我在读一本新书，是铃木大拙和弗洛姆合著的《禅与心理分析》。天啊，我真是不明白像弗洛姆这样的假内行怎么建立起他的国际知名度的。他无非就是用苍白的语言不断地重复别人说过的话。"① 应该说，《禅与心理分析》虽然名噪一时，但作为宗教与文化知识的通识著述，确实满足不了克鲁亚克这样的读者的心理需求。毕竟，在克鲁亚克的眼里，经典与权威总是被解构的对象，这大概也算是"垮掉的一代"的一个明显特征。

克鲁亚克接触禅宗思想还与他在哥伦比亚大学上学时期选修雷蒙·韦沃（Ramond Weaver）教授的文学课程有关。韦沃教授是赫尔曼·梅尔维尔（Herman Melville）研究专家，曾经旅居日本，受日本禅宗文化影响相当深刻。因为他的研究兴趣和对日本禅宗文化的热爱，韦沃常在课堂上普及一些禅的文化，以及一些神秘的、有关诺斯替教派的知识。时间一长，克鲁亚克在潜移默化中逐渐受到影响。他在创作《镇与城》之初，就曾经涂涂改改地写了一些充满神秘主义色彩的文字，描摹自己对神秘主义的初步体

① Jack Kerouac, *Selected Letters, 1957—1969*, Ann Charters, ed., New York: Viking Press, 1999, p. 244.

验。他那时理解的神秘主义与禅宗思想还有一定的距离。按照金斯伯格的回忆，克鲁亚克在读书期间还可能读过英文版《西藏生死书》以及其他一些禅宗书籍。不过，克鲁亚克究竟读过哪些书，大部分均已无从查证，成为时光的尘埃里湮没的过往。

按照常理，克鲁亚克应和家族其他成员一样，坚守天主教信仰，定期去教堂，在灵魂深处与上帝对谈。莫尔特曼认为，宗教对话包括两种不同的形式："关于不同宗教内容的直接对话和关于共同的伦理、社会和生态议题的间接对话。直接对话是所谓不同的'世界'宗教间的宗教对话。'世界'宗教是那些不局限于某个民族或某种文化的宗教，它们迎接所有的人，因此出现在世界各个角落。"[①] 克鲁亚克在出生时便接受了天主教洗礼，终生信奉天主教。他成年以后以一个天主教徒的身份直面禅宗思想，在他的身上，两种宗教信仰时常冲突，不断对话。至于哪种宗教最终在他的信仰中占据主导地位，恐怕只有他自己最清楚。"哪怕是在今天，大多数美国人都自称有宗教信仰，尽管他们对自己所信奉的教义淡漠，但信仰始终得以保持。基督教事实上就是美国的国教，为大多数人所信仰，而天主教等教派也逐渐为民主社会所接受……人们信仰某个宗教或抛弃某种信仰并不是什么了不得的大事。"[②] 按照这个说法，克鲁亚克后来的信仰变迁似乎也并不如何突兀如何匪夷所思。

克鲁亚克引领的"垮掉的一代"文学文化运动席卷美洲大陆

---

① ［德］莫尔特曼：《俗世中的上帝》，曾念粤译，中国人民大学出版社 2003 年版，第 247 页。

② 施袁喜编译：《美国文化简史》，中央编译出版社 2006 年版，第 87 页。

的一个重要因素主要在于现实生活太过抑郁、苦闷，很多受过高等教育的知识分子渴望自由、公平与公正。他们原本期望寄情于自己的信仰，在神的面前获得救赎与回归。然而，在克鲁亚克的眼中，天主教过于强调上帝的神圣性，缺乏某种真实的平民气息，缺乏尘世的光芒。加之他在自己的信仰中并不能获得更多的启示与解脱，反而因为杰拉德的逝世和后来的种种遭遇陷入深深的泥淖，无法自拔。于是，在对佛教文化有一定的认知之后，克鲁亚克便寄望于佛教，希望能将一些佛教的理念运用到文学创作中来，帮助自己解决思想上积存已久的重重困惑，更加直观地、真实地感受客观世界，认识自己。

克鲁亚克的言行与他早年信奉的天主教背道而驰。他几乎彻底抛弃了自己的信仰，选择了当时在美国发展得不算特别成熟，略显异类的佛教，他的这一行为令很多人侧目咋舌，即使他的母亲加布里埃尔也不能理解和接受。在信仰面前，人们多充满盲目性，更多的人总认为只有自己的信仰才是真正的归宿之地。这种狭隘的根深蒂固的排他性信仰，主要还是因为绝大部分宗教信仰者并不明白，同一文化系统或不同的文化系统所包含的文化和宗教要素之间总存在相容与不相容的两面性。有些文化要素，虽然看上去完全不相通，实际上相辅相成，相互补充。如果仅仅出于为了保留其中一种宗教信仰而必须排斥另一个宗教信仰的目的，这样的信仰必然会导致对自身宗教的认知偏失，引发一连串不良后果。很多评论家批判克鲁亚克背弃天主教的教义和教规，一是他们缺乏对佛教的起码常识，二是他们自身狭隘的宗教心理迫使他们用自己的主观意愿排斥其他宗教，且毫不顾及他人的接受心理。但所有这些外部阻力，都没能阻碍克鲁亚克选择信仰佛教。

1948 年以后，“垮掉的一代”逐渐分化为两大阵营：冷静派与热烈派。许多关于嬉皮士和垮掉者们的误解主要源于世人时常混淆这风格截然不同的两大派别。“冷静派有如蓄着大胡子有着洁癖的圣人，或者说就是一个圣人（schlerm）……他的言论低沉而缺乏友善，他的女孩们身着黑色，沉默不语。而热烈派是个怪人，狂热、唠叨而又目光奕奕（且通常纯真坦白），在酒吧间流连徜徉，总是从一个酒吧赶往另一个酒吧，脚步轻快，寻找每一个人，大声吼叫，不眠不休，烂醉如泥，尝试着向那些忽视他们的隐藏起来的垮掉者们证明自己的存在。”① 克鲁亚克自诩自己曾经是热烈派的一员，后来因为时常冥想，慢慢地转变成一名冷静派。这既是克鲁亚克作为“垮掉者”的思想和行为的转变，也是他成为一名虔诚的佛教徒的变化。他厌倦喧嚣的社交，不再沉溺于觥筹交错间以证明自己的存在，逐渐进入某种冥想的禅修状态。

克鲁亚克选择禅宗思想并非一时的冲动。相反，他经过了长时间的深思熟虑，很清楚自己需要什么，也明白自己在做什么。从孩提时代开始，克鲁亚克就经历了生离死别的痛苦，家庭遭遇变故，家道中落。童年的阴霾挥之不去，又遭遇失败的婚姻，为书稿发愁，苦于生计……虽有诸多不顺，克鲁亚克却不能一味向人求援，只好独自探寻生命的终极意义。这与寒山在自己的诗歌中所描述的遗世而独立的形象颇为相似：“吾心似秋月，碧潭清皎

---

① Jack Kerouac, “The Origins of the Beat Generation,” *Good Blonde & Others*, Donald Allen, ed., San Francisco: City lights Bookstore, 1994, p. 61.

洁；无物堪比伦，更与何人说。”克鲁亚克热爱佛教，崇拜寒山，并视其为精神导师。

20 世纪 50 年代，“寒山热”与“垮掉派”几乎同时出现于美国。寒山其人其诗，首先由中国传播到日本，再以日本为中转站传播到美国，其在美国的知名度瞬间超过其他唐代著名诗人，如李白和杜甫等。寒山何许人氏？他是唐代著名诗僧，因长期居住于天台山上的寒岩而得名。寒山和拾得是情投意合的好朋友。拾得是孤儿，相传为天台山和尚封干拾于路旁而得名。寒山和拾得时常游走于山间溪林，吟诗作偈，为后人留下了大量的诗歌。寒山的诗歌，平实素朴，自然洒脱。他常以禅入诗，在诗歌中引入佛理、禅意，对后来禅宗诗歌的发展产生了深远影响。寒山的诗歌除了描写自然风光之外，还宣扬因果轮回，针砭社会不公，语言诙谐幽默，充满了智慧，“集中表现即心是佛，天真具足、本觉无误的禅宗观念，而尤以运用马祖以后古典禅的事典、宗旨、话语为突出特点”①。南怀瑾先生对寒山的评价颇高，赞誉“他的意境的高处，进入不可思议的禅境，但平易近人的优点，比之香山居士白居易，更有甚者，他完全含有平民化的趣味”②。克鲁亚克不止一次表达对寒山的喜爱，“我在山中/呼唤着寒山/但没有回音”③。他心里当然很清楚，那个千年前远在东方的疯僧再也不会出现在他的眼前，亦不会以任何形式来回应他，但他渴望与寒山

① 贾晋华：《古典禅研究》，上海人民出版社 2013 年版，第 352—353 页。

② 南怀瑾：《禅宗与道家》，复旦大学出版社 2007 年版，第 95 页。

③ Regina Weinreich, ed., *Jack Kerouac: Book of Haikus*, New York: Penguin Poets, 2003, p. 93.

对话的念想不曾停止。与其说克鲁亚克想与寒山对话，毋宁说他更想与另一个自己对话。那个自己，世人不知不识，只存于他的心底，存于他的灵魂深处。“冥想中/我是佛陀/舍我其谁?”① 克鲁亚克自比佛陀，自信满满，以为从此彻底解脱，却常受尘世之羁绊，从未曾超然。同为垮掉派的斯奈德常行走在山涧林地，风餐露宿。他有意识地让克鲁亚克与其同行，帮助他在领略无限的自然风光时实现肉体的解放和精神的独立，感受禅的终极意义。他“将自己紧闭于大自然之中，以期价值观发生突变的行动得到思想上的准备，并在他心中形成了一种比以前搭便车旅行时体会到的更为深刻的自身孱弱感”②。克鲁亚克的悟性颇高，斯奈德对他褒奖有加：“当我第一次读到《墨西哥城布鲁斯》时，我就被其轻松的风格所吸引，那种自由自在，毫不费力——但同时在语言中又时不时来些出乎意料，在作品中可以感觉到其中的思想。每一首诗本身都是完整的，有相似的模式，像小小的一节。”③

克鲁亚克对东晋诗人陶渊明亦情有独钟。他在给朋友的一封信中，认为陶渊明是“中国最伟大的诗人。受这样一个伟大而又谦卑的田园诗人的影响，我要一直写伟大的俳句，严格意义上来说，不是俳句，就是几行诗，我像中国诗人那样写了这首诗：‘鸟儿飞走了，一路朝西飞。在它飞走前，谁真正了解这个世界？——

① Regina Weinreich，ed.，*Jack Kerouac*：*Book of Haikus*，New York：Penguin Poets，2003，p. 97.

② 李斯编著：《垮掉的一代》，海南出版社 1996 年版，第 31 页。

③ ［美］比尔·摩根编：《金斯伯格文选——深思熟虑的散文》，文楚安等译，四川文艺出版社 2005 年版，第 395 页。

陶·杰克·克鲁亚克·明。’”[1] 克鲁亚克为自己取名“陶·杰克·克鲁亚克·明”，以此致敬陶渊明，就像他将《达摩流浪者》献给寒山一样。他毫不掩饰自己对寒山和陶渊明的喜爱，真情流露，令人动容。当然，克鲁亚克既做不了寒山，也做不了陶渊明，他对中国古典诗歌的了解本身也很有限。他是一个行走在路上的“垮掉”分子，期盼用精神的绝对自由实现遗世独立的遥远梦想。在上述那封信的末尾，克鲁亚克诚恳地建议好友菲利普，希望他能将外在的想法和内在的思想保持一致，“就像菩提达摩对弟子的训诫那样，不要让人听到思想的喘息声，而是要让思维变成一堵墙。也就是说，不要让内在思维和外在思维分离，而是要不断地敲击你的思维之墙。”[2] 所谓内在思维，是克鲁亚克一直重视的禅修与冥想，外在思维则是他所面对的浮光掠影的万千世界的浅层感受。他希望思维在持久的学习和训练中变得敏捷而灵动。

克鲁亚克一直强调：“对我的创作影响最深刻的是大乘佛教，佛教的起源还有佛陀本身……禅是佛教的一部分，从印度传到中国再传到日本。禅对我作品的影响主要体现在禅蕴含在俳句中间，3 行，17 个音节的诗歌……句子短小简洁，伴随着思维的跳跃。这就是俳句，句中满是突然的跳跃，充满各种惊喜，让我们的思维像鸟儿一样自由自在地枝头跳跃。但是我的内心还有一些真正严肃的佛教思想，包括古印度佛教，它们也同样影响了我的创作，

① Jack Kerouac, *Selected Letters, 1957—1969*, Ann Charters, ed., New York: Viking Press, 1999, p. 304.

② Ibid., pp. 306 – 307.

你们可以把它称为宗教的、狂热的或者说是虔诚的。"① 《达摩如是说》(*Some of the Dharma*) 是克鲁亚克整理自己阅读《佛家圣典》后的完整的读书笔记，最终以书稿形式面世。这部书是克鲁亚克内在思想与外在思维的紧密结合的表达。

所谓禅，是梵文"Dhyana"的翻译，取"净虑"之意。"禅"最早读作"shàn"，意思为"祭天、传代"。佛教传入以后就按照现在的读音来读了。② 禅宗是中国佛教的一个宗派，以"教外别传，不立文字，直指人心，见性成佛为宗旨"③。禅被信众认为是精神的崇高境界，信仰的最后寄托。有关禅宗的起源，是一个关于选择的故事。相传如来佛祖把众弟子召集到一起讲经，要选大乘教的初祖。他以花示众，是时众皆默然，唯迦叶尊者破颜微笑，遂为一祖。这一故事慢慢演变，后来的六祖惠能强调"本来无一物"，欲撕毁所有佛祖语录。禅宗关注佛教文化的诸多终极实在，如涅槃、空、真如等概念，注重体验者的个人感悟，从而实现"超凡越圣"。日本禅宗大师铃木大拙用"空"的象征对此作形象的解读："没有一根草的田野想着 SUNYATA，它是佛教哲学的终极实在。SUNYATA 字面意思是'空'。说实在是'空'意指它超越了定义，不可以称它为这个或那个。它超越了全程和特称的范围。但因此也肯定不能把它视为没有一切内容的，就如相对意义

① Paul Maher Jr.，ed.，*Empty Phantoms*：*Interviews and Encounters with Jack Kerouac*，New York：Thunder's Mouth Press，2005，p. 302.

② 参见麻天祥《禅宗文化大学讲稿》，中国人民大学出版社 2007 年版，第 7 页。

③ 南怀瑾：《禅宗与道家》，复旦大学出版社 2007 年版，第 111 页。

上的真空一样。相反，它是食物之完满，包含了一切的可能性。”[①] 从某种程度而言，禅宗更像佛教的革新派，它的宗旨和它所主张的修行方式，很快适应中国的民情风俗，在中国大地上掀起了一股信仰佛教的浪潮。禅宗后来传入包括美国在内的西方国家，很快又与本土文化融合，受到当地民众的青睐。

禅的宗旨，如释迦牟尼在灵山会上拈花示众所言：“我有正法眼藏，涅槃妙心，实相无相，微妙法门，不立文字，教外别传。”禅宗的发展，“从达摩的直指人心，见性成佛，只在片言指示之下，便使二祖慧可得到安心法门之后，经百余年间，五传而到六祖慧能……或扬眉瞬目，或一棒一喝，或竖一指，或吹布毛，或见桃花而悟道，或闻钟声而彻悟，大多都在平常日用之间，最平实的生活机趣里面，而彻悟道为奇特幽玄的妙谛，所谓言下顿悟，所谓明心见性，立地成佛的法门，就如此简便而已”[②]。禅宗一重心性，主张“即心即佛”，二重“顿悟”，即“顿悟见性”。禅宗的主要代表人物慧能（公元638—713）强调“顿悟”，直指人心，见性成佛。慧能在《六祖坛经》中写下流传后世的偈语：“菩提本无树，明镜亦非台，本来无一物，何处惹尘埃。”慧能的禅悟之言，强调顿悟成佛。他还强调不可过于执着，提出“不是心，不是佛，不是物”；不着意分辨真心与妄心，提出“平常心是道”，主张“道不用修”，修行解脱不离日常生活[③]。

---

① 转引自［英］约翰·希克《宗教之解释——人类对超越者的回应》，王志成译，四川人民出版社 1998 年版，第 108 页。

② 南怀瑾：《禅宗与道家》，复旦大学出版社 2007 年版，第 78 页。

③ 参见杨曾文、郭明忠主编《马祖道一》，中国社会科学出版社 2006 年版，第 3 页。

禅宗注重心悟，注重自然。“即心即佛”，不需外求，这是禅宗的核心。“即心即佛”包含四个方面：“第一，必须肯定众生心是佛心的基本概念；第二，心是万法之本，世界万法皆由心起，若离此心更无万法，由于心的作用，可以显现出世间的无量法相；第三，心是修道的根本，入道的要门，要成佛开悟必须了达此心；第四，心佛皆无自性毕竟空寂，不可执着。”① 禅宗讲求内转、内修，在自心上做功夫，凸显道德的主体性与个体性，以更好地成就个人的人格。个人的一切思想和行为亦要顺乎自然，要学会往回调整心思，对善恶不做思量，逐渐达到平常心是道的境界。就像马祖道一所言：“道不用修，但莫污染。但有生死心，造作趣向，皆是污染。若欲直会其道，平常心是道。谓平常心无造作，无是非，无取舍，无断常，无凡无圣……只今行住坐卧，应机接物，尽是道。”②《楞伽经》云：“佛语心为宗，无门为法门。何故佛语心为宗？佛心者，即心即佛。无门为法门者，达门性空，更无一法，性是自门，性无有相，门亦无门，故云无门为门。”顿悟非心智的扭曲或者说变态，也非神志不清或者说神情恍惚的表达。“如果我们可以用什么话来形容它，则我们只能说它完完全全是正常的心智状态……”③ 顿悟对人有着特殊的重要的影响。个人一旦顿悟，“整个心智活动现在都以一种新的格调来作用，而这比［他］以往所经历到的任何事情都更使你满足、和平、换了。生

① 杨曾文、郭明忠主编：《马祖道一》，中国社会科学出版社 2006 年版，第 75—76 页。

② 《景德传灯录》卷二十八，《大藏经》卷 51，第 440 页。

③ ［日］铃木大拙、［美］弗洛姆等：《禅与心理分析》，孟祥森译，海南出版社 2012 年版，第 171 页。

命的调子改变了，在禅之中有着使生命更新的东西”①。克鲁亚克凭借自己的体验和感悟，尝试实现禅宗的顿悟。“觉悟是一种突如其来的势不可挡的内在实现。人当即在宇宙中感到自己的自由与强大、高贵与卓越。宇宙的呼吸通过他而振动。他不再仅仅是一个微小的、自私的我，而是开放的和坦率的我，与一切联结，处于整体之中。觉悟在参禅中获得，但它在生活的所有处境中都保持其特效性。因而，生活中任何东西都是有意义的，值得感激的，是善的——哪怕苦难、疾病和死亡。”②

禅宗还强调认识自己的自性，即“知汝自己”，不是“智性的，不是疏离性的，而是知者与被知者合二为一的充分体验”③。这同样要求不依靠任何外在的力量，要用最直接的方法去体验去施行，最终实现顿悟。克鲁亚克在名为《最先的承诺》（“The First Words”）的文章中，探讨了他对思维本质的看法：“在《首楞严经》（*Surangama*）中，释迦牟尼说：‘若指望理解更多至高启示，务必学会本能回答问题，不要寻求援助，歧视思维。对于宇宙十界中是那些行者，由于他们其勇往直前的精神，自发性心理，从始至终，他们从未消亡，仅仅依靠思维本质的启示，别无其他……说话之前无须思考，也不需预先考虑：头脑里有什么就说什么，因为说话的不是你，而是圣灵！’莫扎特和布莱克也常常

---

① ［日］铃木大拙、［美］弗洛姆等：《禅与心理分析》，孟祥森译，海南出版社2012年版，第171页。

② 转引自［英］约翰·希克《宗教之解释——人类对超越者的回应》，王志成译，四川人民出版社1998年版，第338页。

③ ［日］铃木大拙、［美］弗洛姆等：《禅与心理分析》，孟祥森译，海南出版社2012年版，第176页。

觉得不是他们自己在执笔，而是缪斯在歌唱，在写作。”① 从这里开始，克鲁亚克的自发式写作思维已经与禅宗思想慢慢结合。

克鲁亚克身体力行，遍访高山深谷，参禅静坐，身体力行，将自身的宗教体验与文学创作结合，完成了一部部充满禅理禅趣的文学作品。对于克鲁亚克而言，佛教就是他心灵的压舱石，是对他自身宗教信仰的一种补充。他希望能从固有的思维和情感中分离出来，从自己一度烦忧的自我困境中挣脱出来，自然快乐地接受一种“非正统观念的、非教条的、能消除一切差别（人与人或人与自然）的德行”②。在探求佛教的道路上，克鲁亚克从纯粹的个人禅宗体验到关注内心和精神的需求，相信佛教能帮他实现“终极的自由”。他在参禅的道路上跌跌撞撞，时常遭遇思想上的冲击和信仰的困惑，“他根深蒂固的天主教信仰、童年的伤痛感、二战前后的心理错位感使他深深地相信大乘佛教的‘苦、集、灭、道’四谛”③。佛教的人生观与世界观，主要包括“四谛”和“十二因缘”。所谓“四谛”，即苦、集、灭、道四者，认为“人生世界，一切皆苦，纯苦无乐，而众生无知，反取苦为乐；归纳其类，分为八苦，即生、老、病、死、求不得、爱别离、怨憎会、五阴炽盛等，这就叫苦谛。因为众生自寻烦恼，以采集苦因而成苦果，误以为乐，这就叫集谛。如欲灭去苦因苦果，达到离苦得乐，这就叫灭谛。因此必须要以求证道果，生活人生而到达究竟的法门，

---

① 转引自［美］比尔·摩根编《金斯伯格文选——深思熟虑的散文》，文楚安等译，四川文艺出版社 2005 年版，第 392 页。

② 李斯编著：《垮掉的一代》，海南出版社 1996 年版，第 31 页。

③ Ben Giamo, *Kerouac, the Word and the Way*, Carbondale: Southern Illinois University Press, 2000, p. 91.

这就叫道谛”[①]。克鲁亚克后来花费了大量的时间和精力来体悟“四谛”，在作品中同样不厌其烦地讨论它们。他甚至觉得这些就是《达摩流浪者》《墨西哥城布鲁斯》《达摩如是说》《觉醒》等作品的主题。金斯伯格对“四谛”的理解是：存在包含苦难，没有永恒的地狱，也没有永恒的天堂。因此人们在生命的历程中所经历的任何苦痛都是可以改变的，一切都不是终点。金斯伯格还认为苦难是由于人的无知造成，或者由于自我想法过于固执而造成，从而导致“苦难之苦难”。但是，任何苦难总有解决的办法，终有终结，而解决苦难的方法则是八正道。[②] 不管克鲁亚克，还是金斯伯格，对“四谛”的理解都存在一定程度上的偏颇。身为有独立思想的书写者，他们只是按照自己的体悟对这些概念做出自己的解读。

宗教与文学不可分离。二者有如连理枝，你中有我，我中有你，相互渗透与结合，由此产生很多富有宗教意义的文学作品。克鲁亚克在禅修冥想后创作的作品既有禅的意境，又有文学的神韵，从某种程度上实现了“文章意境足千秋”。从 1953 年至 1956 年间，他醉心于研读佛教文化，其作品呈现了一个佛教徒的成长历程和精神世界。从《达摩流浪者》开始，他陆续完成了《觉醒》《墨西哥城布鲁斯》《金色永恒律书》(*The Scripture of the Golden Eternity*)《荒凉天使》《特丽丝苔莎》以及《杰拉德的幻想》等，这些都可视作克鲁亚克禅宗体验的系列作

① 南怀瑾：《禅宗与道家》，复旦大学出版社 2007 年版，第 18 页。

② 参见［美］比尔·摩根编《金斯伯格文选——深思熟虑的散文》，文楚安等译，四川文艺出版社 2005 年版，第 386—387 页。

品，其中包含大篇幅的俳句、冥想，佛教经文，以及作者对《般若波罗蜜多心经》《金刚经》《楞伽经》等的思考、解读和感悟。佛教在一定程度上给克鲁亚克提供了某种支撑他坚持下去的信心和力量，帮助他从困惑中慢慢走出。当然不能因此得出结论认为克鲁亚克在感情上和创作中因为遇到重重困难，所以才沉迷于东方宗教以期获得顿悟和解脱。克鲁亚克或曾寄望在禅宗思想中寻找慰藉、寻求公正和信仰替代，但禅终究不能彻底释放他的身体和精神，他的身体、精神乃至心灵也未曾为禅所囿。

1954 年 5 月，克鲁亚克给金斯伯格写了一封长长的信，信中提及自己对佛教的认知。他认为梭罗深受儒家思想的影响，方才写出寓意深刻的《瓦尔登湖》。他告诉对方自己应该不会考虑研究儒家思想，但是想去探寻佛教思想。克鲁亚克阅读了所有能找到的有关佛教文化的文献资料，觉得最实用也最有价值的是怀特·戈达（Dwight Goddard）编辑的佛典选集：《一个佛教徒的圣经》（*A Buddhist Bible*），“因为其不仅囊括了《楞严经》《楞伽经》，而且涵盖了作为无上真谛的 11 页《金刚经》以及马鸣菩萨的《起信论》……该书（及其他）诸多来源——取自巴利文、梵文、藏文、中文、缅甸文及现代语言书写的经籍”①。在 1954 年以后，克鲁亚克一改以往浅尝辄止、猎奇禅宗文化的态度，开始静心研究。他继续和金斯伯格交流学禅的感悟，告诉对方自己“已经穿越痛苦的海洋，找到了另一条道路”②。这里的道路，便是参

① Jack Kerouac, *Selected Letters, 1940—1956*, Ann Charters, ed., New York: Penguin, 1995, pp. 415 – 416.

② Ibid., p. 410.

禅悟道之路。正是在此信中，克鲁亚克郑重其事地向金斯伯格推荐《一个佛教徒的圣经》这本书以及亨利·克拉克·沃伦（Henry Clark Warren）的《译介中的佛教》，引导金斯伯格修行。金斯伯格的禅修之路后来比克鲁亚克走得更远。在科罗拉多州博德市，邱阳创巴仁波切开设的那若巴佛学院里面，金斯伯格与朋友合作创办了杰克·克鲁亚克超验精神诗歌学院，一生坚持在那里讲学。克鲁亚克沉迷于各种佛经典故，却从来没有一个专门的指导老师，他只是一位知识渊博的佛教直觉研习者，对于佛教有着惊人的领悟能力和独到的见解。在菲利普的记忆中，克鲁亚克“对其中有关佛教的广泛的、宏大的、玄妙的观念和语言十分感兴趣。他喜欢那些译文中出现的夸张的语言。书中谈到遥远的距离，无尽的时间，众多的事物”①。佛教中关于个人宗教体验的经文主张个人静坐和冥想，这些都促使克鲁亚克回归、走向更加内在的自我，“不仅在于使自己浸润在虚空的极乐里，知道互相冲撞的报复，停止自私的喧嚣，而在于它能影响人们对世界、对他人、对自己采取的行动”②。克鲁亚克的重重困惑，主要在于：所有关于存在本身的概念，不存在本身的概念，至高存在本身的概念，至高不存在本身的概念，都只是概念，是随心所欲的。他在参禅悟道的道路上主要依靠自学与自觉。简言之，克鲁亚克的禅修并不是要让自己成为真正的佛教徒，而是在找寻失落的本心与真正的自我。

---

① ［美］巴里·吉德福、劳伦斯·李：《垮掉的行路者——回忆杰克·克鲁亚克》，华明等译，译林出版社2000年版，第235页。

② 李斯编著：《垮掉的一代》，海南出版社1996年版，第32页。

禅宗思想对克鲁亚克作品的主题和文风产生了很大的影响。他希望创作出“能够缓解人们紧张和压力的作品，通过冥想和祈祷回归内心”①。金斯伯格认为，“克鲁亚克在其散文、诗歌和论文的正文部分最明白通畅，前后连贯地阐述了虚空与空幻的意识学说。该学说是根据全部虚空的超验智能提出来的，它包括全景式的意识、茫茫尘海以及幽默地欣赏重要的梦的细枝末节，尤其是荒凉废人的孤独之中”②。这里有必要谈谈金斯伯格的禅宗思想。金斯伯格师承藏传佛教大师钟喀巴，多年学佛，法号“达摩之狮”。他认为“钟喀巴的金刚乘体系特别适用于那些已经逃离了现实世界的狂暴愤怒的人，他们放弃了通常的‘社会’生活，醉心于轮回转世、看破红尘。这种藏传佛教式的信徒无异于是黑暗世界中的菩提明灯；不过，依靠现世本身或当今美国的情势来拯救世界却毫无希望”③。金斯伯格以出世之心系统地学习了佛教的基本要义，又以入世的态度在参禅冥想的道路上比克鲁亚克都走得更稳健更长远。

作为一名思想叛逆的作家，克鲁亚克依靠自身的宗教体验映射他对人类在现实社会和自然环境中种种遭遇的关注与关心。他身体力行反复地与各种社会体制对抗，总是将自己送入某一个未知的、不可自拔的深渊。他努力尝试在各种不可控的力量和最后的妥协之间寻找某个平衡，却总是从一种极端走入另一

---

① Ellis Amburm, *Subterranean Kerouac: the Hidden Life of Jack Kerouac*, New York: St. Martin's Press, 1998, p. 196.

② ［美］比尔·摩根编：《金斯伯格文选——深思熟虑的散文》，文楚安等译，四川文艺出版社2005年版，第259页。

③ 同上书，第23页。

种极端。他或者放纵自己，或者参禅静修，或者跑到荒凉峰上去做火山瞭望员。“对他而言，世界太复杂，太难把握，太难厘清次序了。”[①] 而他内心深处对美好和宁静的精神状态和超然世外的追求依旧引导他研习禅宗，希冀禅宗成为他排解烦扰的一种助力。《达摩流浪者》正是克鲁亚克和他的伙伴们沉浸在禅宗世界中的某种喜悦心情的真实写照，“是一部真正的关于宗教流浪者的书。年轻人背着背包，面带微笑，四处流浪。就像中国伟大的诗人李白那样在月光下饮酒，爬山祈福”[②]。克鲁亚克还常用以心印心的公案（koan）的方式来自我觉醒：“一百年以后回来告诉我。”[③] 但是，他在禅修中究竟期待得到怎样的答案，似乎没有人知道。

克鲁亚克一生逐梦。如在《梦之书》中所描述的那样，各种各样的梦，重复的、现实的、荒诞的，一切梦境又无一不在现实中化为金色的灰烬。从心理学的角度分析，“梦表现真实；在梦里我们逐渐认识我们自己的真实，虽然我们对世人披上伪装……正直的人在梦中也并不犯罪；或者，如果他犯罪，他也会觉得恐惧，就像对一切彻底违反他本性的事情感到恐惧一样”[④]。“我们在将睡和将醒之间所经历的一切事都带有幻觉性质，当醒来时我发现

---

① Robert A. Hipkiss, *Jack Kerouac, Prophet of the New Romanticism*, Lawrence: The Regents Press of Kansas, 1976, p. 72.

② Paul Maher Jr., ed., *Empty Phantoms: Interviews and Encounters with Jack Kerouac*, New York: Thunder's Mouth Press, 2005, p. 70.

③ ［美］比尔·摩根统统编：《金斯伯格文选——深思熟虑的散文》，文楚安等译，四川文艺出版社 2005 年版，第 259 页。

④ ［奥］弗洛伊德：《梦的解析》，周艳红、胡惠君译，上海三联书店 2012 年版，第 34 页。

我全裸着躺在床上。在睡眠中，因为我的心理习惯，也把梦的意象看作真实事物，理所当然地认为存在一个和自我相对应的外部世界。"① 克德尔波夫也曾说："睡着时，一切精神功能（除了感知外）如智力、想象、记忆、意志和道德等都毫发未动地保留了下来，它们只用于想象的不变动的事物。一个梦者就像一个演员用他自己的意志来演出，可以扮演疯子、哲学家、刽子手以及被杀头的人，或巨人，或矮子，或魔鬼，或天使等角色。"② 那么，这些与梦境有关的故事与禅宗是否有内在的关联性？按照弗洛伊德的说法，人们会发现梦中的很多情景往往有规律地包含了梦者在自己清醒的时候考虑的一些事情。而构成梦的所有元素，总是源于人们遗忘的某些经历，最终在梦中再度呈现出来。同时，人们在梦醒之后，只能记住部分梦境。即使清晨在醒前做过的梦，醒来也会遗忘很多，再度全部记起非常艰难，这点适用于所有做梦者。"梦的回忆是有障碍的，这种障碍，严格地说，必然会彻底降低它们的价值。由于那么多的梦都被遗忘，我们有必要怀疑记忆中剩下的东西是否被扭曲了。"③ "梦由意象创造出一个场景，他们表现出一个事件，就如同真正发生的似的。在梦里，我们好像不是在思考而是在体验；换言之，我们彻底信任幻觉。等我们醒后才意识到，我们并没有经历过什么，只是在用一种独特的方式思考。正是这一特点才辨别了真正的梦和白日梦，白日梦和现

---

① ［奥］弗洛伊德：《梦的解析》，周艳红、胡惠君译，上海三联书店 2012 年版，第 27 页。

② 同上书，第 31 页。

③ 同上书，第 24 页。

实并不混乱。”[①] 简言之，克鲁亚克的《梦之书》是禅境与梦境的融合。

1968 年，克鲁亚克接受《巴黎评论》的访问，再次强调自己是一个佛教徒，而不是禅宗主义者，确切地说他认为自己是一个探索者，“不是禅宗教徒，他是一个大乘佛教的教徒……”[②] 克鲁亚克有意区分两个概念，旨在把自己从严肃的禅宗教义教规的研习中区分开来，强调自己的禅宗实践精神。克鲁亚克终生没有专门的指导老师，他也缺乏一种工具、一种更恰当的手段去体验禅宗思想。他专注于在沉思中打坐实践——真正将虚无的概念融入体内，或是把它作为一种思维的过程去进行古典的冥思实践。克鲁亚克相当有天赋，几乎完全靠着自己的直觉领悟了禅的本意。可从字里行间读到他对虚无的感受，对未知世界的迷茫，对自我的困惑……然而在这所有的冥思和叙述中，克鲁亚克终究缺乏某种实际可行的专业的专门的禅宗研习方法。

克鲁亚克自始至终是一个天主教徒，即使在他生命的最后一刻，依然坚称自己是个虔诚的天主教徒。他坚持捍卫自己的信仰：“我不怕毛泽东，也不怕亚瑟·施莱辛格，因为我是个真诚的天主教徒。”[③] 同时，在他有限的岁月中，他孜孜不倦地探索禅宗思想，是一个坚定的探索者。他总认为禅宗充满着智慧，希望运用

---

① ［奥］弗洛伊德：《梦的解析》，周艳红、胡惠君译，上海三联书店 2012 年版，第 26 页。

② ［美］巴里·吉德福、劳伦斯·李：《垮掉的行路者——回忆杰克·克鲁亚克》，华明等译，译林出版社 2000 年版，第 239 页。

③ Harvard Crimson, “Jack Kerouac Reads, etc., at Lowell,” Paul Maher Jr., ed., *Empty Phantoms: Interviews and Encounters with Jack Kerouac*, New York: Thunder’s Mouth Press, 2005, p. 226.

这种智慧探索生活的意义和价值。他觉得生命中太多苦痛，或许禅宗能帮他解脱。当然，即使到最终，他也未能寻得心中的答案。克鲁亚克的思想与铃木大拙早年的论述不谋而合："人是召唤与回应，他是行动，而既不是事实，又不是物体；而对于诸事实与诸物体的详尽分析，永远不能给予他一个无可置辩的证明。人既不是在此亦不是在彼，而是在行动中，在紧张中，在横冲直撞中——甚少成为幸福的均衡之源，如巴赫的音乐所给予吾人者然。"①

中西文化"和而不同"，宗教文化亦不例外。诚如学者所言，"中西文化的相通，作为共同精神的产物，是根本的、核心的、深层次的；中西文化的交融，作为深得文化精髓并忠于这种精神的行动，是应该的、美善的、带来生命的"②。而"所有这些宗教都寻求着合一——并不是由退化到前个人、前意识的乐园状态，而是在新的层面上的合一。这种合一是只有人在经历到他的隔离，在通过与自己及世界的疏离阶段，并充分诞生之后才达到的……这个新的目标是在我们的前方，而不是在我们的后方，人类曾给予它许多象征：道、涅槃、悟、善、上帝。这些象征的不同是由于各自的环境文化的不同使然"③。也许并没有这样明晰的指导思想，但克鲁亚克终竟遇见并接受了佛教

---

① ［日］铃木大拙、［美］弗洛姆等：《禅与心理分析》，孟祥森译，海南出版社2012年版，第43页。

② 何光沪、许志伟主编：《对话二：儒释道与基督教》，中国社会科学文献出版社2001年版，第9页。

③ ［日］铃木大拙、［美］弗洛姆等：《禅与心理分析》，孟祥森译，海南出版社2012年版，第141页。

文化。或许他并没有尝试寻求某种合适的方式与手段促进天主教和禅宗文化的融合，克鲁亚克更关注这两种宗教如何在他的身体和心灵之中碰撞并和谐共处，在电光火石之间迸射出他独特的智慧的光芒，照亮那个永远“在路上”的旅人孤独前行的身影。

信奉“垮掉”哲学的一代年轻人的嬉皮士式生活方式可以被视为某种消极的反抗。金斯伯格曾经认为，既然人们无法改变世界，那么个人的出路要么用吸毒来与世界妥协，要么沉溺于宗教信仰中获得解脱。金斯伯格一度在公众场合为民众吸食大麻辩护，要求政府解除大麻禁令。因为过激的言行，金斯伯格在美国海关入境处曾多次被拦截搜查，没少给自己惹麻烦。他的过激言论不过是对抗政府的一种简单粗暴却相当乏力的方式。以克鲁亚克为代表的“垮掉的一代”代表了美国精神的再次探索。他们经历各种磨难，屡遭失败，先被主流文化排挤，逐渐获得一定程度的认可。克鲁亚克等人一方面信仰佛教，另一方面沉溺于毒品之中不能自拔。他们相信“借助于自己对这神秘可怕，充满欢乐、痛苦、发现、生与死的宇宙的感知——对佛教徒而言则是般若佛经里描绘的对宇宙虚空和它令人敬畏的外形和意志的感知——从我自身的感觉中我知道大麻的主观可能性，在药力巅峰时刻，我甚至体会到基督徒和印度教徒的宇宙观”①。他自己也为这样的参禅之路付出了惨痛代价，牺牲了健康。

---

① ［美］比尔·摩根编：《金斯伯格文选——深思熟虑的散文》，文楚安等译，四川文艺出版社2005年版，第91页。

克鲁亚克并不是第一个也不会是最后一个有着多元宗教信仰的人。他努力实践两种信仰的互通与互补。所谓互补，“其一是说两方互相吸取对方的长处，把对方的长处纳入自己的体系，充实自己，以补自己的不足……其二是说两个传统各有自己的独到之处，它们各自在社会里发挥对方所不能发挥的作用”①。克鲁亚克信仰天主教和禅宗思想，在某种程度上确实是为了弥补他早年天主教信仰上的一些缺失的认知。他既可以在不同的地方参加同一种宗教活动，也可以在不同的地方交替参加不同的宗教活动。这种宗教信仰模式，对不同的人，往往会起到不同的作用，能满足个人社会生活不同方面的多重需求。

“垮掉的一代”的特征包括对外在感官印象不惜一切的疯狂追求，对内在神经的极端刺激，对肉体的不断蹂躏。这群人一味追求获得快感，对什么事都竭力探求，包括酗酒、性乱交、高速驾车，乃至潜心于佛学。他们这些偏激的嗜好都是为了满足一种精神目的，是为了一个不太明确、还未被清楚定义、尚不系统的观念而进行的。“垮掉的一代”自产生以后便带有强烈的幻灭性，认为战争威胁迫在眉睫，政治相当无聊，社会上存在各种阴暗与敌意。克鲁亚克并不知晓自己找寻的避难所为何物，却仍孜孜不倦地探求。他神奇地、没有预见性地将东西方宗教融入自己的思想中，使二者既相互对话，又相互碰撞，最终形成他自己的特别的“垮掉”的禅。

---

① 李晨阳：《道与西方的相遇：中西比较哲学重要问题研究》，中国人民大学出版社 2005 年版，第 155 页。

## 第二节　禅理禅趣的表达

《金刚经》云："凡所有相，皆是虚妄，若见诸相非相，即见如来。是实相者，即是非相。"这里的"相"，"既表征天地万物之外在的形象，更是指人的心灵感悟之本体"[①]。克鲁亚克的生命之旅开始于洛厄尔小镇，但他在路上体验到的复杂的、痛苦的经历吞没了他早年的纯真，带他走入人生的另一个阶段。在这个阶段中，克鲁亚克以极大的热情迎接禅宗思想，把自己从最初对天主教的无限依赖和信仰中逐渐抽离出来，用禅宗思想重新建构自己的精神王国。同时，"他的个性和行事风格，使他又不能彻底地信仰禅宗，他的人生传奇以近乎悲凉的结尾收场：他陷入沉思，并在冥想中从社会中隐退"[②]。

19世纪的英国作家奥斯卡·王尔德（Oscar Wilde）认为："艺术是无道德可言的……因为，为情感而情感是艺术的目的，为行动而情感是生活的目的，也就是那个我们称为'社会'的或者时间组织的目的。社会是道德的起点和基础，它的存在只是为了几种人类能量，为了保障它的持续性和良心稳定……尽管从社会的观点来看，沉思是任何公民都可能犯下的最严重的罪行，但是

① 施旭升：《艺术即意象》，人民出版社2013年版，第27页。

② Regina Weinreich, *The Spontaneous Poetics of Jack Kerouac: a Study of the Fiction*, Carbondale: Southern Illinois University Press, 1987, p. 149.

从最高文明的角度来看，它是人类的适当职业。”① 王尔德的这段话可用以诠释克鲁亚克这类人群在彻底放纵、堕落与冥想之间的复杂心理，并且将这种复杂的情感通过作品映射出来。禅宗思想为克鲁亚克的文学创作注入了新的元素，他的小说、诗歌和散文中时时流露出对禅宗思想的喜爱和感悟。他完成了一系列的路上小说，也创作出了被称为“美国版经书”的长篇诗歌《金色永恒律书》；他将《达摩流浪者》献给寒山，也在《梦之书》中记录下各种禅修的体验。他还运用各种意象在诗歌和绘画中表达禅的意境，以禅入画，寓禅于诗。

很多读者对克鲁亚克创作禅宗思想的作品疑惑不解，询问他为何不听从自己的内心、忠于自己的信仰去创作有关耶稣上帝的宗教作品。克鲁亚克反问道：“我从来不写关于上帝的作品？换句话说，你简直就是一个愚蠢的骗子，来到我家看看……我是写过关于上帝的故事的。我就是埃弗哈特水星人，耶稣会军队的将军。”② 他相信佛教，也从未彻底背弃天主教信仰。他不断地徘徊于两种信仰之间，寻找一条他觉得适合自己可以走下去的中间道路。

著名印度教学者塞涅尔说过：“印度教送给我们什么样的信息呢？假如它给我们任何信息，那就是：按照你自己心中的行为之理法（dharma）行事，照着你感觉正确的事情做。这样，你就与

① ［英］奥斯卡·王尔德：《谎言的衰落——王尔德艺术批评文选》，萧易译，江苏教育出版社 2004 年版，第 148 页。

② Paul Maher Jr.，ed.，*Empty Phantoms*：*Interviews and Encounters with Jack Kerouac*，New York：Thunder's Mouth Press，2005，p. 303.

万物之法合而为一，你就会在万物中找到你自己，在你自己身上找到万事万物。你就会进入并享受最终的自由解脱之理法（the dharma of moksha）。这个自由之法超越于时空之外，又给时空世界神圣的意义。”① 1954 年至 1957 年是克鲁亚克创作成果比较丰硕的几年。他醉心于阅读佛教及禅宗经典（特别是大乘佛教），写下大量有关佛教感悟的手稿（后来陆续出版）。他试图解决长久萦绕在自己心头的一些困惑：上帝无处不在，但又难以捉摸。现实的存在只不过是一个虚幻。那几年他完成了诗集《墨西哥城布鲁斯》，包括 242 首短诗。在这些诗歌中他反复思考生与死的问题，总是希望能得到一个清晰的答案，却从来没有得到想要的答案。1956 年克鲁亚克完成《荒凉天使》第一部分，记录了他和朋友们在旧金山度过的各种孤寂、荒诞的日子。1957 年他完成《达摩流浪者》，完美诠释了一群流浪者们参禅的巅峰状态。谈及《达摩流浪者》，克鲁亚克在给维京出版社的编辑汤姆·金兹伯格（Tom Guinzburg）的信中说道：“达摩本身不可见，它可以在这部书中被感觉到。这是一个很神奇的故事，一个对新的生活方式的诚实的、生动的描写。”②《达摩流浪者》一出版，斯奈德就写信告诉克鲁亚克，说他的朋友亚伦·沃尔特（Allen Walt）“也被这部书震撼了，准备着手写一篇题为《垮掉的禅，坚定的禅》的文章”③。同年，他还完成了长篇小说《特丽丝苔莎》，讲述自己和

---

① 何光沪、许志伟主编：《对话二：儒释道与基督教》，中国社会科学文献出版社 2001 年版，第 165—166 页。

② Jack Kerouac, *Selected Letters, 1957—1969*, Ann Charters, ed., New York: Viking Press, 1999, p. 138.

③ Ibid., p. 154.

一个墨西哥姑娘一起吸毒，迷失在毒品世界中的悲凉故事等。毒品对克鲁亚克的创作究竟有多大的影响？尽管非常清楚毒品对自己的身体健康和精神状态造成了很大的伤害，克鲁亚克依旧深信他可以依赖毒品实现某种灵感突现："《墨西哥城布鲁斯》的第230首诗歌就是在完全依靠吗啡的状态下完成的。这首诗里的每一行都是在一个小时内完成的。"① 在这些作品中，"叙述主体的视点由外而内，回向自我，体悟那如明珠秋月般皎洁圆满的本性"②。它们贯穿着生命无常，故而要尽情享受人生的克鲁亚克式的禅宗感悟和生活哲学，以及告诫人们回归自我、认识自我，"回心即是佛，莫向外头看"。

禅宗强调尊重自然，一切顺其自然。这个自然，并非我们说的万事万物得以生存的自然界，而是指人类的本性，或者说是客观世界的各种自然规律。"禅的目的，在于尊重自然，热爱自然，以自己自然而然的生命而生。禅所承认的，是我们与自然本性的同一性，但这并不是在数学的意义上说的，而在于'自然生存于人中，人生存于自然中'。因此，禅的禁欲主义主张单纯、质朴、率直、雄浑，而不为私利私欲利用自然。"③ 金斯伯格认为作品创作需要"某种无条件的心态——无条件的刚毅和不屈从——这样你就能够产生你自己的思想。这同传统佛教出家以及断念思想有

① Paul Maher Jr., ed., *Empty Phantoms: Interviews and Encounters with Jack Kerouac*, New York: Thunder's Mouth Press, 2005, p. 311.

② 贾晋华：《古典禅研究》，上海人民出版社 2013 年版，第 354 页。

③ ［日］铃木大拙：《铃木大拙说禅》，张石译，浙江大学出版社 2013 年版，第 68 页。

共同之处——弃绝那些心中有条件的既定的想法”[①]。这两种观点其实是一致的。正是因为这固有的“尊重自然”的想法，克鲁亚克和他们的朋友们，以独特的方式行走在研习禅宗的道路上。

禅宗思想与克鲁亚克等“垮掉的一代”相遇，确实深刻地影响了他们的性情、行为习惯和思想。反讽的是，这些虔诚的佛教徒们，依然坚持在脖子上挂着十字架，继续许多不为佛教教义教规容许的思想和行为。克鲁亚克和金斯伯格等人常凑在一块儿，一边吸毒一边吟诵《般若波罗蜜多心经》，在吸毒带来的快感中感受禅的意境。他们认为这种忘却一切、飘飘欲仙的吟诵“把大家带入了一个缓冲地带，在这里没有相互攻击，当然也无须相互防备”[②]。在这样的时刻，他们没有烦恼，没有痛苦，不需要为生计奔波，更没必要因为紧张媒体对他们的各种狂轰滥炸式的批判而感到紧张，从而获得彻底的放松。克鲁亚克等人还将纯粹的佛经吟诵与博普爵士乐结合，在强有力的节奏中感悟禅的意境，逐渐消除心中积淀太久的各种痴嗔妄想和焦虑，尝试着更为坦诚地面对自我和他人，在变化莫测的社会动荡和时局变迁中保持短暂而难得的宁静的心。

克鲁亚克和他的朋友们秉持着人生苦短、及时行乐的生活理念，认为即使参禅冥想，也要随心所欲地享受生活的每一天。只有这样，方可放下一切包袱创作出更好的作品。金斯伯格一再强调自己“为了创作，我吸食安非他明，但只是一天而已。两天以

---

① ［美］比尔·摩根编：《金斯伯格文选——深思熟虑的散文》，文楚安等译，四川文艺出版社 2005 年版，第 283 页。

② 同上书，第 15 页。

上连续吸食安非他明，诗人丧失理智，做事自相矛盾，思想如希特勒法西斯分子般偏执，崇尚反动独裁”①。金斯伯格喜欢毒品带来的瞬间快感，喜欢毒品将他带入另外一个如水晶般纯净透明的世界，暂时忘却世间一切烦忧。这种短暂的幻象在某种程度上帮助金斯伯格更清楚地认识自我，更忘我地创作。虽然克鲁亚克皈依佛教，他也从未放弃毒品，和身边的朋友一样时而依靠毒品保持某种兴奋的巅峰状态，时而麻醉自己远离尘嚣。20世纪50年代的旧金山，吸毒并未合法化。而今，有些毒品已经在旧金山合法化，可以在商店购买，但依然需要医生开出的医嘱，且不允许在公共场合吸食毒品。克鲁亚克曾不止一次被问及吸毒的感受。他坦言自己并非瘾君子，也从未嗜毒如命，甚至在身体经受毒品的摧残之后对毒品又产生了强烈的排斥感。“我昏迷了，直挺挺地倒在草地上。这时候，我看见了天堂。我看见了，我就在那里。只有一件事情……那是金色的光芒，我又不在那里了……我想，那就是上帝……充满喜悦的，因为我再也不害怕做我自己了。就是这样。”② 酒精与毒品，是摧毁克鲁亚克健康的最重要原因。

禅要求人们找寻一条开悟之路，告诉人们一个单纯的教诲：诸恶莫作，众善奉行，自净其意，是诸佛教。这个教诲，不论古代还是现代，不论西方还是东方，它均能适用。克鲁亚克天性善良，这与他从小受到的家庭教育不无关系。杰拉德曾反复教诲克

① ［美］比尔·摩根编：《金斯伯格文选——深思熟虑的散文》，文楚安等译，四川文艺出版社2005年版，第101页。

② Paul Maher Jr. , ed. , *Empty Phantoms*: *Interviews and Encounters with Jack Kerouac*, New York: Thunder's Mouth Press, 2005, p. 65.

鲁亚克："提·吉恩（Ti Jean，克鲁亚克的小名），不要伤害任何生物，所有的生物，不管是一只猫还是一只松鼠，将来都会直接去天堂，回到上帝雪白的怀抱中去，所以永远不要伤害任何事物。"① 他自幼与人为善，不善争论，天性耿直，却也直言不讳："人们说我是一个流浪者。事实上我不是。我从来没有参加过任何打斗。我是一个孤独的佛教—天主教徒。除了站在高处静静地观望外，我并未真正地做过什么。你知道，那就是冥想。人们可以简单地生活而不是一味地消费。在美国，每个人都在消费。我的人生信条是：爱、磨难以及工作。因此我拼命工作……每分钟在打字机上打 90 个字。"② 克鲁亚克认为毒品能帮助他更快地顿悟，接近佛陀，也接近上帝。唯有离他们近一点，他才能找到久违的喜悦和归宿之地。只是克鲁亚克的参禅之路，布满荆棘，时常带着"自我毁灭式"的体验。他喜欢尝试新鲜事物，不惧怕死亡，最终葬送了自己的健康。或许，"活着是一个沉重的负担。一个很重的，相当重的负担。我希望死了后在天堂，那样就安全了"③。克鲁亚克以特殊的方式释放压抑的自我，在参禅、吸毒和纵情于疯狂的爵士乐中感到一种"内在的自由"。这所有的方式，同参禅一样，都只是手段，是他们试图把自我、自己的灵魂从各种社会和思想的桎梏中解放出来，直接获得生命体验的极端方式，是他们对以人为本的新的生活方式、新的信仰、新的价值观念、新

① Jack Kerouac, "The Origin of the Beat Generation," Donald Allen ed., *Good Blonde &Others*, San Francisco: City lights, 1994, p. 65.

② Paul Maher Jr., ed., *Empty Phantoms: Interviews and Encounters with Jack Kerouac*, New York: Thunder's Mouth Press, 2005, p. 106.

③ Ibid., p. 66.

的人与人之间关系的探索。

南怀瑾曾言："人世事物，一切都是变迁不定，根本没有永恒，所以名之为'无常'。人生一切，纯苦无乐，因此名之为'苦'。一切皆空，所以名之为'空'。而且分析身心，乃至世界，其中毕竟没有我的存在，所谓世界身心，但为我的所依，并非我的真实，又名之'无我'。"① 克鲁亚克以体验禅宗的方式诠释他对"苦"与"无我"的理解，他和金斯伯格立下誓言，立志走过漫长的旅途，"达摩之门永无止境，我发誓要一一穿越"②。这或许是他们虔诚的内心的表达，或许只是一时的疯言疯语，或许是他们相信自己最终定能抵达信仰的彼岸。他们无法预言在达摩之门处等候他们的终将是什么。他们依然立下永恒的约誓，不言放弃。当然，他们也从未放弃自己最初的宗教信仰。

禅宗对克鲁亚克以及"垮掉的一代"们之所以具有强烈的吸引力，一个重要的原因是其核心思想与他们的人生哲学以及艺术美学观吻合，如久旱之后的甘露，来得及时而热烈。20世纪50年代美国的社会文化危机大致可以概括为"不安""焦虑""倦怠""时代病"，人与人、人与自然甚至人与自己的内心都不同程度地出现了疏离。克鲁亚克努力在现实中做自己，感受自己，体验自己，而不是在贪婪、持有与利用中做自己。他是他自己灵魂的导师，他引导自己，他存于自然之内，又超越自然。在《最后的话：第九篇》（"The Last Word：Nine"）中，克鲁亚克用生活的体验诠释禅

① 南怀瑾：《禅宗与道家》，复旦大学出版社2007年版，第19页。

② ［美］比尔·摩根编：《金斯伯格文选——深思熟虑的散文》，文楚安等译，四川文艺出版社2005年版，第215页。

的真谛："禅就像凝视一个单词几分钟，直到它彻底丧失了自己的所有意义……禅就像一双手从背后轻轻地捂住你的眼睛让你猜：'我是谁。'……禅就是一种方式，当你在某个遥远的梦境中醒来，你会说：'啊，孩子，太好了！'……禅就是彼得·奥洛夫斯基（Peter Orlovsky）第一次看见一个穿着裘皮大衣的女子弯腰在一个垃圾桶里翻阅一份报纸，他于是靠过去问：'您确定您在寻找什么吗？'……禅就像把你的信件投入一个弃用的邮筒……"① 在克鲁亚克的眼里，禅就是生活中点滴的汇集，是每一个瞬间。禅是平凡，是普通，是一切好与坏的存在，禅即生活。

"禅境是精神上的无着境界，宇宙即我，即心即佛，人与自然统一，灵魂与存在统一。"② 禅宗思想帮助克鲁亚克学会接受自己，接受现实，也接受被否定和被拒绝。他的作品一次次或者被拒，或者被编辑部任意修改，克鲁亚克极少流露出过多的愤怒和沮丧，只会想办法找不同的出版社再做尝试。他感受到穷困带给自己的窘迫，却淡然处之，依然故我，随遇而安。克鲁亚克所处的那个时代，许多人与他人、与自然刻意疏离，强调人的绝对统治地位，认为自然存在的唯一理由就是服务于人类，让人类更好地生活与发展。但克鲁亚克并不苟同。他所有在路上的生活皆是他无限接近自然的最好尝试，他认为自己是自然的一部分，不可以与自然分离。他游历名山，探访幽谷，感慨自然的神奇与伟大，

---

① Jack Kerouac, "The Last Word: Nine," Donald Allen, ed., *Good Blonde & Others*, San Francisco: City lights Bookstore, 1994, pp. 166 – 67.

② 周发祥、李岫主编：《中外文学交流史》，湖南教育出版社 1999 年版，第 523 页。

在自然中思索自我存在的意义。他希望自己可以成为一名云游的禅僧，穿越山谷，漫步于沙漠，寻找超验的精神力量。他还因此做出种种计划，浮想联翩，屡次尝试，最终只得承认："地理上的漫步毫无意义，真正的救赎不是向外的长途跋涉，而是内在的旅程，最终到达思想的门口。"① 在不断的禅宗研习中，克鲁亚克最终了悟，"除了人的思想，没有什么东西是真实的，每个人是宇宙思想之本质，即他认为的上帝的一部分。个人就像行星或者恒星一样只是某种原子的短暂的聚集，并不真实，更不可能永远存在"②。

克鲁亚克曾在信中与第一任妻子埃迪探讨自己研习佛教的规划："我希望自己像一个老者那样生活在林中的小屋，直到生命的终点。这样我能了解整个世界，包括东方。我已经被邀请去日本的佛学院访问，5 年之内应该可以成行。"③ 他后来并没有在某个林中小屋居住，也无从查证他是否真的收到日本佛学院的邀请。克鲁亚克从未真正从事佛学研究，在有生之年也从未踏出国门远渡东瀛。倒是克鲁亚克的好友斯奈德后来放下一切，专门去日本研究佛学。克鲁亚克依旧醉心于参禅体验："闭上双眼，放松你的神经，屏住呼吸 3 秒钟，聆听世界的宁静，你永远都不会忘记那个教诲……我管这个叫金色永恒……这与个人的、任何人的想象的观念毫无关系，这是一个普遍的自我：自我只是一个概念，一

① Ellis Amburn, *Subterranean Kerouac: the Hidden Life of Jack Kerouac*, New York: St. Martin's Press, 1998, p. 206.

② Ibid., p. 196.

③ Jack Kerouac, *Selected Letters, 1957—1969*, Ann Charters, ed., New York: Viking Press, 1999, pp. 6 – 7.

个永恒的概念。”① 这段描述既是他向埃迪传递的个人参禅体验，也是他后来在《金色永恒律书》中着意叙述的主题。他的体验被用文字一一表述出来，自发式写作风格也得以逐渐成形。

克鲁亚克的佛教意识是被某些东西所唤醒而非被一一论证出来。“他有意避免强行将自己的佛教感悟硬生生地塞给读者并逼迫后者接受，他也不会刻意选择站在某一边……”② 他在佛教的教义中寻得一些让他内心觉得坚定的东西，他辨析佛教思想，而非简单粗暴地用前者直接取代天主教信仰。他也从未打算用一种信仰替代另外一种信仰。作为一名信仰禅宗的现代神秘主义者，克鲁亚克坚信关于上帝的知识、精神上的真理以及终极的真实都可以通过主观的体验，包括直觉和洞察等获得。他这样的想法正好从一个侧面论证禅宗思想可以帮助他更加深刻地认知天主教。他说：“我天生就是天主教徒。这对我而言不是什么新奇的事情。”③ 更有趣地是，他还会说：“我不怕毛泽东，也不怕亚瑟·施莱辛格，因为我是天主教徒。”④ 就像他的传记作家安·查特斯所言：“克鲁亚克自出生时就是一个天主教徒，生于天主教家庭，死的时候还是天主教徒。他对佛教的兴趣是对别的宗教的差异的发现……他是一个自力研修的佛教徒。”⑤ 在

---

① Jack Kerouac, *Selected Letters*, *1957—1969*, Ann Charters, ed., New York: Viking Press, 1999, p. 7.

② Ben Giamo, *Kerouac*, *the Word and the Way*, Carbondale: Southern Illinois University Press, 2000, p. 121.

③ Paul Maher Jr., ed., *Empty Phantoms*: *Interviews and Encounters with Jack Kerouac*, New York: Thunder's Mouth Press, 2005, p. 222.

④ Ibid, p. 226.

⑤ Ann Charters ed., *The Portable Jack Kerouac*, New York: Viking Press, 1995, p. 199.

他的世界里，所有禅理禅趣的表达亦是他对天主教信仰的另一种体验。

从来没有一种文化和宗教倡导的价值观和道德观能够通过实践达到完美的境界。每一种文化都在极力地让自己的道德标准达到完美的状态，同时也在不断地考量他者文化和宗教的道德标准。在这个过程中，人们可能会发现自己一直信仰的宗教总会存在一些缺憾，于是他们会寻求其他的信仰来弥补自己的心理需求和宗教信仰需求。佛教和天主教在社会现实中最大的差异就是二者在不同的文化背景和宗教信仰背景中发挥着各自的作用。

和意象派诗人庞德一样，克鲁亚克不懂中文，也不懂梵文，他在特定的社会文化背景下，根据自身思想和文学创作的需求选择了禅宗思想，而骨子里依然保留着对天主教、对本土文化的热爱。他批判性地吸收借鉴了禅宗思想，使禅宗思想更契合自身发展的需要。克鲁亚克对禅宗思想的误读，是接受者自我认知和不断调整的过程。在这个过程中，克鲁亚克自身的文化心理结构逐渐发生变化，最终达到新的平衡。克鲁亚克对禅宗思想存在很多的误读，他享受阅读的过程和乐趣，不介意自己是否真的能全部读懂那些深奥的经文。设想有一天他真读懂了所有的佛教经文，了悟所有的教旨教义，恐怕那也未必就是克鲁亚克满心期待的佛教了。克鲁亚克在给菲利普·韦伦的信中颇具个性地谈及一些个人看法："读着《金刚经》我继续点着头。去他的铃木，去他的佐佐木，这一切都滚蛋吧。他们认为佛教是从超验主义分离出来的一部分，这些人不是真正的佛教徒……他们喜欢聚在一起讨论禅。”① 暂且不去评论孰是孰非，仅克鲁亚克这种盲目自信的研习方式就有待商榷。他对其他人的评价，一如既往地，总是依他某时的心情和喜好而定。他或许没有恶意，但绝对谈不上客观和公正。有一段时间他心绪不宁，嚷嚷着说不再读《金刚经》这类的佛典，抱怨其晦涩难懂。不出几日，他又栖栖遑遑，唯恐忘却让自己寝食难安的佛教知识。他在给韦伦的信中“汇报”自己的思想动态：“达摩已经从自己的意识中溜走了，我什么都想不起来了。我现在又开始读《金刚经》了，仿佛在梦里。”② 他就是这样一个犹疑而坚定的“垮掉的”禅修者。

在克鲁亚克的思想中，佛陀和上帝并非截然对立的两个主体。他对上帝和佛陀虽然充满敬畏之心，但依旧不改玩世不恭的态度。他曾相当滑稽地从外在形象区分印度的佛陀和越南的佛陀，“后者剃光了头发，身披黄色长袍，是个共产主义煽动分子的领袖”③。他显然不是为了区分不同的佛教派别，而是含沙射影地表达对共产主义的愤恨。而更让人不可思议的是，克鲁亚克早年是一名思想极“左”的共产主义者。不知后来经历了什么，几乎在一夜之间，克鲁亚克放弃了共产主义信仰，甚至不惜借助佛陀的形象攻击共产主义。他自知这类言语有失妥当，对佛陀大不敬，转而信誓旦旦地宣称自己相信且尊重所有的宗教：“我崇拜基督，崇拜安

---

① Jack Kerouac, *Selected Letters, 1957—1969*, Ann Charters, ed., New York: Viking Press, 1999, p. 190.

② Ibid., p. 206.

③ Paul Maher Jr., ed., *Empty Phantoms: Interviews and Encounters with Jack Kerouac*, New York: Thunder's Mouth Press, 2005, p. 303.

拉，崇拜耶和华。我崇拜这一切。”[①] 克鲁亚克更喜欢用俳句直抒胸臆，表达他的某种禅意。他将写实与虚构结合，写下：“月色中的佛陀/蚊子咬了他/穿过我衣服上的小洞。”[②] 在这首俳句中，克鲁亚克再现了一种神秘的体验：冥思中，他恍若与佛陀合为一体，在宁静的月色下忍受作为俗世象征的蚊子的侵扰，而透过这简洁素朴的诗行，我们看到在克鲁亚克那里佛陀不是超验的神而是每一个平凡而普通的生命的代表。回到佛陀与上帝的关系这个问题上，可以明确的一点是，在克鲁亚克那里，佛教文化与天主教文化并没有相互抵触，即使在他佩戴十字架参禅冥想的时候，他也从未因此困惑。那时的克鲁亚克，早已跨越东西方宗教文化的重重壁垒，以更宽阔的胸襟看待自我与他者，以更平和的心态谛听异质文化间的对话。

克鲁亚克是一名探索者。他探索在路上的价值，探索禅的意义。他是一名大乘佛教的佛教徒，总是不断地追问自己：“我为什么活着，我为什么应该活下去?”他明知永远不可能获得自己想要的答案，因为这样的问题或许从来就没有答案。他感知到活下去痛苦不可避免，时常忘记生活带给他的快乐和幸福。他参禅冥想，认定一切事物飘忽不定、来去无踪影，不可捉摸，不可把握，更无从预知。他喜欢在自然中探索禅的意境，寻求解脱。“长长的峡谷里充塞崩塌的石头，宽阔的山涧边布满雾茫茫的青草。虽然没

① Paul Maher Jr. , ed. , *Empty Phantoms: Interviews and Encounters with Jack Kerouac*, New York: Thunder's Mouth Press, 2005, p. 79.

② Regina Weinreich, ed. , *Jack Kerouac: Book of Haikus*, New York: Penguin Books, 2003, p. 54.

有下雨，但青苔还是滑溜溜的；虽然没有风吹，松树犹兀自在歌唱。有谁能够超脱俗事的羁绊，与我共坐在白云之中呢?"① 克鲁亚克用这样诗意怅惘的笔调描写自然的风景，表达在自然中恬适脱俗的崇高心灵。他做不了寒山，但从未放弃向他靠近。

"垮掉的一代"在"迷惘的一代"之后破土而出，不为富足的物质生活所动，不为平淡的宁静所停留，他们孜孜不倦地前行，并不知自己的归宿在何处。《达摩流浪者》中的主人公雷·斯密斯（Ray Smith）恰是克鲁亚克本人的写照。斯密斯通晓佛教文化，寄情于山水之间，常在冥想之中感受禅的真谛。《达摩流浪者》中的每个人物皆有自己的信仰，"我们心中的佛教圣者是同一个观世音菩萨。贾菲对中国佛教、日本佛教，乃至缅甸佛教，从里到外都了解得一清二楚……我唯一感兴趣的只有释迦牟尼所说的四圣谛的第一条（'所有生命皆苦'），并连带对它的第三条（'苦是可以灭除的'）产生些许兴趣，只不过，我不太相信苦是可以灭除的"②。作为一名禅宗研习者，克鲁亚克沉浸在信仰佛教的世界里，时刻保持着清醒，坚信所有的实践，只需要认真地去做，便无遗憾，"当力行布施，但不要带有布施的念头，因为布施不过是个字眼罢了"③。克鲁亚克对大乘佛教充满敬畏之心，想要不断接近，又害怕能力有限，言语之间自相矛盾。他借用斯密斯的口吻说："我可是个严肃的佛教徒，是个充满梦想的小乘信徒，

---

① ［美］杰克·克鲁亚克：《达摩流浪者》，梁永安译，上海译文出版社 2008 年版，第 21 页。

② 同上书，第 10 页。

③ 同上书，第 2 页。

对后来的大乘佛教感到望而生畏。”① 在习禅的过程中，克鲁亚克的心态慢慢发生了改变，随遇而安，波澜不惊。“‘走到哪儿都是一样。’我听到自己的声音在‘空’中这样说。这个‘空’，在我的睡眠中几乎是可以具体拥抱得到的。”② 所有的探索，在克鲁亚克那里，不仅是身体的体验，更是心灵触及世界的感受之旅。

克鲁亚克的参禅之路，并非盲目追随某种宗教。一直以来，他总在既定的轨道上坚守自己的方向，从不改变。他遵循内心的声音，听从自己的脚步声，从来不会为了达到某种状态而特意改变自己。他不会因为信仰佛教便放弃自己的天主教信仰，不会因为佛教的教旨教义、各种禁忌而改变自己的生活模式，更没想过成为一个彻底的素食主义者，直言自己无法做到。“我之所以不是素食者，是因为在现代世界要过纯吃素的生活太困难了，又况且，所有的‘友情’都是吃他们能吃的东西的。我景仰寒山子，就是因为他过的是一种孤独的、纯粹和忠于自己的生活。”③ 他道出了自己内心的真实想法，喜欢寒山无拘无束的生活状态和不受世俗羁绊的心。这些，正是他们在喧嚣与迷惘的生活中苦苦追寻而不可得之物。克鲁亚克很虔诚地做一名佛教徒，潜心修行，立下誓言：从此禁欲。“我会选择过禁欲的生活，是基于一个信念：色欲是‘生’的直接原因，而‘生’又是‘苦’和‘死’的直接原因。说真的，我甚至觉得，色欲是一种对自己带有冒犯性和残忍

① ［美］杰克·克鲁亚克：《达摩流浪者》，梁永安译，上海译文出版社2008年版，第11页。

② 同上书，第6页。

③ 同上书，第23页。

的欲望。”[1] 克鲁亚克连禁酒吃素都做不到，更不用谈禁欲一事。即使经历一波三折的婚姻，复杂多变的感情，他从来都没对女性彻底断念，禁欲的理念自与他背道而驰。后来克鲁亚克坦言自己虽然崇信佛教，但是他更愿意人生百无禁忌：“我的佛教禁欲生活所带给我的一切平静，至此全都被冲到马桶里去了。”[2]

克鲁亚克的禅，是世俗化的禅，是贴近生活的禅，是能让他感觉身心放松的禅，是一切皆为禅。克鲁亚克认为理想的禅宗思想强调了人与自然的和谐统一，精神与物质的相通，人与心的统一，善与恶并存，一切照着它原来的样子存在着。每一个人都有善的一面，也有恶的一面，就像一个硬币有两面性，这样的人才是完整的，才真正具备人性。他对佛教的很多东西一知半解，不求甚解，很多概念也模糊不清。他反反复复强调一些概念：“那是空，一切都是空。事物都是来而复去，生而复灭的。一切之所以都会有灭，单单只因为它们是有生的。”[3] 在大乘佛教中，“空”作为终极实在并不是与存在之有的对立，“而是超越存在之有和存在之无的对宇宙人生的看法。因为‘空’是指宇宙万物包括人的生命都不是由实际存在物生成的，是靠因缘关系生成的，因缘知识相辅相成的关系和条件，它本身不是经验存在物，所以是空的”[4]。“圆圈代表的是‘空’，它围住的东西代表幻象。明白了

---

① ［美］杰克·克鲁亚克：《达摩流浪者》，梁永安译，上海译文出版社 2008 年版，第 33 页。

② 同上书，第 33 页。

③ 同上书，第 161 页。

④ 单纯：《宗教哲学》，中国社会科学出版社 2003 年版，第 107 页。

吗？有时候你会在一些佛像的头上看到这个图案。”① 克鲁亚克信心满满地想在美洲大地上发扬佛教文化，“我们要建立起一系列的佛寺，让人们来修道和打坐……然后我们找一大票志同道合的人住进去，一起喝酒、聊天和祷告，我甚至还可以娶妻生子，一家人住一间茅屋，就像旧日的清教徒一样”②。第二次世界大战后的美国，禅宗的教义在某种程度上被认为是“共产主义信仰者的宣传手册，克鲁亚克希望创造的英雄不再是骗子和流氓，这种诉求自然吸引了评论家的眼球，也引起了 FBI 的关注”③。克鲁亚克的禅，说得更透彻一点，是远离尘嚣、解脱世俗之烦恼的禅。在西方文化帝国主义大行其道的 20 世纪 50 年代，禅宗思想最终被克鲁亚克等“垮掉的一代”认知并接受，这是一个艰难的过程，是禅宗文化不断自我调整融入美国文化的结果，也是美国文化的自身缺陷带来的不可避免的反复修复的结果。

## 第三节　寓禅于作品

“垮掉的一代”作家师法自然、研习禅理，不仅仅是跟随时代的潮流，他们还在参禅信佛的过程中，深刻感受到了东方文化带给他们心灵上的震撼与共鸣。这些心理上的变化丰富了他们的

---

① ［美］杰克·克鲁亚克：《达摩流浪者》，梁永安译，上海译文出版社 2008 年版，第 60 页。

② 同上书，第 108 页。

③ Brinkley Douglas, ed., *Wind Blown World: the Journals of Jack Kerouac, 1947—1954*, New York: Penguin Group, 2004, p. xxiv.

作品创作，同时赋予了作品新的内涵。《达摩流浪者》对美国文学影响巨大，当时的社会风气甚至一度为之改变。如今，此书仍然保持每年 10 万册左右的销量。查特斯认为《在路上》和马克·吐温（Mark Twain）的《哈克贝里·芬历险记》（*The Adventures of Huckleberry Finn*）、弗朗西斯·斯科特·基·菲茨杰拉德（Francis Scott Key Fitzgerald）的《了不起的盖茨比》（*The Great Gatsby*），三部书可视为深刻探索个人自由和拷问美国梦的主题小说，堪称美国现代文学三大重要经典之作。《达摩如是说》是克鲁亚克 1953 年潜心研究佛教经典时写下的随笔。书中有诗歌、祷文、冥想、信件片断以及各类随想和谈话录，是研究克鲁亚克的重要资料。克鲁亚克的《梦之书》表达了支离破碎的心绪和生命感悟，恰巧符合梦境的随意性、缺乏连贯性等特征。“没有一个梦是全部合理的，总有些不连贯、离奇，诸如此类。”① 其他的作品，则以更加生动的主题和深刻的叙述，将禅的意境展现于读者面前。

在《荒凉天使》这部小说中，克鲁亚克表达了各种矛盾的主题，包括：绝望与空虚，“垮掉的达摩”、人与自然的疏离等。《荒凉天使》包含两条叙事主线：一条是主人公杜劳斯在荒凉峰上平淡的工作记录与体悟；另一条则是他早年不堪回首的生活往事和重回现实的生活历练。杜劳斯的生活，有现在之现实，过去之现实，也有将来之虚幻。他将三者糅杂在一起，一方面对尘世的生活充满厌倦和疲惫，另一方面又腻味了留守荒凉峰的孤独与

① ［奥］弗洛伊德：《梦的解析》，周艳红、胡惠君译，上海三联书店 2012 年版，29 页。

寂寞。他时常处于痛苦的回忆之中，徘徊于现实与幻想之间。他不断思考，明白了一切皆空，决定逃离幻想与过去，更加真实地重回尘世。《荒凉天使》的魅力不仅仅是它极富艺术感的结构，还在于“克鲁亚克对身边各种人际关系的娴熟运用和深刻刻画以及他对自己内心的沮丧感的描绘”①。他感慨生活的空虚与无望、人际关系的冷漠、人与人之间的不信任。墨西哥城中的娼妓，自由漫步的同性恋者，生活在社会底层的人群，他们的痛苦与无助，这些都是他曾经和当前正在经历的生活。这些，都深刻揭露了那个特殊年代的人们的生活和心理状态。山下的生活无法把握，是“怒火，是丧失，是破碎，是危险，是混合……”② 是“一场巨大的精神错乱，在任何地方都没有起点，也没有终点，如同虚空，如同轮回”③，而山上的生活也不见得更好。无论身处物欲横流、人潮汹涌的现实世界，还是在荒凉峰上茕茕孑立，杜劳斯时时刻刻被孤独的空虚所包围，却无能为力，因为孤独才是他们所有的一切。

杜劳斯总在不断规划和改变自己的人生轨迹，渴求达到某种难以企及的境界。他在一个与世隔绝的地方寻找他渴望的“空”，“独自面对上帝或者我佛如来，一劳永逸地找出所有存在和苦难的意义，在虚空中来去自如”④。他在荒凉峰顶思考生命的真理，带着希望和憧憬反反复复卷入现实的洪流。从表面上看，杜劳斯似

---

① Warren French, *Jack Kerouac*, Boston: Twayne Publishers, 1986, p. 96.

② ［美］杰克·克鲁亚克：《荒凉天使》，娅子译，重庆出版社 2006 年版，第 9 页。

③ 同上书，第 13 页。

④ 同上书，第 6 页。

乎极度享受这种四处漂泊、居无定所的生活。但是，无论在荒凉峰顶，还是再度卷入尘世，他总流露出对生活点滴的温情怀念与向往。收音机里熟悉的音乐，和母亲在一起的平凡温馨的日子，这些时时触动杜劳斯脆弱的心灵。小说的最后部分记录了杜劳斯尝试与母亲一起生活的日子，“实现他数十年来将在路上的生活和在家的生活最终连接在一起的梦想”[①]。他结束了“荒凉天使”的旅程，拖着疲惫的身体踏上了回家的路。母亲既是他生活的料理者，又是他心情的料理者，是那唯一能带给他安宁与温暖的避风港湾。

对大多数“垮掉的一代”作家而言，禅宗思想注重直观、顿悟，否定价值判断，看重当下的存在，是现代社会里能深入人心的让人安静下来的镇静剂。很多人希望通过学习禅宗思想逐渐消除西方传统的思维模式，探寻一条能将自我从困境中解放出来的道路。《荒凉天使》中的“荒凉”涵盖了多层含义，既指主人公身处荒凉峰的独处之荒凉，还有他徘徊于现实与幻想之间的内心之荒凉，以及痛苦过后的无望之荒凉。克鲁亚克塑造了杜劳斯这个人物，不惜笔墨地叙述其痛苦的生活经历，其目的并非要告诉读者他曾经历怎样的生活，而是要建构一种介于现实与幻想之间，介于天主教徒和佛教徒之间的禅宗体验者的虚空境界。

杜劳斯时常幻见两位达摩流浪者：寒山和拾得。他在浓雾中呼唤二人，渴望他们能回到当下，与他聊些可见之空与不可触摸

① James T. Jones, *Jack Kerouac's Duluoz Legend*, Carbondale: Southern Illinois University Press, 1999, p. 164.

之空。然而，千百年以来，山石依旧，寒山与拾得早已不见踪影：“所有一切无非泡沫、如露水……生命有如从山峰颠簸而下，圆满俱足，或非圆满俱足，带着无明的神圣气息，如电光石火般掠过。”[①] 在孤独中，杜劳斯感悟禅的境界，实践着思想的空，灵魂的空，逐渐达到虚空的境界。他静坐、冥思，顿悟了禅的真意，明白所有的遭遇是为了从现世中全身而退，并最终依靠自我发现去勇敢地解决生命中的诸多问题，面对真实的自我、面对今生来世，做一个“垮掉”的达摩流浪者。

《荒凉天使》始终贯穿着“生命无常，因而需要纵情享受这一克鲁亚克式的佛教—禅宗感悟”[②]。杜劳斯的下山之路蜿蜒曲折，是一条充满荆棘没有终点的路，“荒凉兼荒凉，下山复下山，道路何艰难”[③]。凭着对禅宗思想的独特感悟，他自比佛陀，将朋友们假想成佛陀，构建他们的多重身份。在小说中，杜劳斯、哥内斯、欧文、西蒙等形形色色来来往往的人，都被赋予了“垮掉的达摩”的身份。他们纵酒、吸毒、参禅，讨论生死轮回，当然从来都没能得到想要的答案。女孩儿潘妮一边过着玩世不恭地生活，一边履行着一个佛教徒的使命，“凝视虚空而无所见，或许耳亦无所闻”[④]。凯文·麦克洛治时常手捧《楞伽经》，参悟般若，认为：“如果美国的每个劳动者都能用一天的实践来参禅悟道，这个世界将会多美好！”[⑤] 科迪随处参禅，坚信佛教会发扬光大，经

① ［美］杰克·克鲁亚克：《荒凉天使》，娅子译，重庆出版社 2006 年版，第 33 页。
② 文楚安：《“垮掉一代”及其他》，四川大学出版社 2002 年版，第 57 页。
③ ［美］杰克·克鲁亚克：《荒凉天使》，娅子译，重庆出版社 2006 年版，第 75 页。
④ 同上书，第 128 页。
⑤ 同上书，第 129 页。

常语出惊人：“每个人都会受到因果报应，在每个人身上，都有善念与恶念之争……”[①] 杜劳斯甚至用朗诵经文的方式平息了拉菲尔和欧文的争执：“须菩提，菩萨若要教人以法，须生无所住心，即不为美色所惑，不为天音所迷，不为美味所动，不为芳香所感，不为柔软所触，不为意念所困……”[②] 此经文出自《金刚经·妙行无住品第四》。杜劳斯等人是否真正读懂了经文的意义并不重要，重要的是他们狂躁的心灵在诵读经文时会逐渐安静下来。他们享受着现代生活带来的感官上的愉快，又能在喧嚣过后静心感受佛陀的智慧，将极富节奏的现代生活与宁静的冥想融合在一起，达到物我两忘的境界。禅宗思想主张个性的自我表达方式，即心即佛。只要心中有佛，不同的人和不同的生活方式都能很好地解读禅宗思想。因此，对杜劳斯而言，“垮掉”的生活与潜心参禅并行不悖，存在即合理。

生活在混乱的世界里，焦躁与不安一点点地吞噬杜劳斯原本宁静的心灵。他们出入各类酒吧，享受短暂的感官刺激，寻求心灵的慰藉。不管怎样的纵情享乐，说不清道不明的空虚感总是如影随形，占据杜劳斯的意志，撕扯他的神经，迫使他最终“满怀伤感地跟他们道别，走进夜色之中”[③]。杜劳斯不断反思自己的过往岁月。他从来都没有忘记自己天主教徒的身份，佩戴十字架，也从不忘提醒朋友们的最终身份。他选择和朋友大谈佛经，分享

① ［美］杰克·克鲁亚克：《荒凉天使》，娅子译，重庆出版社 2006 年版，第 130 页。

② 同上书，第 120 页。

③ 同上书，第 121 页。

禅宗感悟。他认为痛苦不可避免，缓解痛苦的唯一方式是阅读佛教经文以获得暂时的解脱。不论有意识还是无意识，杜劳斯正在逐渐远离他曾经拥有的快乐的和不快乐的生活、朝着他心目中“垮掉”的达摩生活迈进。

“虚空”，按《佛学大辞典》解释：“虚与空者，无之别称也。虚无形质，空无障碍，故名虚空。此虚空有体有相，体者平等周遍，相者随于他之物质而彼此别异也。依有部之宗义分之为虚空与空界之色，以其体为虚空，以其相为空界之色。以此虚空为一无为法，数于三无为之一而摄于法处之中，空界之色者，为眼所见之色法而摄于色处之中，即有为法也。世人以此空界之色为虚空，故世人所谓虚空者为妄法，而不免生灭。”① 杜劳斯的生活由三部分组成：感知的生活，沉默的生活以及宗教责任的生活，他将三者融合在一起，游走在生活的边缘。从 1953 年 12 月初次认识禅宗思想以来，在以后的岁月里，克鲁亚克时常依靠这种新的信仰“为自己提供新的生活模式，从而使之前纷繁杂乱的生活变得更为理性和稳定”②。

现实似乎总令人无奈和失望，这让杜劳斯不止一次想放弃当下的一切。他与西蒙探讨现实与理想的冲突，坦言自己已逐渐苍老。西蒙一再鼓励他：“你不能厌倦！因为如果你厌倦了我们就会厌倦，而如果我们厌倦了疲惫了就会放弃，这样整个世界就会重

① 丁福宝：《佛学大辞典》，河北省佛教协会印行 2006 年版，第 1142 页。

② James T. Jones, *Jack Kerouac's Duluoz Legend*, Carbondale: Southern Illinois University Press, 1999, p. 38.

新堕落，一片死寂!”[1] 在这样一个特殊的年代，杜劳斯的生活并不是他个人的生活，他肩负着带领这群“垮掉”的达摩负责任地生活，无论他们正在“经历何种生活，作者一直在不遗余力地揭示人性的复归和精神升华”[2]。

小说大量引用了寒山与拾得的对话、《楞伽经》里的故事、《金刚金》的偈颂、《楞严经》《楞伽经》以及《涅槃经》的经文。杜劳斯阅读《金刚经》：“如若在此，若非在此，若在若非在，当作如是观——永恒佛性自行其是。”[3] 他也热衷《涅槃经四十》，而《楞严经》是克鲁亚克最爱读的佛经。他多次提及的“虚妄乱想”“浮虚妄想”等思想都受其影响。每逢孤独与痛苦袭来，他总想到寒山，顿觉天地一片和谐，这既是当年寒山的生活写照，又是杜劳斯此刻的生活境遇。他凝视荒凉峰顶的北极光，灵感突现，把寒山的诗句“看看那虚空，它更寂静了”改写为“杲杲北极光/照临霍佐敏/虚空更寂然”[4]。他相信《楞伽经》，告诫人们，所谓存在皆依赖于人们的感觉，一切“非有亦非无”，都是“同一梦境、同一表象，同一瞬间、同一悲伤的眼眸”[5] 等。克鲁亚克还使用了一些很有意思的话语：“荒凉之天使，天使之异象，荒凉之异象，荒凉之天使。”[6] 克鲁亚克终究领悟了虚空的意境，明白生与死、动和不动之间并无差异，唯一的差别是人

---

① ［美］杰克·克鲁亚克：《荒凉天使》，娅子译，重庆出版社 2006 年版，第 163 页。

② 文楚安：《“垮掉一代”及其他》，四川大学出版社 2002 年版，第 169 页。

③ ［美］杰克·克鲁亚克：《荒凉天使》，娅子译，重庆出版社 2006 年版，第 73 页。

④ 同上书，第 7 页。

⑤ 同上。

⑥ 同上书，第 8 页。

的心境。

即使在参禅念佛的时期，克鲁亚克的内心仍然充满着矛盾和困扰：他希望像普通人那样享受尘世的生活，又渴望能如“净饭王”那样成佛。他将杜劳斯塑造成一个不断地与各种信仰抗争的人物。克鲁亚克时时想释然，最终明白现实不过是一个幻象，一种空虚，因此幻想在某个新的终点能够找到一种平衡，他投身写作，加入这场“反抗虚无感和绝望感的战争”①。

“顿悟自性，见性成佛。”禅宗思想强调：当下此心的纯净，就是佛土的安宁；当下狂心得以歇息，就是烦恼的停顿。杜劳斯参禅，不在乎永恒，也不希望获得永恒的解脱，他在乎“此在”和“当下”。他相信无论身在何处，只要内心向佛，内心有佛，便能感悟到佛的虚空。杜劳斯永远生活在路上，就像《在路上》的主人公萨尔那样，他从荒凉峰顶下来，穿越墨西哥、丹吉尔、伦敦等城市。他把自己的搭车旅行视为摆渡到彼岸的过程，而他在旅途中结识的朋友也被称为这样那样的佛陀、菩萨。他们“不听命于政府，也不皈依上帝，无须永恒许诺责任”②。

虽然克鲁亚克在《荒凉天使》中大量引用禅宗的故事和偈颂，自诩为佛教徒，但同时他也很维护自己的天主教徒身份。他将佛陀与上帝做比较，认为二者没有差别，“佛陀是我的偶像（耶稣是我的另一个偶像）”③。他一边躺在上帝的怀抱中睡觉，一

① ［美］杰克·克鲁亚克：《荒凉天使》，娅子译，重庆出版社2006年版，第3页。

② ［美］金斯伯格：《全世界祝福》，选自《金斯伯格诗选》，文楚安译，四川文艺出版社1999年版，第449页。

③ ［美］杰克·克鲁亚克：《荒凉天使》，娅子译，重庆出版社2006年版，第242页。

边面朝永恒佛性，这大概就是克鲁亚克独特的禅宗思想了。他坚持自己的双重信仰，因为“有必要树立信仰，即使这种信仰还难以变成现实，而且也缺少任何迹象表明能够以确切的字眼去说明这一信仰”①。

克鲁亚克坚持认为自己不完全遵循禅宗的教旨教义，有其充分的理由，这类思想在他的另一部著作《达摩如是说》里表露无遗。真正的佛教是真诚与宽恕，它与禅宗充满智慧的自我无关，禅宗思想之间总是相互碰撞。克鲁亚克对禅宗思想的认识毕竟有限，他“有些抵制禅宗思想最主要是因为他坚信学习禅宗重在宗教感悟，而不是获得思想上的怜悯”②。也许克鲁亚克认为只要禅宗思想能让他更加深刻地认识这个社会和自己，便已足矣。不管抱着怎样的目的，克鲁亚克终究比较成功地将禅宗思想和西方传统文化有机地结合起来，并成功地创作了像《达摩如是说》《达摩流浪者》《金色永恒律书》等一系列充满禅宗感悟的文学作品。

以克鲁亚克为代表的“垮掉的一代”，拒绝接受社会的道德绑架和精神文化的“施舍”，希望通过行动来重新定义自我。弗洛姆认为，“精神分析是对精神疾病的一种治疗放大，禅则是一种精神拯救之路”③，它有助于解救当代西方的精神危机。从这个意义上而言，克鲁亚克等人放荡不羁的佛教徒式的生活方式，是一

---

① 参见［美］吉尔伯特·米尔斯坦《评〈在路上〉》，《在路上》中文版附录，文楚安译，漓江出版社 1998 年版，第 409—410 页。

② Carole Tonkinson, *Big Sky Mind: Buddhism and the Beat Generation*, New York: Riverhead Books, 1996, p. 17.

③ ［日］铃木大拙、［美］弗洛姆：《禅宗与精神分析》，王雷全、冯川译，贵州人民出版社 1999 年版，第 58 页。

种“由高贵的思想所表现出来的神圣的精神错乱”[①]。在西方社会最终生存下来的禅宗，逐渐被赋予了新的含义，甚至有学者开始提出“基督禅”的理念，希望能将基督教思想与禅宗思想融为一体，这其中包含了三层内涵：在宗教上，佛教徒已经逐渐从异教徒转化为基督宗教的对话者；在思想上，佛教已经走出最初的“虚无主义”的误解，成为能够缓解西方现代精神危机的理论资源；在现实中，西方学者放弃了“堕落史观”，逐渐提倡这种重视实践的佛教思想。今天，打坐修禅在美国青年当中已经没有了早日反叛的意味，渐渐地成为他们的一种生活习惯和思考方式，很多人乐此不疲。

1956 年，克鲁亚克创作了《金色永恒律书》（以下简称《律书》），几经修改于 1960 年正式出版。该作品由 66 首诗歌组成，所有诗均无标题，统一编序，长短不一，最短的为一行，最长的不过二十余行，各诗之间无必然联系，一直被认为是一部诗歌集。也有评论家认为《律书》是一首长诗，其主题只有一个，即“金色永恒”。不管是长诗还是诗集，《律书》从形式到内容都更像一部经书，被认为是“克鲁亚克自己的《金刚经》”[②]，“美国版的《金刚经》”[③]，是“迄今为止最成功的一次尝试，用美国诗歌般的

① John Tytell, *Naked Angels: the Lives and Literature of the Beat Generation*, New York: Mcgraw - Hill, 1976, p. 10.

② Warren French, *Jack Kerouac a biography*, Boston: Twayne Published, 1986, p. 15.

③ Tom Clark, *Jack Kerouac a biography*, Orlando: Harcourt Brace Jovanovich Publishers, 1984, p. 144.

语言探讨了空、无得以及无我等观念的禅宗文学作品”[①]。在这部作品中，禅与诗歌创作自然地融为一体，语言朴实，富含禅理、禅趣，加之意象、隐喻、公案等各种写作技巧的使用，奠定了《律书》作为美国禅诗的文学地位。

在《西方文明的东方起源》一书中，作者霍布森批评鲁迪亚德·吉卜林，因为后者认为“东方是东方，西方是西方，二者永远结合不到一起”[②]。“东方一直是被动的旁观者，是牺牲品，或是西方权力的承受者，因而东方从世界发展史中被边缘化也是合理的。”[③] 霍布森呼吁人们认知、学习东方宗教，了解佛教所蕴含的那种宽厚、神秘和能让人平静下来的力量。佛学家戈达也说：“西方文明与文化从来没有像现在这样遭遇过不祥的物质主义和个人乃至整个国家的不断增大的自私自利。佛教所坚持的教义代表了最高的希望……它很可能就是希望和文明的拯救者。”[④] 克鲁亚克这一代人几乎颠覆了美国传统的宗教和价值观念。他们被认为是第二次世界大战后美国宗教意识转型的先锋派，主要通过“反对学院派宗教、质疑基督价值，坚信新的宗教意识可以通过神秘的体验、吞食引发幻觉的药品以及学习亚洲宗教等方式得以实现其思想转型”[⑤]。克鲁亚克主要信奉藏传佛教和禅宗，后者对他的

① Rick Fields, *How the Swans Came to the Lake: a Narrative History of Buddhism in America*, Boston: Shambhala, 1986, p. 216.

② ［英］约翰·霍布森：《西方文明的东方起源》，孙建党译，山东画报出版社2009年版，第9页。

③ 同上书，第4页。

④ Dwight Goddard, *A Buddhist Bible*, Boston: Beacon Press, 1966, p. xvi.

⑤ Carl Jackson, “The Counterculture looks East: Beat Writers and Asian Religion,” *American Studies*, Vol. 29, No. 1.

影响更为深远。他阅读英文版和法文版佛典《大般若波罗蜜多经》《西藏生死书》《楞伽经》《楞严经》《金刚经》等，与评论家马尔科姆·考利分享自己对佛教的喜爱："从我与你相识，我就开始喜欢佛教，对我而言，佛教就是我一直在寻找的语言和方式。"①

《律书》作为一部诗歌或者说克鲁亚克自创的经书，是作者"运用禅宗思想将他们早年对现代世界的幻灭逐渐转移至内心的旅行，是对一种别样的价值体系的追求"②。他用互不侵犯的多神论替代了唯一的无所不能的上帝，主张宗教信仰多元性、自发性，或者说更希望将上帝归入佛教体系中来。因为相比之下，佛陀似乎更真实，更贴近生活，"佛陀就像天使，一个有智慧的天使"③。他给卡罗琳·卡萨迪写信："我确定耶稣从来没有去过东方，只是希望他曾经去过。佛陀轻轻地拍拍他，就一定能让他的思想清晰……佛陀也从来没有宣称自己就是上帝……他只说他是一个人，一个和过去的所有佛陀有所往来的人，这是任何一个人都可以做到的。"④ 克鲁亚克的"佛教热情是持续性的，也是他对过去信仰的一种否定，包括他的天主教思想"⑤。《律书》的完成，将他更

---

① Jack Kerouac：*Selected Letters*，Ann Charters，ed.，New York：Viking Press，1997，p. 403－404.

② John Tytell，*Naked Angels：the Lives and Literature of the Beat Generation*，Chicago：Ivan R. Dee，1976，p. 76.

③ Ellis Amburn：*Subterranean Kerouac：the Hidden Life of Jack Kerouac*，New York：St. Martin's Press，1998，p. 224.

④ Jack Kerouac，*Departed Angels：the Lost Paintings*，text by Ed Adler，New York：Thunder's Mouth Press，2004，p. 188.

⑤ John Lardas，*The Bop Apocalypse：the Religious Visions of Kerouac，Ginsberg，and Burroughs*，Urbana：University of Illinois Press，2000，p. 239.

迅速地推向佛教的信仰中去。在这部诗歌里，上帝与佛陀不分彼此，各种宗教教义与教规、有形与无形、今生与来世、永恒与短暂等一切都被统一到了佛的世界，圆融无碍。在这个信仰大统一的背后，克鲁亚克自己也完成了信仰的转化。作为一名禅宗体验者，他说自己“就是菩萨，在1200万个地方活了1200万年了”①。他也承认佛教对他文学创作的影响：“真正影响我的作品的是大乘佛教，佛教的鼻祖乔达摩·释迦牟尼，佛陀本身……禅宗，是佛教的一部分，或者说是菩提所留下的……但是我认为最需要严肃对待的佛教是古印度佛教，古印度佛教也影响了我的写作，你可以称之为宗教的、狂热的、虔诚的，就像天主教所具有的一样。原始的佛教教义包括持久有意识的同情心、博爱以及慈善的最高境界布施波罗蜜。”②

《律书》继续了克鲁亚克以往的“自发式写作风格”，还依照禅宗“有形即空，空即有形”的理念，通过运用俳句、暗喻、公案等手法将一部美国版的经书呈现给世人，克鲁亚克也成为美式俳句运动的先行者、美式经书的创造者。在《律书》的写作过程中，克鲁亚认为“一旦创作时受阻，别去考虑语言本身的问题，而应该更好地去观察客观事物”③。他依靠直觉和灵感写作，很少担心写作的过程，也不考虑最终的作品形式，避免将《律书》写

① See Michael Herbniak, *Action Writing*: *Jack Kerouac's Wild Form*, Chartered: Southern Illinois University Press, 2006, p. 103.

② Ben Giamo, *Kerouac*: *the Word and the Way*, Carbondale: Southern Illinois University, 2000, p. XVI.

③ 转引自［美］金斯伯格《冥想与诗学》，［美］比尔·摩根编《金斯伯格文选——深思熟虑的散文》，文楚安等译，四川文艺出版社2005年版，第288页。

成一种“熟练工种或者可以不断修改的东西，以致悖论四起，我们能得到的只是一个作家的手工艺品，而并不是我们真正所需要的东西”[1]。但是，为了表达他对禅宗的崇拜与敬畏，克鲁亚克一再强调自己是在谨慎写作，而且专门用“铅笔写的，每一个地方都仔细地修改过，因为它是律书，我没有权力去自发性写作”[2]。

克鲁亚克并未师从任何禅宗大师，也“缺乏一种工具、一种手段去了解这种阐释的根基，亦即沉思中的打坐实践——真正将虚无的概念融入其体内，或是把它作为思维的一种过程，通过古老的耳语传统去进行古典的冥思实践”[3]。但这些都不妨碍他热爱禅宗，崇拜寒山，喜欢俳句，阅读各种经书，突发奇想创作出关于“金色永恒”的《律书》，他坚信自己“已经跨越苦难之海，终于寻得自己的道路”[4]。这里的道路是他的参禅之路。

沈德潜曾言：“诗贵有禅理禅趣，不贵有禅语。”[5] 以禅入诗，不仅可以丰富诗的内容，还能提升诗歌的审美意境。大乘佛教主张“人法两空”，既否定人的主观精神，也否定客观事物的存在，认为对客观事物“空”的认识是“缘起性空”，即一切“法”都是由因缘和合而成，不存在本质实体，因而是“空”。《律书》一反克鲁亚克以往的创作主题，没有“在路上”的迷茫，没有毒

① Jack Kerouac, *Selected Letters*, *1940—1956*, Ann Charters, ed., New York: VikingPress, 1995, p. 516.

② Ibid., p. 19.

③ ［美］金斯伯格：《克鲁亚克的伦理观》，出自［美］比尔·摩根编《金斯伯格文选——深思熟虑的散文》，文楚安等译，四川文艺出版社2005年版，第390页。

④ Jack Kerouac, *Selected Letters*, *1940—1956*, Ann Charters, ed., New York: Viking, 1995, p. 410.

⑤ （清）沈德潜：《息影斋诗抄序》，上海人民出版社1992年版，第259页。

品，没有性，有的只是如行云流水般的语言和人法两空的禅境。

《律书》围绕“金色永恒”这个主题表现了克鲁亚克对“空”“无”的理解。“金色永恒”包含一切，也包含了空，“是它所是，是万物所是”[①]。金色永恒是万物之源，创造了天空、大地和世间万物，一切都是其表现形式。它可以是“一个如来，一个上帝，一个用别的名字的佛，一个安拉，一个室利·克利希那，一个蛇头，一个梵天，一个马兹坦，一个弥赛亚，一个阿弥陀，一个阿雷梅德阿，一个弥勒，一个帕拉拉孔努，1，2，3，4，5，6，7，8……”[②]，也代表“你”“我”。克鲁亚克对概念的表达“代表它们在此刻，在当下，在真理的那一刻”[③]。“是一切又不是一切”“一切事物无非形式不同，但都有着同一的神圣的本质”[④]。这些形式有抽象的、具体的、永恒的、短暂的，但都是金色永恒的存在方式，是一种悖论，也是他对“空”的理解和表达。

《律书》强调金色永恒是万物，但万物又是无物，“空即是形式，形式即是空”，故没有金色永恒，克鲁亚克又一次使用了悖论。在全诗66节中，“空”存在于“金色永恒”之中，在“空”之中，没有“我”、没有“你”，天堂是幻象，万物是幻象，作为时间之物的世间万物同样也是空，世界仅仅由“一个心灵织成”，不会让人更好，也不会让人更糟糕，而这个心灵是金色永恒。在

---

① Jack Kerouac, *The Scripture of Golden Eternity*, San Francisco: City Lights Books, 1994, p. 23.

② Ibid., p. 14.

③ Regina Weinreich, *The Spontaneous Poetics of Jack Kerouac: a Study of the Fiction*, Carbondale: Southern Illinois University Press, 1987, p. 12.

④ Jack Kerouac, *Selected Letters, 1940—1956*, Ann Charters, ed., New York: Viking Press, 1995, p. 525.

探讨“空”与金色永恒的关联性的时候，克鲁亚克专门谈及他对六祖慧能、寒山、马鸣、菩提达摩等禅学大师的尊崇，还引用了慧能的偈语，“菩提本无树，明镜亦非台，本来无一物，何处惹尘埃”的后面两句。慧能偈语中的菩提树，与明镜台皆为心的隐喻，而心即是空；本来无一物的空，又怎么可能惹尘埃呢？这样的空，正是克鲁亚克想要表达的，正好与小说《荒凉天使》中引用《金刚经》的“六如偈”相呼应：“一切有为法，如梦、幻、泡、影，如雾亦如电，应作如是观。”所有事物，无非幻象，生灭无常，包括金色永恒。

克鲁亚克对“空”有深刻的认知，并努力寻求空的存在方式。禅宗的本质是明心见性，主张个人在自身内心的世界中寻求佛性，强调“即心即佛”，人人皆有佛性。在金色永恒这个范畴内，作为个体的“我是空的，我是不存在”[①]。《律书》强调个人的微不足道，“在佛的世界里，一切都不是真实存在。每个人只是宇宙世界，即他认为的上帝中间的一部分。个人与行星、小星星一样，一切皆无，仅仅是各种微粒的短暂的组合，但是我们体内的超灵不仅仅是真实的，并将永存”[②]。因为生命的渺小与短暂，个体的精神或许能得以永恒，但肉体一定会消失，“会死的”“是借着会死的活生生的外形”“是会死的金色永恒”。[③] 早在 1954

① Jack Kerouac, *The Scripture of Golden Eternity*, San Francisco: City Lights Books, 1994, p. 6.

② Ellis Amburn, *Subterranean Kerouac: the Hidden Life of Jack Kerouac*, New York: St. Martin's Press, 1998, p. 96.

③ Jack Kerouac, *The Scripture of Golden Eternity*, San Francisco: City Lights Books, 1994, p. 2.

年，克鲁亚克在给卡罗琳·卡萨迪的信中写道，“最大的困难是自我的障碍，是自我个性。我已经不是杰克。我是佛陀”①。克鲁亚克在此强调的不是肉体的永恒，而是对佛的认识，“一切万法，尽在心中”。他希望通过顿悟拉近自我与佛的距离，拉近此岸与彼岸的距离，用人的主体性与佛的真实性取代了长久以来存在于他内心的上帝的虚幻性，领悟禅的真谛，最终实现精神上的永恒。他赞扬特蕾莎修女（Blessed Teresa of Calcutta）给予人类无私的爱，赞叹佛陀愿意割自己的肉给羯陵迦王子，化小我为大我，为无私的我。他也赞叹耶稣将自己钉在十字架上，平静地看待死亡，迎接重生。克鲁亚克将信仰和现实融为一体，感慨这些“他”，“以悲和智慧爱着所有生命”②，因为他们早已跨越生死界限，明了“彼岸就是在此，宽恕并遗忘，保护且安慰”③，一切虽然短暂，但精神得以永恒的真理。《律书》也描述了作者顿悟的过程：“在院子里闻花朵，当我站起来做了个深呼吸血全冲进头脑于是我在草丛里从背后灵魂出窍。我明显是昏倒了，或是死过去了，大约六十秒。我的邻居看见了我但他觉得我只是让自己猛然倒在草地上享受阳光。”④ 这短暂的昏迷，是作者与过去的自我、与肉身的告别，也是他向着新的信仰之路的迈进。

禅诗总借助一定的意象表达特殊的禅境。《律书》通过大量

---

① Jack Kerouac, *Selected Letters, 1940—1956*, Ann Charters, ed., New York: Viking Press, 1995, p. 428

② Jack Kerouac, *The Scripture of Golden Eternity*, San Francisco: City Lights Books, 1994, p. 48.

③ Ibid., p. 36.

④ Ibid., p. 64.

的自然景色、动物、人物以及一些特殊意象的描写，进一步表达了个人与“空”的关系。诗人认为，“你”“我”都是平凡的人，“他”也不是无所不能无所不知的上帝，他只是瑜伽行者，“是部长、婆罗门、牧师……是个傻笑的贤人拿着扫帚在打扫厨房”①。那个打扫厨房的贤人，正是唐代疯僧寒山的写照。诗歌里动物的意象有“猫儿们睡了”“猫打呵欠”、苍蝇、狗、蚊子、马、美洲豹等。这些动物存在于世间，随时可见，并非永恒。在这些意象中，诗人发现“上帝秘密地粲然而笑在树上在茶壶中，在灰和水藻里，在火和砖，肉体和精神上，在人类的希望中”②。上帝也被世俗化了，成为一个有着人类情感的普通人。《坛经·般若品》中说：“佛法在世间，不离世间觉；离世觅菩提，恰如求兔角。”永恒总是存于普通事物之中。须弥山、上帝、天堂等特殊意象的运用，旨在说明不管什么样的物和意象，它们只是时间之物和心灵之物，最终都是无物，一切归于空。

颇具深意的是，《律书》首先确认了金色永恒的第一个教诲，但根据空与无的观念，诗歌的结尾处对全书所言做了彻底否定，“来自金色永恒的第二个教诲是从未有过来自金色永恒的第一个教诲。所以安心吧”③。这一节是对全诗的总结，也是作者对“金色永恒”的概念的最终定义，金色永恒不可言说，不立文字，无形即有形。

---

① Jack Kerouac, *The Scripture of Golden Eternity*, San Francisco: City Lights Books, 1994, p. 39.

② Ibid., p. 20.

③ Ibid., p. 66.

“纵观整个艺术史，从米开朗基罗到‘垮掉的一代’，几乎都能写会画。”① 古今中外，诗人和画家总是在寻求诗与画的对话。唐代诗人王维诗、画、音乐兼擅，后人誉之为“诗佛”；英国诗人·布莱克（Blace）创作了脍炙人口的诗歌，亦擅长绘画和雕版；毕加索曾对他的好友丹尼尔·亨利卡文勒说：“诗歌，那些所有你能在诗歌中找到的东西，你都可以在我的画作里找到。”② 1994年，“垮掉的一代”的艺术作品首次在华盛顿广场80号画廊展出，其中就包括克鲁亚克的画作。克鲁亚克一生创作了上百幅素描和油画，受绘画大师伦勃朗、凡·高、英国诗人布莱克等影响，喜欢描绘瞬间的印象，用色彩和形体传达自己对事物的感受。他对绘画有着自己独特的见解，主张“只用笔；自发式地用笔；人物要与背景相符；画你眼前所见，而非虚构；想修改的时候立刻停笔”③。克鲁亚克的绘画主张是他的“自发式创作风格”的延续，他“作画方式与他作品创作方式相同：是最原初的想象及瞬间的想象的迸发，也很少关注博学的评论家对他创造性作品的评论”④。克鲁亚克的自发式风格作为一种新的风格出现在第二次世界大战后的美国，与转型时期的美国文化紧密联系在一起，确立了其在纽约的艺术地位。

在《禅之法》（*The Method of Zen*）一书中，尤金·哈瑞格（Eugene Herrigal）认为中国画书写“世界的发展，事物的荣枯，

① Jack Kerouac, *Departed Angels*: *Jack Kerouac*, *the Lost Paintings*, text by Ed Adler, New York: Thunder's Mouth Press, 2004, p. 248.

② Ibid., p. 248.

③ Ibid., p. 142.

④ Ibid., p. 134.

出现与消失的强大张力。且能明白事物在适与不适之间如何摇摆不定，短暂而又永恒”[①]。克鲁亚克在《律书》的创作过程中完成了大量与《律书》主题一致的人物素描以及宗教活动的油画。他以绘画的方式形象地诠释了他在作品中表达的他对天主教、对禅宗、对金色永恒的理解。在他的这些画作里，有佛陀像、耶稣像、天使、耶稣受难图，有动物、有自然风景等，很好地表达了空、无、永恒、无常等思想，诗与画相互映衬，相得益彰。

克鲁亚克一直主张“耶稣应该去东方，应该学习佛教，那样他自己就不会让人钉死，我们也不会遭受这么多的磨难”[②]。他有意同化上帝和佛陀，甚至直接将上帝的形象佛陀化。在名为“上帝”的油画中，上帝头发雪白，眼睛黝黑深邃，眼神忧郁而迷茫。实际上，他的“所有的画作，都是关于耶稣和佛陀遭遇的沉思”[③]。他的铅笔画《耶稣受难记中佛陀的眼睛》的中央是钉在十字架上的耶稣，头戴发冠，头顶被一圈光芒笼罩，寓意着耶稣即佛陀，表情平静双眼深邃，“深深地凝望你面前的世界如同它是虚空：无数圣灵、佛、救世主之神就藏在那儿，微笑……在寻找光时，你或许会突然被黑暗吞噬而找到真正的光”[④]。耶稣右手拿着一枝莲花，莲花在佛门中，表征清静、无染、光明、自在、解脱

---

① Eugene Herrigal, *The Method of Zen*, translated by R. F. C. Hull, London: Routledge, 1960, p. 28.

② Jack Kerouac, *Departed Angels*: *Jack Kerouac*, *the Lost Paintings*, text by Ed Adler, New York: Thunder's Mouth Press, 2004, p. 158.

③ Ibi., p. 135.

④ Jack Kerouac, *The Scripture of Golden Eternity*, San Francisco: City Lights Books, 1994, p. 22.

之义。他的左手上方是一名飞舞的天使，天使下方有一双佛陀的眼睛，被视为“精神世界的窗户，代表和平、繁荣以及美好的愿望”①。这双眼睛似乎在凝望耶稣的重生与回归。右下方跪坐于地面的女子，手捧裹尸衣，随时准备迎接从十字架上下来的重生的耶稣，与佛陀的眼睛对视着。这个女子的形象还出现在《两个小天使与祷告的妇人》的油画中，她同样端坐于地上，双手合十，闭目祷告，祈求耶稣早日进入佛的世界。克鲁亚克希望通过绘画的形式帮助耶稣超越苦难之海，最终到达彼岸。《众僧侣围绕的佛陀》是一幅钢笔画。该画线条粗放、率意，佛陀立于画面中央，双手合十，脸上却有一个大大的十字架。围绕在他四周的，是表情各异的所谓僧侣，其实就是普通的人物造型，有长发者，有短发者，或微笑，或沉思。这些形象，就是平凡生活中的“你”“我”“他”的形象。这种只要人心向佛，人人皆可成佛的思想不仅是《律书》的主题，也是他在其他作品中坚持的禅宗理念。

克鲁亚克将他的诗歌取名为《金色永恒律书》。为了配合这个主题，又用“金色永恒”命名了他的画作。名为“金色永恒”的画作清晰地诠释了克鲁亚克在诗歌中要表达的“金色永恒”主题。画中主要人物赤裸着身体，线条柔美，皮肤光滑，长发及腰，极似女性。他微侧的面容、高挺的额头、黄色的眼睛、鲜红的嘴唇、绿色的胡须，似耶稣，似圣母，又似东方的佛陀。人物远方

---

① Jack Kerouac, *Departed Angels*: *Jack Kerouac*, *the Lost Paintings*, text by Ed Adler, New York: Thunder's Mouth Press, 2004, p. 172.

若隐若现的金色光芒似落日似朝阳。画面很多地方用灰绿色填充，是作者故意的留白，是画中的“空”之意境，也是一切皆空之意境。在这“空”之中，人物在努力地寻找自己的金色永恒，他所凝望的光芒就是金色永恒，它是一切，又不是一切。《十字架上的晾衣绳》同样解读了这个主题。画中绳子随风摆动，就像充满悖论的禅宗公案：晾衣绳是十字架是什么意思？它表明晾衣绳就是十字架。晾衣绳不是十字架而就是晾衣绳又是什么意思？它表明晾衣绳不是十字架而只是晾衣绳。

在克鲁亚克内心，“佛陀的教诲远远超出语言本身”“佛陀远远超出耶稣”。[①] 不管上帝，还是其他的人物素描，总以一个形象示人，那就是佛陀。他临摹《菩提达摩》画像中的达摩，满脸皱纹、表情悲伤、胡子拉碴、不修边幅，是一个普通的老者的形象，达摩已经被世俗化。画的正下方标注为“菩提达摩”，正上方则写着“HOIKO”（即“慧可”的意思）。在《律书》中，克鲁亚克多次提及自己对达摩和六祖慧能的尊崇，并没有专门执笔探讨慧可。《佛陀的脸》整幅画面是一张佛陀的脸，佛面清净如满月，象征着佛的圆满。他双目微闭，面部表情沉静如水，嘴角微微上扬，带着祈福的、保佑的，又有些神圣的微笑。在克鲁亚克的文学创作和佛教信仰的路途上，他的好友加里·斯奈德给予他很多帮助，鼓励他创作《律书》，并因此成为克鲁亚克很多作品中的人物原型。克鲁亚克专门创作的《加里佛陀》中，加里双足蹦

① Matt Theado, *Understanding Jack Kerouac*, Columbia: University of South Carolina, 2000, p. 125.

趺，坐在莲花座上，四周金光闪闪，参禅静坐。他的右手手掌展开向上，寓意着给予；左手手掌展开朝向大地，表示和大地联系在一起。另一幅《顿悟》简单勾勒了一人盘腿而坐，周身金光闪闪。他陷入冥想、顿悟、满脸笑容，双臂高挥，兴奋不已，似乎领悟了禅的真理。禅宗、绘画、诗歌和人生经历，在克鲁亚克的世界里总是不经意地融合在一起。

克鲁亚克对猫这种动物似乎情有独钟。不仅《律书》里有很多关于猫的行为方式，他还创作了九幅以猫为主题的素描。《睡觉的猫》画了一只体形巨大的猫慵懒地躺在地上蜷曲身体睡觉，似乎在美梦中，似乎在享受午后的阳光。在《捕猫》这幅画中，猫的形象占据了半个画面，猫的旁边是一群手持猎枪的人们，他们四处逡巡，搜索着猫。“这世界造得多么狡猾!”[①] 猫用神秘的眼神观察着人类如何欲壑难填，因为它“认识到无事可做”，它“看见属于每个人的光时并不在贪婪之中”[②]。在克鲁亚克的思想中，猫在诗歌和画中都是智者的象征，它或微笑，或沉思，感受世界永恒而宁静的本质，或睁大眼睛看透这大千世界的一切虚妄，嘲笑人类“竟不了解你的心造出这个世界”[③]。这又一次与《律书》的主题契合：一方面作者强调世界为上帝所造，另一方面又坚信人的心灵造就了世界。

克鲁亚克在某种意义上而言是一位知识渊博的佛教直觉学者，

---

① Jack Kerouac, *The Scripture of Golden Eternity*, San Francisco: City Lights Books, 1994, p. 54.

② Ibid., p. 56.

③ Ibid., p. 62.

他“对无限的需求引导他选择了佛教作为净化他的感官思想的一种方式”①。“在克鲁亚克多变的人生当中，佛教给了他稳定感、安全感以及自信。”② 他热衷禅宗，模仿经书完成了自己的《金色永恒律书》；他研究日本俳句，又不简单模仿，创造了美式俳句；他喜欢绘画，用绘画的形式生动地再现了《律书》的多元主题。他把禅的精神与根深蒂固的天主教信仰相融合，他说：“我所能说的就是我用自己的方式书写了耶稣。”③ 克鲁亚克的禅宗思想是“西化了的禅”，是禅与美国主流文化碰撞的结果，是中西文化共融的典型个案。当然也不能过于期待两种文化的完全兼美，那是终究无法彻底实现的。尤其在现代文明文化研究过程中，对两种文化的了解越深，就会发现差异越多，分歧必然存在。

① Robert A. Hipkiss, *Jack Kerouac*: *Prophet of the New Romanticism*, Lawrence: University Press of Kansas, 1986, p. 4.

② James T. Jones, *Jack Kerouac's Duluoz Legend*, Carbondale: Southern Illinois University Press, 1999, p. 234.

③ Tom Clark, *Jack Kerouac*: *a Biography*, Orlando: Harcourt Brace Jovanovich Publishers, 1984, p. 184.

第四章

# 自发式写作风格的发扬者

克鲁亚克反对理性的形式主义，主张遵循内心的声音进行无意识创作，任凭思绪的闸门打开，将虚构和自传糅合在一起，在看似普通的叙述中流露真情实感。所有的“故事”或者“情节”，都只是超越时空的自发性思绪的拼接或混合。自发式写作风格的最大价值，在于作家把所有希望和期待都寄托在他本身所认定的某种思想和文化价值观里，在流畅无碍的书写中将独创性的作品呈现给读者。

## 第一节　自发式写作风格特征

克鲁亚克认为，人的思维时常需要训练和锻炼，不可过多束缚，让思绪无拘无束地自然流淌。“让它是怎么样就是怎么样，不要对它强加任何东西，或者强加于诗歌作品一种任意预先既定的模式（正规或不独立的）；所有一切模式，除非在创作那一刻被发现——那些被记住而且被使用的模式无不是按它们的自然状态任意预先既定的。"① "直觉是一切理解活动的基本过程，它在推理性思维中，在清晰的感性直觉和瞬间的判断中，均是有效的。"② 创作与直觉相结合，自由的思绪帮助作者独立思考，任何作品的唯一驾驭者是作者本人，真正具有价值和影响力的部分是作者个人内在的、独特的思想的表达。克鲁亚克根据自己的创作经验，完成了《自发式散文写作要义》（"Essentials of Spontaneous Prose"）。在这篇文章中，他提出了自发式创作的九条原则，分别是：选定题材（set-up）、顺序安排（procedure）、方法技巧（method）、打破藩篱（scoping）、一气呵成（lag in procedure）、节奏韵律（timing）、兴奋点（center of interest），以及精神状态（mental state）。③ 他还根据自己的经验，煞费苦心地写下《现代散文的信仰与技巧》（"Belief & Technique for Modern Prose"）。在这篇清单式的文章里，克鲁亚克根据自己的创作心得，洋洋洒洒地列出 30 条自发式写作要义，是对之前的"九条原则"做的补充和说明。

克鲁亚克曾在《最后的话：第一篇》（"The Last Word:

---

① ［美］比尔·摩根编：《金斯伯格文选——深思熟虑的散文》，文楚安等译，四川文艺出版社 2005 年版，第 261 页。

② ［美］苏珊·朗格：《感受与形式》，高艳萍译，江苏人民出版社 2013 年版，第 27 页。

③ See Jack Kerouac, "Essentials of Spontaneous Prose," Donald Allen, ed., *Good Blonde & Others*, San Francisco: City lights Bookstore, 1994, pp. 69 – 70.

One"）一文开头批判美国文学的发展现状："我在目前的美国文坛中的地位很简单，那就是我病了，厌倦了传统的英语句式。当我准备用这些句式探索弗洛伊德和荣格的现代精神的时候，那些句子的规则对我而言如同镣铐一般，不能为我既有的思想模式所接受。"① 克鲁亚克尝试新的写作技巧，喜欢在松散的书写中表达深刻的主题，认同"思想的价值就在于它的自发性"②。克鲁亚克的写作风格多变，不拘一格，人们很难真正了解他写作的目的何在，给他带来了什么，又产生了怎样的影响，评论家们也很难给予客观的评价。他依靠直觉的思维方式书写，最终成就了他。一切如他曾经所言："一个人必须要接近未知的领域，朝着迄今为止对自己真心实意不可认知的现实情况去写作，包括厄运、耻辱和尴尬的必然之美，那种个人自我认识的领域——那内化了的正规传统阻止我从我们自身和他人那里去发现的领域。"③ 在这样一种创作心理的驱使下，克鲁亚克的作品最终由外部描述转向内部叙述，将他的各种人生经历、感悟与各种虚构自然地融为一体。

自发式写作通常与作者的真情实感紧密相关。在克鲁亚克的笔下，几乎所有的"故事"或者"情节"都是他和他的朋友的经历再现，也是他抛却时空的概念创作的结果。很多故事本身是一个独立的完整的故事，同时作为某个片段存在于一部小说之中。

---

① Jack Kerouac, "The Last Word: One," Donald Allen, ed., *Good Blonde & Others*, San Francisco: City lights Bookstore, 1994, p. 145.

② Ann Charters, ed., *Kerouac: a Biography*, New York: Warner, 1974, p. 148.

③ ［美］比尔·摩根编：《金斯伯格文选——深思熟虑的散文》，文楚安等译，四川文艺出版社2005年版，第260页。

这些故事一旦同时出现，相互之间不可避免地缺乏逻辑性和统一性，表现为凌乱和无序。这种创作方式，既是他无意识的素材的堆积，也是他潜意识的自发式写作的结果。这样的创作过程，就像一个武士面对对手，首先会停止揣摩对方，忘却自我，忘却周围的一切，忘记所有的剑法。他必须遵循自己内心的声音和无意识，在这个无意识的比试过程中，人与动作合二为一，物我两忘，最终出奇制胜。

克鲁亚克努力追求和探索新的创作标准和写作方式。在倡导自发式写作风格之初，克鲁亚克意识到，以往机械的、缺乏美感和艺术感的写作活动仅仅适用于那些完全用标准字体打印而成、语言贫乏、形式呆板的作品。在他眼里，这些不能算真正的小说创作，真正的文学作品创作必须有某种固化的内在的创作原则和规律。早些年，评论界对克鲁亚克和“垮掉的一代”作家们的恶意批评主要源自他们自身的经验主义。他们认为克鲁亚克弃传统创作模式于不顾，任意推崇所谓的自发式写作手法，几乎超出了他们的审美心理和接受范围。学院派的评论家一边倒地批判克鲁亚克，最根本的原因在于他们不能容忍新的思想和观念来冲击他们自身固守多年的文学文化传统。他们在新的文化运动和思想潮流面前，不可避免地出现抵触、排斥乃至痛恨的情绪。而克鲁亚克这样的反叛者们，在外界的质疑声里，心里同样充满着愤懑和不满。“他们难免一些伤感，那是因为主流文化将他们视为神圣的价值弃置一旁。尽管如此，这些价值最终得以确立：性自由；妇女、少数族裔和残疾人权利；对权威的健康的怀疑，甚至某种嘲讽；对不同性偏好的宽容……然而在文化上，新思想已经无孔不入。”[①] 不仅仅克鲁亚克，很多作家彼时皆以不同的方式探寻新的主题和创作风格，一场无形的文化战争在被保守派斥为道德沦丧的价值观的背景下早已悄然展开。形形色色的批判与创作禁忌给克鲁亚克制造了重重困惑与焦虑，他决定用完整的作品来挑战和反驳世俗的眼光和传统创作标准。克鲁亚克徘徊于传统和创新之间，感受到阻力重重，时时努力冲破桎梏。他每次跃跃欲试，又沮丧至极：“我病了，也厌倦了那些传统英文句式。它们的那些规则那么难以变通，根本不允许我自己的思想有自己的表达形式。当我尝试着去探讨弗洛伊德和荣格的现代精神的时候，我发现我几乎不能用这种形式表达……如果你不坚持你最初的思想，不坚持这些跟随在这些思想后面的文字，这与你把自己的谎言强加别人有什么差别呢?”[②] 克鲁亚克的小说源于真实的经历，又有别于纪实文学和传记，充满了想象和创新，是对他自己生活的重新书写和革新。克鲁亚克对所谓的学院派主张的小说深表不满，不愿意自己的作品被视为纯粹的虚构的作品，不愿意被那些传统的诠释方式误读。他顾忌太多，又不愿意按照纯粹的传记形式完成创作。他在作品中隐去所有人物的真实姓名，改头换面，让读者在一部部作品里煞费力气地对号入座。他的初衷和苦衷历历可见，他尊重朋友，保护他们的隐私，他还需要顺应出版社的要求使作品更

① ［美］莫里斯·迪克斯坦：《伊甸园之门》，方晓光译，译林出版社2007年版，第7—8页。

② Regina Weinreich，*The Spontaneous Poetics of Jack Kerouac：a Study of the Fiction*，Carbondale：Southern Illinois University Press，1987，p. 2.

具可读性，更充满想象力。在学院派文化和商业文明之间，克鲁亚克只能选择适当的让步。

克鲁亚克的写作，注重事件的描述、情节的安排和人物的语言，旨在告诉读者他或者他们曾经经历了什么。他的语言是他真实情感的表达，是他与外面世界沟通的桥梁。克鲁亚克的写作风格和松散的文风并非他个人独创，在他之前，伍尔夫、亨利·米勒（Henry Miller）、威廉·詹姆斯（William James）以及格特鲁德·斯泰因（Gertrude Stein）等一批作家都曾是这种自发式写作的先行者。克鲁亚克首先继承了自爱默生、惠特曼以来的美国文学的传统写作手法。这些写作手法大致包括描写美国本土的故事、歌颂或者批判美国社会，尽量少地沿袭欧洲文化传统，用自己的声音说话，用自己的眼睛看世界。他崇拜伍尔夫，为他抱不平，说："人们不关注伍尔夫，是因为太嫉妒他了。"[①] 他在不同的场合不止一次地提及伍尔夫，并一再重申会反复读他的作品。伍尔夫在美国文学史上对年轻的美国作家们的影响非常深刻，但是克鲁亚克在18岁上了哥伦比亚大学才发现美国有一位如此伟大的作家。从那以后，他对伍尔夫的崇拜一发不可收拾。他以伍尔夫为楷模，时时尝试模仿，希望通过这样的方式改变并提升自己的文风。这一切可以从《镇与城》这部小说中读出模仿的痕迹。在这部小说中，被虚构出来的马丁一家，并不是以克鲁亚克自己的家族为原型，而是以伍尔夫曾经创作的名为格兰

---

① Paul Maher Jr.，*Empty Phantoms：Interviews and Encounters with Jack Kerouac*，New York：Thunder's Mouth Press，2005，p. 42.

特家族为原型所创作，他同时还将自我分裂成几个人物出现在作品中。尽管悉心模仿，评论界似乎并不欣赏他的“东施效颦”。用《纽约评论》（*New York Review*）的话来说：“克鲁亚克并没能真正学会伍尔夫所讲授的文学创作的主要原则。他痴迷于伍尔夫作品呈现的信息量，诸多活力，大批量的创作，无限的精力以及各种夸夸其谈的文风。克鲁亚克也没能理解伍尔夫那种自我毁灭式的动力本质。”① 克鲁亚克也崇拜英国作家阿道司·伦纳德·赫胥黎（Aldous Leonard Huxley），法国作家路易·费迪南·塞利纳（Louis – Ferdinand Celine），有一段时间还对马塞尔·普鲁斯特（Marcel Proust）和詹姆斯·乔伊斯（James Joyce）产生了浓厚兴趣。这些作家有着共同的特征，他们在表达有关虚幻和反乌托邦主题的过程中，无意间充当了社会道德标准和人类理想的拷问人和审判者。普鲁斯特和乔伊斯著名的意识流创作手法可以说是自发式写作风格的源头，对克鲁亚克的影响不可小觑。不过，按照克鲁亚克自己的话说，“我对他们的写作方法不感兴趣。乔伊斯对语言有兴趣，普鲁斯特对描述回忆在行。我对这二者都很感兴趣”②。除却上述这些作家，西奥多·德莱塞（Theodore Dreiser）、约翰·多斯·帕索斯（John Dos Passos）都曾强调用自发式的写作方式表达创作的无意识状态，克鲁亚克在潜移默化中受到了影响。

庞德在《意象主义者的几“不”》（“A Few Don'ts For an Im-

---

① Warren French, *Jack Kerouac*, Boston: Twayne Publishers Inc., 1986, p. 25.

② Paul Maher Jr., ed., *Empty Phantoms: Interviews and Encounters with Jack Kerouac*, New York: Thunder's Mouth Press, 2005, p. 43.

agist”）一文中指出，“不要用多余的词，不要用不能揭示什么东西的形容词。不要用像‘充满和平的暗淡土地’这样的表达方法。它钝化意象。它将抽象与具体混在一起了。它来自作家的缺乏认识——自然的物体是自足的象征。不要沾抽象的边。不要在平庸的诗中重讲优秀的散文中已讲过的事。不要以为你试着把你的作品切成了行，避开了优秀散文艺术的极难的难处，就能骗得过任何一个聪明人”①。克鲁亚克遵循的自发式写作风格，其实就是庞德所说的意象派三原则之一——“直接处理无论主观或客观的事物”的延展。

不仅如此，克鲁亚克崇尚的创作路线，还从道德层面攻击了文人们一再强调的“修改”原则。“作家不应该修改其最初的冲动，因为修改具有驯化的功能作用，也是对欣赏标准和繁文缛节的妥协；它属于短暂的人群而不是克鲁亚克可以追求的普遍的人性。修改即是禁忌，也是对作家眼光纯洁度的查禁，对直接性的变节，也是在实际经验面前的谎言。”② 他固执地认为任何作品一旦被“修改”，就是经历二次创作，留下各种精雕细琢的痕迹，从而丧失“清水出芙蓉，天然去雕饰”的品质。这样的创作缺乏真诚，这样的作者缺乏诚意，都是不道德的。最大的争议来自克鲁亚克提出的各种有关文学创作的信条，尤其是关于写作的基本的自我约束条例：修改。克鲁亚克固执地认为在作品创作过程中，除非有明显的错误，或者增加一些名字，其余的内容和格式绝对

① ［美］庞德：《意象主义者的几“不”》，出自［英］彼得·琼斯编《意象派诗选》，裘小龙译，漓江出版社1986年版，第153页。

② 李斯编著：《垮掉的一代》，海南出版社1996年版，第161页。

不能做任何形式的修改。他的反叛精神和思想，在自发式创作过程中再次得到体现。他认为文学“要表达的就是普通人的思想，即他们普通所说的那种话，而不是只为少数贵族服务的一些晦涩难懂的哥特式烦琐构造”①。他坚持把自己想到的东西立即写下来，完成之后不要做大量的改动，因为任何一种修改都是一种掩饰和伪装。作者的真实感情在修改的过程当中被隐藏起来，他最希望刻画的人物形象也失去了最初的真实感。他还坚持认为，不要想着有意识地“选择”自己的表达方式，应该想到哪儿就写到哪儿，让自己的思绪在无限的思想海洋中游弋。实际上，“除了他的第一部小说《镇与城》明显受到伍尔夫文风的影响，克鲁亚克一直小心翼翼地避免任何文学体裁的影响或者模仿。他就是一个天然的——或者是依靠直觉创作的作家，一个饱受争议的、充满激情的、真情流露的20世纪美国文学界的革新者”②。他的这种写作风格逐渐演变成后来的自发式创作风格。克鲁亚克在给考利的回信中多次谈及自己不愿意反复修改的心理：“在开口之前不要想太多，更不要事先不断去思考。不管你想要说什么，或者不想说什么，那都是圣灵在说话。”③ 另一个影响克鲁亚克的自发式写作风格的重要人物是《西方的没落》的作者斯宾格勒。“在《科迪的幻想》中，克鲁亚克专门用一段话向译者阿特金森（Atkinson，《西方的没落》的英文译者）致敬，感谢他翻译了斯宾格勒

---

① 李斯编著：《垮掉的一代》，海南出版社1996年版，第7页。

② Ben Giamo, *Kerouac, the Word and the Way*, Carbondale: Southern Illinois University Press, 2000.

③ Jack Kerouac, *Selected Letters, 1957—1969*, Ann Charters, ed., New York: Viking Press, 1999, p. 49.

的德国瓦格纳式的文风，翻译了他的长句，以及他对农夫（Fallaheen）这个概念的理解。这些他后来都在《科迪的幻想》和《在路上》描写了出来。"[①] 斯宾格勒具体在哪些方面影响克鲁亚克，金斯伯格和克鲁亚克都没有详细地做进一步讨论。但是克鲁亚克的历史哲学以及他对斯宾格勒的社会主义概念的人性化和内向化的思考，伴随着他的整个创作生涯。在这些真实的叙述中，克鲁亚克更加关注内心情感的传达，那些固有的、僵化的文学传统和书写规则，逐渐变得无足轻重。当然，完全不受约束的自发性写作从来都不存在。克鲁亚克追求的自发性的、不经修改的写作只是一种理想的乌托邦式的创作，对创作者的思维和作品语言的要求极高，几乎无法实现。而"这种未经修改的创作本身就是一种方法。它否定了传统的艺术家的选择方式，仅仅是为了满足另一种选择而已"[②]。

"对克鲁亚克而言，自发式创作风格的表现形式很重要。他的笔记本、日记、草稿以及各种前期准备的资料都可以理解为自发式写作的一种演练形式——就像一个爵士乐表演家的即兴练习。"[③] 克鲁亚克有意识地与传统的创作方式告别，特意运用他认为符合自发式写作标准的一些手法进行创作。他在《镇与城》中首次尝试，但不太成功，模仿和雕琢的痕迹清晰可见。《在路上》

① Barry Miles, *Jack Kerouac: King of the Beats*, New York: Henry Holt and Company, 1998, p. 70.

② Regina Weinreich, *The Spontaneous Poetics of Jack Kerouac: a Study of the Fiction*, Carbondale: Southern Illinois University Press, 1987, p. 3.

③ Ann Charters, "Introduction," Jack Kerouac, *Selected Letters, 1957—1969*, Ann Charters, ed., New York: Viking Press, 1999, p. xxxiv.

的完成，是他自发式创作风格成熟的标志。这部书稿最初全部打印在电报纸上，“一卷纸 3 英寸厚，不分段落，一段足有 120 英尺长”[①]，一气呵成。整部小说犹如一份长长的电报，作者内心的思考和感情毫无保留地呈现在读者面前。约翰·泰特尔（Johon Tytell）这样描述当初克鲁亚克的疯狂创作行为：“他从阁楼里翻出 16 英尺长的日本宣纸，把它们粘在一起然后开始打字”，就像一场“马拉松式的语言流”“仿佛两年来积压在心头的各种记忆突然被打开了，现在能更加自由地写作，就像禅所提倡的没有艺术的艺术”[②]。至于在他的内心到底积压了什么，以何种方式表现出来，一切不得而知。

“自发式写作旨在揭示作者的内在世界，当他被外在的世界或者是自己的过去所唤起的时候。这种自发式的自我与客观物之间的相互作用并不会导致创作的反省，但是会产生某种神秘的自然主义，通过这种方式意识与现实会相互吸引在这理解的最初的时刻。”[③]“克鲁亚克作品的技巧性跳跃，以及令人心碎的优美，使得他的作品进入了一个远超出记者和日记体作家的作品的境地。”[④] 受克鲁亚克的影响，金斯伯格开始尝试着用即兴创作的方式表现某些诗的节奏和韵律。这种来自瞬间灵感的写作

---

① Quoted in Ann Charters, *ed.*, *Kerouac*: *a Biography*, New York: Warner, 1973, p. 127 – 128.

② John Tytell, *Naked Angels*: *the Lives and Literature of the Beat Generation*. New York: McGraw – Hill, 1976, pp. 67 – 68.

③ Ben Giamo, *Kerouac*, *the Word and the Way*, Carbondale: Southern Illinois University Press, 2000, p. 45.

④ ［美］巴里·吉德福、劳伦斯·李：《垮掉的行路者——回忆杰克·克鲁亚克》，华明等译，译林出版社 2000 年版，第 6 页。

方式，让金斯伯格时常保持某种狂喜且思路清晰的创作状态，还将禅宗的冥想与诗歌创作结合起来。布莱克也曾说过："努力在微小的细节上多花点儿工夫，多注意细节。"[①] 将布莱克的话继续延展，就会变成"写作速度越快，所费精力越少，写出来的东西就越真实。克鲁亚克似乎对此深信不疑"[②]。克鲁亚克建议作家在创作之前，首先应该在自己的大脑中建立一个完整的绝对的意象或者客体，一旦这个体系建立完整，随后的各种思绪就会从大脑中喷薄而出，诉诸于文字。为了避免人为的停顿和思绪的中断，克鲁亚克绞尽脑汁筛选各种写作模式。他强烈推荐使用破折号，尽量减少其他标点符号的使用。克鲁亚克的这种书写模式与当时的黑山派（Black Mountain School）诗歌理念有些类似。崛起于20世纪50年代初的黑山派，是当时最有影响的诗歌流派之一。他们的代表人物查尔斯·奥尔森（Charles Olson）、罗伯特·邓肯（Robert Duncan）提出诗歌必须完全从诗人的呼吸即瞬间的自然节奏中获得自己的形式，必须是"开放的形式"。一个意念一旦产生，则直接导向另一个意念。诗人创作要迅速，强调诗歌的自发性和口语化，尽可能运用美国口语和俚语。黑山派的诗歌创作理念缺乏系统性，其在演变过程中最终与"垮掉派"诗人合流，引起较大的影响。

"克鲁亚克作为一个作家的天赋，不在于他对新的人物和情节

---

① 参见［美］比尔·摩根编《金斯伯格文选——深思熟虑的散文》，文楚安等译，四川文艺出版社2005年版，第288页。

② Robert A. Hipkiss, *Jack Kerouac, Prophet of the New Romanticism*, Lawrence: The Regents Press of Kansas, 1976, p. 80.

的革新和刻画，而在于他能在作品中将自己人生当中的某种精神戏剧化并融入浪漫的幻想之中。”① 《在路上》的成功绝非偶然。很少有人了解《在路上》在出版之前，它的作者经历了怎样的挫败和心酸。考利曾一再“要求克鲁亚克仔细考虑书中的各种旅行，不要总是在东西海岸之间不断切换，就像一个巨大的钟摆不停地摇摆，还要有更多的连续的叙述”②。考利不断地提出各种修改意见，希望克鲁亚克能按照他的要求对作品修改润色。克鲁亚克默默地听着，表示首肯。他总是当面一套，背后一套，很少真正动笔修改。即使修改，也不过是敷衍几笔，或者对结构和段落做相应的调整，然后用尽各种招数证实自己确实对《在路上》做了大幅修改。1956 年圣诞节前夕，维京出版社终于同意出版《在路上》。克鲁亚克固执的拒绝修改的态度，一方面保留了原作的原始风格，另一方面也禁锢了他的思维，很难最大限度地将一部作品完美地呈现在世人眼前。假若他当初真的完全按照考利的要求在全书做出修改，《在路上》未必比现在更成功。对错之间，从来没有一个确切的标准。在现实与假设之间，也没有回头的可能。

克鲁亚克强调创作要直抒胸臆，写“自由的文章”。他认为这是作家的神圣职责，任何作家都必须履行。后人将其与佛教提倡的“心胸坦荡”这一概念等同。从佛教的本质上把学者、

---

① Ann Charters, *Kerouac: a Biography*, San Francisco: Straight Arrow Books, 1973, pp. 66 - 67.

② See Ellis Amburm, *Subterranean Kerouac: the Hidden Life of Jack Kerouac*, New York: St. Martin's Press, 1998, p. 259.

报界人士、出版商、记者、从事采访和问询调查的从业者与诗人等同起来，心思纯明、具有感悟力和感召力，这是克鲁亚克早已有之的冲动。克鲁亚克的有些想法与他的为人一样，比较随性，这很容易让人产生误解，认为他的创作是要放弃文学的所有可控因素，肆意妄为，且想抹去作家与其他职业之间的身份差异。泰特尔比较了解克鲁亚克的思想，知道他从未放弃寻找可以与英国湖畔派诗人崇尚的那种“不可控制的、不由自主的思想的自由流动相媲美的修辞方式，这样他也可以表达自己的情感”①。克鲁亚克寻找这种方式释放自己的情感，书写各种传奇，但绝不能因此轻易下结论认为他的创作仅是逻辑凌乱、毫无思绪的平铺直叙。他依然遵循传统文学的一些创作手法和写作规则，避免刻意创新或者标新立异。金斯伯格在接受访问的时候，专门谈及克鲁亚克的诗歌成就。他对克鲁亚克的个人感情和对后者的绝对认可，让他忘记了何为“客观标准”。他不加掩饰地说：“我认为目前为止美国最伟大的诗人就是克鲁亚克……主要的原因在于他最自由的、自发式的创作。他是在表达各种各样的联系和意象。”② 金斯伯格还赞赏克鲁亚克是“美国唯一会写俳句的诗人，会写优美的俳句的诗人”③。克鲁亚克当然不能算是美国最伟大的诗人。即使作为诗人的金斯伯格，其诗歌成就也远远高于克鲁亚克，更别说和惠特曼、庞德等诗

① John Tytell, *Naked Angels: the Lives and Literature of the Beat Generation*, New York: McGraw - Hill, 1976, p. 146.

② Allen Ginsberg, *Spontaneous Mind, Selected Interviews, 1958—1996*, David Carter ed., New York: Harper Collins, 2001, p. 50.

③ Ibid., pp. 50 - 51.

人相媲美。克鲁亚克本人，一直是作为小说家而不是诗人获得更多赞许与认可的。

克鲁亚克对美国的文学和社会意识形态的批判和反驳产生了深刻的影响。如果仅仅把《在路上》的成功归结于它带来人们瞬间的新鲜感和思想冲击，这样的认识明显过于片面。《在路上》淋漓尽致地表达了嬉皮士文化、旅行癖、性以及毒品等诸多主题，揭示了这些文化现象背后的不堪重负、困惑、迷茫和解脱。其内容与主题早已超越作品本身，在某个制高点反思社会现状，质问政府和政治，同时探索新的价值观和生命存在的意义。《在路上》在美国本土不断重印，并陆续翻译成多种语言，克鲁亚克的知名度一度也令很多同时代的作家望尘莫及。更发人深省的是，克鲁亚克不同于很多转瞬即逝在快餐文化中湮没无闻的通俗小说作家，他的作品至今仍拥有相当多的读者，他们总在克鲁亚克的世界里、在自己的灵魂深处，寻找“在路上”的新的意义。克鲁亚克可能不是那个时代最受欢迎、最杰出、最闻名的作家，但肯定是一位洞察社会现状且影响力深远的现代美国作家。

任何的小说创作，总是颠覆传统本身，乃至自我颠覆，在各种颠覆中获得新的解读和意义。克鲁亚克的自发式创作思维，置于文学创作的历史长河中来看，不过是沧海一粟，他的叛逆一时难以为他的时代和那个时代的文学传统所包容，但终究被一个更宏大的时代和传统所接受。

## 第二节 自发式写作风格价值

克鲁亚克反对任何缺乏美感和艺术感的写作活动。他的乌托邦式的、反社会反传统的文学创作思想，注定具有破坏性和颠覆性——不管形式上的还是深层次的内容方面。他借用日本的俳句创作技巧，以及音乐、绘画等各种艺术技巧来丰富创作模式，使其作品更美国化，更符合他追求的、将自己的人生经历融入浪漫的作品创作的心理需求。克鲁亚克的小说充盈着自发式写作风格特征，各种连续的、跳跃起伏的长句随处可见，破折号的使用延绵不断，作者畅快淋漓的思想和喷薄而出的激情时常跳跃于字里行间。克鲁亚克的作品，不仅仅有他自发式写作风格的表现，还能从中找到对梭罗、惠特曼文风的延续性，洋溢着浓郁的美国浪漫主义风情。这种情怀，不仅曾在梭罗《瓦尔登湖》、惠特曼《自我之歌》（“Song of Myself”）中肆意流淌，在克鲁亚克身上亦汪洋恣肆奔涌无尽。克鲁亚克坚持的率直的、自发式的写作风格，成为他日后日益成熟的文风的基础。他的笔下既有普鲁斯特的风格，又有独特的美式博普爵士乐音调，最终成为“真正的现代散文”。金斯伯格也非常喜欢自发式写作风格，认为那种“感觉从胃里的某个地方喷薄而出，一直到嘴里，到耳朵里，或低吟，或叹息。如果你试图描述是什么让你叹息，你只需要描述出你的感受就可以了”[①]。他的长诗《嚎叫》

① Allen Ginsberg, *Spontaneous Mind, Selected Interviews, 1958—1996*, David Carter, ed., New York: Harper Collins, 2001, p. 25.

显然带有这种风格。克鲁亚克在创作技巧上独树一帜，“以表现真实的性格和狂暴的热情为主题，即使使用幽默的语言也要弄得猥琐一些，在意识形态上同超现实主义和佛教遥相呼应，以与评论家们完全不一样的明智观从事文学活动”[①]。他对评论家和学院派的各种蔑视与批判置若罔闻，默默地坚持创作，成就了20世纪50年代美国文学发展的巅峰阶段。

《在路上》的故事情节简单，讲述了一群缺乏人生目标的年轻人在美洲大陆上不知疲倦、肆意穿行的各种惊世骇俗的行为和发生在他们身上的故事。克鲁亚克在这部小说中任凭思绪的闸门打开，听任情感和语言的洪流一泻千里，将自发式写作风格发挥到了极致。《在路上》和他的其他作品一样，小说中的“故事”或者“情节”“事件”可以认为是超越时空的自发性思绪的拼接或混合。从总体说来，每一“事件”简单清晰，并置于一起，看似混乱，却构成了一部真正意义上的“垮掉的一代”传奇，再现了40年代末50年代初年轻一代的生活状态、情感历程以及痛苦的抗争。这种特殊的叙述手法以不过度关注人物心理，不着重描述故事情节为重点。因此，任何一个想在这部小说中去感受一些动人心魄的故事且期待被故事吸引和打动的读者，定会感到失望失落，因为这不是克鲁亚克希望通过这部小说呈现给读者的华彩所在。

这里有必要回顾一下《在路上》的创作历程。1951年4月，克鲁亚克打算根据自己的旅行经历写一部和旅行有关的小说。

① 李斯编著：《垮掉的一代》，海南出版社1996年版，第35页。

他接受了好友霍尔姆斯的建议，决定用一种轻松自然的方式创作。在之后的一段时间里，克鲁亚克以每天 1 万 5000 字的速度在电脑前飞速地打字，一气呵成一部长达 17 万 5000 字的小说，三周之内完成初稿。小说中的所有人物皆以真名出现，他们为了追求自己心中模糊的梦想，背上背包，时而自行驾车，时而搭上顺风车，数次横穿美洲大陆。他们一路寻欢作乐，高谈东方禅宗，居无定所，从西部的旧金山，到东部的纽约，他们游离在城市文明的边缘，相聚、离别。在小说中，即兴式自发性写作技巧尽显无余：作者思绪的自然流动，大量俚语、俗语的使用，不合语法规范的长句，跌宕起伏的情节等。克鲁亚克不拘小节，为了节约重新装纸张的时间，放弃传统的打印纸，将长长的电报纸塞进打印机，不再以字数计算每天的创作量，而是追求每天创作 10 英尺长度的文字量。

霍尔姆斯很幸运地成为第一位阅读《在路上》的读者。他回忆起克鲁亚克兴冲冲地拿着书稿给他看，与克鲁亚克夫妇彻夜闲聊，聊起初读《在路上》的感觉，“是一次漫长的在纸张上的旅行，足足有 120 英尺长。书中有很多精彩的故事，文风清晰、简单、真实而又极富感情，和他以往的作品注重语言的修饰有所不同。更为重要的，这部书比《镇与城》更加成熟。需要修改的，则是书中的过渡部分有些薄弱……书中的描写很棒，事件叙述清晰，充满着克鲁亚克式的力量，语言无累赘感”①。

① Paul Maher Jr., ed., *Empty Phantoms: Interviews and Encounters with Jack Kerouac*, New York: Thunder's Mouth Press, 2005, pp. 15–16.

霍尔姆斯对书稿的第一感觉是，“除了极个别的地方，几乎不需要任何修改……所有的描述都很完美，简洁明了，汇集了克鲁亚克以往的各种力量，没有任何让眼睛觉得疲乏的过多的词句。我想他已经取得了显著的进步，并且形成了自己的风格”[①]。欣喜之余，考虑作品的商业效应和读者的接受心理，霍尔姆斯建议其对作品结构和语言做调整，因为它“很难卖掉，需要大量的改动”[②]。固执的克鲁亚克正在为自己的作品扬扬得意，哪里能听得进这样的建议，直接拒绝做任何修改。克鲁亚克的不修改原则简单直接，“不管你试图从稿纸上删除点什么，那肯定是别人最感兴趣的部分”。[③] 克鲁亚克与维京出版社签订协议，与编辑考利不断周旋，后者提出了与霍尔姆斯一样的修改意见。僵持了一段时间，克鲁亚克不得不妥协。他删除了与卡萨迪没有直接关系的闲散情节，合并反复的旅行描写，以轻松活泼的语气插入几桩卡萨迪的童年趣事。思考再三，他又觉得“童年趣事”不符合整部小说的风格，画蛇添足，忍痛割爱把它们写进了另一部小说《科迪的幻想》中。经过反反复复的沟通和修订排版，历时 6 年，该书终于出版。如果说最早的《镇与城》是一部描绘家庭与故土的小说，《在路上》则布景于一个矛盾重重的社会文化环境下来展示各种主题，是“战后美国一种新的

---

① Paul Maher Jr. , ed. , *Empty Phantoms*: *Interviews and Encounters with Jack Kerouac*, New York: Thunder's Mouth Press, 2005, p. 16.

② Tom Clark, *Jack Kerouac*, *a Biography*, Orlando: Harcourt Brace Jovanovich, publishers, 1984, p. 97.

③ Paul Maher Jr. , *Empty Phantoms*: *Interviews and Encounters with Jack Kerouac*, New York: Thunder's Mouth Press, 2005, p. 42.

存在方式的记录，是一本其氛围暗示着新的文化力量的小说，书中新的享乐主义及其富于感染性的激动，其不顾利益的狂荡，其生动的热情，其对自负与中产阶级的诚实与地位观的强烈斥责”① 把这部作品带入一个新的审美高度。

《在路上》充斥着毒品、犯罪、同性恋等多元主题，开放式结尾，加之自发式写作手法的运用，读者一时难以厘清小说的主线，这成为很多评论家批判的中心。评论家们误读此书，以为该小说缺乏前后照应，布局散乱，认识肤浅，内容单薄等。因为先入为主的批判，他们恰巧忽视了“在其流畅的文笔、所描写的不羁的生活方式和它抛开强加于人的条条框框，害怕因为没有变化而可能久居一地的滞固等方面”② 体现的自由主义思想和美国精神。因为涉及敏感的创作主题，克鲁亚克一度被认为神经错乱，不懂创作规则，算不上一个严肃的作家。他性格内向，一时难以承受这般严苛的评论。沮丧之余，克鲁亚克选择自我隐匿，拒绝接受媒体采访，避免与读者见面，对一切质疑不予置辩。往者不可谏，因为书中重现太多的个人经历和情感历程，克鲁亚克一度内心开始排斥这部小说，甚至产生某种空虚和虚伪的感觉，陡升厌倦。在后来的访谈中，克鲁亚克袒露当初的创作动机：“当我创作叙事小说的时候，我不愿意改变我的叙事思想，我会一直不停地写下去。”③ 他被追问为何能在

① 李斯编著：《垮掉的一代》，海南出版社 1996 年版，第 179 页。

② 同上书，第 28 页。

③ Kostas Myrsiades, ed., *The Beat Generation: Critical Essays*. New York: Peter Lang publishing Inc., 2002, p. 42.

短短的时间内完成《在路上》，后来又用三天两夜完成了《地下人》，是什么给予他如此大的动力？克鲁亚克诙谐的回答令人忍俊不禁："你想想终究发生了什么，和朋友们讲一个个冗长的故事，将这些事情不断在大脑中重现。没事的时候就把这些故事联系起来想一想。当你没钱交房租了，只好强迫自己在打字机面前坐下来，或者翻开笔记本，以最快的速度完成……这样做当然没有坏处，因为你早已将所有故事联系在一起了，成竹在胸。"[①] 为生计所迫当然不是推动他创作的唯一动力。尽管克鲁亚克一生从未生活富足，但也绝非为五斗米折腰之人，更不可能为了获得稿费而匆忙创作。但他也确实道出了心里话，他的确经常处于生活拮据的窘迫状态，这与他并不太看重金钱等物质财富有关。

克鲁亚克的写作速度极快，常以每日 2000—3000 字的速度创作。他又并非日日忙于创作，时不时停歇下来阅读、发呆、喝酒等。他在看似闲暇的时光里细细思量，为下一阶段的书写收拾心情，整理思路，保持每个月大致 30000 字的创作量。即使这样，克鲁亚克觉得这样的写作速度已经低于他的计划进度。从《在路上》开始，克鲁亚克确实已经开始形成自己的写作风格。那些简单、感人、充满真情实感的描写皆来自他自发式的创作方式。他相当自信地认为《在路上》正在形成美国文学的新潮流，他向霍尔姆斯放出豪言："兄弟，你的书，加上我的书，形成了美国文学

① Paul Maher Jr. , ed. , *Empty Phantoms*: *Interviews and Encounters with Jack Kerouac*, New York: Thunder's Mouth Press, 2005, p. 307.

的新趋势。”① 作为个体的克鲁亚克最终并没有引领美国文学发展的新趋势，而《在路上》确实书写了“垮掉的一代”的文学传奇。

克鲁亚克的创作之路一波三折，加之长时间的伏案写作和酒精的刺激，身心俱疲，诱发了大腿血栓性静脉炎。他曾放下寻找出版商合作的工作，回到北卡罗来纳州接受母亲和姐姐的照顾；他也曾穷困潦倒，漫步在纽约街头，几乎陷入绝望。也曾有那样的一瞬间，他欢欣雀跃，感觉内心无比纯洁：“因为我很穷，故一切都属于我。”时间是最好的药物和最好的裁判。《在路上》被读者和媒体接受并喜欢，对年轻的一代美国人影响深刻，刮起了一股说走就走的旅行风。《在路上》的价值和文学地位也得以认可，并被搬上大银幕。即使今天，这部小说依然深受读者喜爱。

在《在路上》被搁置的一段时间里，克鲁亚克将全部精力转移到《萨克斯医生》的创作中来。1952 年，克鲁亚克借宿于居住在新墨西哥城的巴勒斯的公寓，并以巴勒斯为原型完成了《萨克斯医生》，并特意增加了一个副标题：“浮士德第三部”。在这部小说中，克鲁亚克将神话、传奇、梦境等杂糅在一起，以一个儿童的视角叙述自己在梦境中的洛厄尔镇遇见一个外来的叫萨克斯医生的各种恐怖经历。克鲁亚克运用各种写作技巧，包括电影脚本、俗语、剪贴、闹剧等方式讲述了一个儿童的“历险”。同时，他还娴熟地穿插法语重现自己童年的语言环境。在这部自传式的

① Paul Maher Jr., ed., *Empty Phantoms: Interviews and Encounters with Jack Kerouac*, New York: Thunder's Mouth Press, 2005, p. 17.

回忆录中，他的“自发式写作方式以长句为主，这些句子不是用句号来断句的，而是靠破折号分开”①。他确实钟情于破折号，总是将很多看似毫无关联的思想串联在一起：“喝了一个上午啤酒的地点——不，不是沃森维尔，是特雷西，对特雷西——女侍者的名字叫埃特斯梅拉达——哦，伙计，大概是那个名字。”② 克鲁亚克用三个破折号将两则不相关的信息并置在一起，言简意丰，如一叶扁舟出没。跳跃的思维犹如连绵的波峰，破折号宛若出没其间的一叶叶扁舟。破折号的使用，还将人物的性格表现得淋漓尽致：“我做了什么事竟落到这个下场——以及种种别的原因——嘻嘻嘻！——可是你瞧我。求求你，萨尔，你瞧瞧我。”③ 断断续续的话语暴露了《在路上》的主人公迪安的无奈、天真甚至有些顽劣的天性，人物形象更显生动而丰盈。克鲁亚克还会用破折号罗列各种琐碎细节，省却冗长的情景描述：“他误买了一点低级的绿货，行话这么叫——没有烤制过的低级大麻——抽过了量。”④ 在克鲁亚克那里，破折号几乎包揽了所有的句读功能，原本啰唆的句子因此变得简单明了。《萨克斯医生》成为他最具创新也最出色的作品之一，“素描式的自发式散文写作手法日臻成熟，他相信这种具有重大意义的新写作风格将令他成为比肩乔伊斯和普鲁斯

① Matt Theado, *Understanding Jack Kerouac*, South Carolina: University of South Carolina, 2000, p. 33.

② ［美］杰克·克鲁亚克：《在路上》，王永年译，上海译文出版社 2008 年版，第 215 页。

③ 同上书，第 241 页。

④ 同上书，第 236 页。

特的伟大作家”①。

克鲁亚克在《梦之书》中将自发式写作手法发挥到极致。他首先认定描写梦境必当如实传递各种信息，一切叙述应顺其自然。《梦之书》不能算一部真正的小说，它是作者两百多个梦境的真实记录。它以记录梦境的方式，将作者带入一种充满原初想象的创作空间。在这个特殊的梦的空间里，作者无所顾忌地吐露心迹。克鲁亚克沿用以往的叙述方式，将他和朋友们的各种经历在梦境中重现。为了区别于其他小说，他特意修改人物姓名，而细心的读者往往能从各种事件和人物之间错综复杂的关系中读出他们的原型。《梦之书》没有章节，各个部分也没有专门的标题，几乎重现了《在路上》的手稿完成时的模样，可见作者对当初修改《在路上》的章节一事从未彻底释怀。各段起始句均以黑体标注，简要概述某个梦境。每个梦境独立成段，并与其他的梦境交叠补充。在这纷繁的梦境里，克鲁亚克随心所欲地讲述那些或平淡或荒诞的梦，在梦境与现实之间往复彷徨。一如既往地，他弃用常规的标点符号，启用破折号连接断断续续的梦呓：“蠢人和疯人做梦，照这样下去拯救不了世界，这都是一只——迷途的——绵羊——的狂乱呓语罢了——这些梦里的伊芙琳是温良顺从的——科迪是——（冷漠而妒忌）——有点——我不知道——也不在乎——就在我和他们谈话以后——仁慈的上帝呀，我费了这般口舌就是要说，我正策马下山——它变成了洛厄尔的邦克山大

① ［美］比尔·摩根编：《“垮掉的一代”及其他》，龙余译，江苏人民出版社2012年版，第64页。

街——我骑着一匹白马直奔那条黑色的河流而去——醒来后，我心欲碎，因为意识到我即将踏上那东方之旅途（可怜见的!）——形单影只——遗世独立——我现在奔向东方，骑着白马……”[①] 整段话基本依靠破折号完成，这样的句式全书随处可见。在这样的叙述里，作者的思绪如梦如幻，如潺潺溪水静静流淌，各种思绪交织在一起。即使在梦中，作者独孤、寂寞而又无奈的心理亦一览无余。

《梦之书》中所有的表达如梦境般断断续续，偶尔停歇，句式之间未彻底断裂。作者像一个极度冷静的行动派，注重的不是在梦境里究竟发生了什么，而是做梦者在那一刻的所作所为。他通过梦境表达的思绪是他内心渴望达到的某个终点。克鲁亚克曾怀疑第二任妻子的忠贞，拒绝承认珍妮特是自己的孩子。他在媒体面前避谈女儿，拒付抚养费，竟不惜对簿公堂，陷入重重矛盾和痛苦的旋涡中。他似乎赢了官司，却以一个拒认女儿的冷血父亲形象活在世人眼中。或许只有在梦里，他才可能有机会做一个合格的丈夫和负责任的父亲，享受温情的天伦之乐。“她暂时怀着‘我的孩子’，需要有个固定住所，因为我的孩子的缘故，大手大脚地花钱目前名正言顺，因为我就要终生做牛做马的缘故，这种解释目前合情合理……可我的孩子是最重要的，于是我站到了那里……孩子应该住更好的房子……[②]克鲁亚克很无奈地用书写梦境的方式将自己的痛苦和无奈表达出来。他以为这样，就可以获得

---

① ［美］杰克·克鲁亚克：《梦之书》，林斌译，上海译文出版社2013年版，第3页。

② 同上书，第41—42页。

短暂的满足和心理的解脱。他同样在梦境中回忆父母带给他的种种快乐和不快乐，表达年少时候对父亲的痛恨和成年以后对后者的谅解与宽容："爸爸或许就十分安静地坐在椅子上——他刚好从商业区回家来坐上一会儿，但不是因为这里是家，而是因为他那是没有其他地方可去——事实上，他整天出门在外，混迹于台球场——读一点儿报纸——他自己不想再多活些时间——问题就出在这里——与现实生活中的他大不相同——在鬼混生活中，我认为我现在看到了他真正的灵魂——它与我的相似——生活对于他毫无意义可言——或者，我自己就是我父亲本人，这就是我（特别是在旧金山的梦里面）——但是，那就是爸，那个大块头的胖男人，只不过是虚弱而苍白，只不过如此神秘。"① 克鲁亚克以前非常痛恨父亲的各种不负责任与堕落，父亲影响了他后来对待家庭、婚姻和孩子的态度。父亲去世之后，他发现自己其实并不比父亲更有责任心，甚至更糟糕，内心充满愧疚、自责。他重写父亲的形象，也反思自己的诸多行为。

《梦之书》叙述的虚幻梦境皆是克鲁亚克人生经历的重复。他不断复述自己曾经的生活、曾经的朋友，对现实的恐惧以及所有实现的和没有实现的梦想，拒绝从梦里醒来。克鲁亚克的自发式写作，包括他的无意识创作心理，满足了他某种内在的心理需求。需要区分的是，无意识不代表没有冲动，不代表没有感知、欲望和情感，作者只是选择不刻意察觉自己的某种心理。通过自

① ［美］杰克·克鲁亚克：《梦之书》，林斌译，上海译文出版社2013年版，第7页。

发式写作，克鲁亚克将平日不愿意或者不知如何表达的思想和内容顺畅地呈现给读者，让读者更清晰地认识一个真实的作家和作品。克鲁亚克不善于与人相处，两段失败的婚姻也给他打上了不负责任的丈夫的烙印。他在很多作品中都表现出对女性的不够尊重，几乎没有一个女性成为他笔下的主人公。在《梦之书》中，克鲁亚克第一次表达了对第二任妻子的一些看法："变化发生了——她态度软下来，表示赞同，看起来很清醒——忧伤——'没什么别的可做——我很寂寞——'她说了一些有深刻哲理的话，很美，可我不记得了——她很漂亮——我在钢床上醒来，意识到我还爱着琼。"① 在许多有关他和琼的婚姻状况的回忆录和访谈里，克鲁亚克总是将琼定义为一个难以沟通、与人纠缠不清的悍妻形象。他对琼充满各种指责和怨恨，尤其厌烦她不断索要孩子的抚养费。克鲁亚克用自发式方式创造了一种梦境般的效果，在这段梦境中，琼一改往日的恶劣形象，变得多情而温柔，脆弱得让人心生怜悯。他潜意识里的书写是对琼深厚感情的表达，是对逝去的爱情的怀念，也充分说明了他当初将《在路上》的题献给琼并非一时冲动，而是发自内心地感激琼曾经与他同甘共苦的感情抉择。自发式创作，满足的不仅仅是读者的审美心理，也满足了克鲁亚克抒发真实情感的需要。

克鲁亚克从 1951 年正式开始进行自发式写作，1956 年以后，他开始对这样的创作模式感到厌倦。他一度抱怨："我不知该再写

① ［美］杰克·克鲁亚克：《梦之书》，林斌译，上海译文出版社 2013 年版，第 93 页。

什么。我总在乱涂乱写一些没有结局的自发性的文字。这些文字胡言乱语，没有具体的方向，没有故事，当然也不用那样做。只要我还想去做点别的事情，我随时可以结束它。”① 这个没有结局的自发性文字正是他刚完成的叙事诗《老天使的午夜》（*Old Angel Midnight*）。除了将题目从《卢锡安的午夜》（*Lucien Midnight*）改为《老天使的午夜》外，这首长长的叙事诗宛若“世界的独白”，几乎没做任何修改便直接出版，被称为“完全纯粹的自发式写作”②。诗歌由67节组成，主题与天使、午夜并无太大关联。文字叙述语无伦次，整节篇幅冗长，仅有几个标点符号，句与句之间用连接符（&）衔接在一起，相当于破折号。因为“&”符号的存在，有些段落的翻译便会呈现这样的效果：“那样很好，因为一切都会变好 & 我们将会安抚男孩 & 女孩 & 在我们抵达之前我们会为要命的金色永恒找到一个命名 & 还讲一个故事……”③ 克鲁亚克还喜欢将各种押头韵的词语堆叠起来以记录、描摹听觉（aural）而非视觉（visual）。他会突然写道：哇，突哇，哇哦，哎哟（wa，twa，wow，why），嘟嘟，啪啦，噗噜（bleep blap bloop），或者罗列一些毫无关系的词语：图片水罐简练（picture pitcher pithy）。④ 这样的自发式写作已经有些背离他最初的创作理念，有点走向极端。

---

① Ann Charters，“‘Letting Go’ in Writing，” *Jack Kerouac*：*Old Angel Midnight*，Donald Allen，ed.，San Francisco：City lights Bookstore，2016，p. IIIIV.

② Ibid.，p. X.

③ Donald Allen，ed.，*Jack Kerouac*：*Old Angel Midnight*，San Francisco：City lights Bookstore，2016，p. 1.

④ See Donald Allen，ed.，*Jack Kerouac*：*Old Angel Midnight*，San Francisco：City lights Bookstore，2016，pp. 7 – 9.

“对克鲁亚克而言，书信是他践行自发式写作风格非常重要的一个环节。他在随身携带的笔记本上记录所有经历，坐在打字机前，会先写信给朋友描写他将要在书中写的一些事件。”[①] 他总是这样，凡事并不急于动笔，而是更愿意先跟人倾诉自己的想法。包括他的自发式写作风格的缘起，克鲁亚克也将这归功于和卡萨迪的书信往来。“我在《在路上》的创作中运用了自发式写作风格，因为老友尼尔·卡萨迪就是用这样的方式给我写信的，我深受启发。”[②] 克鲁亚克把他的自发式写作风格同样延伸到了他的绘画中来。他喜欢素描，也喜欢油画，他曾创作了一系列作品，用色彩和画笔尽显不羁的自发式创作风格。

克鲁亚克不主张任何形式的文学创作都应该运用自发式写作风格，更没有冥顽不化地坚持任何创作都不可修改。他非常清楚，不受约束的思绪绝不可不受约束地流淌。除却带有鲜明的自发式写作风格的作品外，克鲁亚克还创作了一些严肃的，带着象征主义乃至印象派色彩的小说。他一改以往坐在打字机面前埋头工作的习惯，用铅笔在笔记本上慢慢地构思，涂涂写写，一改再改。他模仿日本的俳句，字字斟酌，不厌其烦地修改，创作了一系列的美式俳句。他对这样的创作模式有自己的见解，主张“俳句创作是不断修改和完善的。我试过很多次，因为它必须语言精简，不需要枝枝叶叶，也不需要节奏，必须简单得就像一幅在三行里

---

① Ann Charters, “Introduction,” Jack Kerouac, *Selected Letters, 1957—1969*, Ann Charters, ed., New York: Viking Press, 1999, p. xxxii.

② Paul Maher Jr., ed., *Empty Phantoms: Interviews and Encounters with Jack Kerouac*, New York: Thunder's Mouth Press, 2005, p. 286.

就能完成的小型画作。以前的大师们就是这样创作的，花数月思考和修改，三行之内必完成”①。克鲁亚克不谙俳句，深知其创作辛苦，亦非自己所擅长之体裁，时不时自嘲：“我只会写又长又笨的印第安诗歌。”② 又长又笨的印第安诗歌究竟是什么，他用一个简单的例子做出了解释：“嘿，看，妈妈，我受伤了。在去小店的路上我摔倒在草地上受伤的。我对着妈妈大叫，快看啊，我受伤了！”③ 能把诗歌写成这样，并美其名曰印第安诗歌，这样的事情，也只有克鲁亚克敢说敢做。

克鲁亚克创作俳句，将自己置于一个三行必须完成一个故事的情境中进行构思。长时间地研究俳句，他在创作中并没有完全遵循俳句的创作规则，因为他发现很难用英语写出日语中那种行云流水般的俳句。“西式的俳句必须用西式的语言在短短的三行里尽量地描写各种事物。总之，俳句必须简单而又能自由地表达诗歌中的各种小花样，能呈现诗一样的画面。”④ 他沿袭各种诗歌题材，将十四行诗、颂诗、赞美诗以及布鲁斯等都糅合在一起，得心应手，创作简短的美式诗歌，即日后的“美国版俳句”。克鲁亚克不是第一个尝试俳句的美国作家。第二次世界大战以来，这种充满活力、注重描写四季景色与自然风光的主题创作很受美国作家的青睐。在克鲁亚克之前，庞德、威廉·卡洛斯·威廉姆斯（William Carlos Williams）、华莱士·斯蒂文斯（Wallace Stevens）

---

① Paul Maher Jr., ed., *Empty Phantoms: Interviews and Encounters with Jack Kerouac*, New York: Thunder's Mouth Press, 2005, p. 289.

② Ibid., p. 292.

③ Ibid., p. 292.

④ Ibid., p. X.

都创作过俳句。

“‘垮掉的一代’喜欢一切事物。我们四处挖掘事物。一切事物意味着一些事物。一切事物只是个象征。我们是神秘主义者。”① 克鲁亚克作为“垮掉的一代”的代言人，被关注过多，他因此苦恼不堪。他觉得自己不是世人眼中颓废而堕落不堪的垮掉者，时时想把自己与“垮掉的一代”其他人物区分开来。他渴望成为一名真正严肃的作家：“我所创作的大部分作品……和其他人的创作的作品没有任何联系，无论是从技术层面上还是从精神层面上来说……尤其是我纯粹的文学创作动机和他们的那些政治动机根本没有任何牵扯……我不希望我出现在那些与我观念不一致的人的传记中，因为他们的那些观点让我觉得恶心。如果你要出版我的作品，那就单独出版我个人的就行。”② 克鲁亚克疏离了金斯伯格，与其他的垮掉派中断联系，离群索居，在政治上保持中立，不参与任何政治团体和派系斗争，不再轻易发表任何极端的政治言论等。他以为这样的努力有助于他重建一个健康的良好的公众形象。

作家的价值往往存在于他的作品和新颖的创作手法中。克鲁亚克的作品里那些优美的语言、流畅的行文和深刻的主题，总是不断地向读者表达它们的存在和自身的价值。他希望自己能为主流文化接受，从此成为受人尊敬的、伟大的作家。在探寻新的写

① Paul Maher Jr., ed., *Empty Phantoms: Interviews and Encounters with Jack Kerouac*, New York: Thunder's Mouth Press, 2005, p. 52.

② See Ben Giamo, *Kerouac, the Word and the Way*, Carbondale: Southern Illinois University Press, 2000, p. 206.

作方法的过程中，克鲁亚克时时陷入痛苦。他“想当圣人，想在我还很年轻的时候就当个圣人，因为要做的事情太多了。但是，到目前为止，我的诗还远远不够……可眼下我觉得光靠自己不行，在发现自我之前，在找到一条正确的写作道路之前，我需要帮助……但眼下我还没有看到技巧和想象力有任何程度的改变”①。他不断地尝试，建立了自己的自发式创作风格，逐渐将自己的情感和思想都化成一部部完整的文学作品呈现给世人，带有明显的区别于其他作家的语言特色。

克鲁亚克为自己的情感赋予了诗歌、绘画等表达方式，他希望通过这些情感的表达帮助世人了解一个真实的自己，认同他和他的作品。这些，都预言着“垮掉的一代”运动进入了巅峰时期。无论小说、诗歌的创作，还是他作为业余爱好的音乐、绘画等，这些艺术从来不可割裂对待。这些艺术作品对克鲁亚克本人和他的时代都产生了一定的影响，根本原因就在于它们“为情感赋予了一种新的形式，这事实上也就是一个新的文化的开始，同时也是对许许多多反映素材的新的揭示”②。

自发性创作的价值还在于多样化的语言运用，增添了作品的可读性和真实感，这正是一个喧嚣浮躁的时代和缺乏精神寄托的人们内心所急须的。他们可能自己无法去一一体验或实践作者在作品中与之分享的林林总总的生活模式，却相当享受这种文字上的精神狂欢和感情倾诉。克鲁亚克笔下的人物来自不同的阶层，

① 转引自李斯编著《垮掉的一代》，海南出版社1996年版，第92页。

② ［美］苏珊·朗格：《艺术问题》，李泽厚译，中国社会科学出版社1983年版，第67页。

有着不一样的生活、教育背景和语言习惯，他因此常熟练地用英语、法语、诺阿尔语、黑人俚语等交替书写。他用最真实最贴近生活的语言书写着一个时代的彷徨、堕落和疯癫，这对社会的保守主义者和传统的经院学派而言，几乎是一种无情的鞭笞和反讽。但是，“这种表达对垮掉派本身而言，恰巧是对那些所谓的无耻行为的否定，是一种对人类的所有事物不可鄙视的宣言。如若他们的这种方式看上去不那么文明和充满孩子气，看看布莱克是如何坚信的：傻瓜坚持自己的傻，将会变得聪明”①。

《在路上》的魅力不仅仅在于它所描述的迷人的风光、动人心魄的冒险和各种荒诞不堪的堕落行径，它真正的价值更在于全书行云流水的叙述和不拘一格的自发式写作。这部小说一出版，就掀起了轩然大波。好评如潮，恶评也不绝于耳，争论的焦点主要集中在克鲁亚克的创作时长和作品主题上。评论家无法理解克鲁亚克如何能在短时间内完成一部堪称引起轰动效应的小说，自然也不能认同它的文学价值。在他们看来，一部作品的文学价值，必定与作者的思想和付出的创作时间成正比，克鲁亚克似乎不在此二者之列。在一个电视访谈节目中，主持人说自己必当花三个星期去旅游去看风景，然后花七年时间来构思和创作，而不会像克鲁亚克那样本末倒置。彼时的畅销书作家杜鲁门·卡波特（Truman Capote）对克鲁亚克这种他认为急于求成的创作方式不屑一顾，讽刺其根本不懂写作，更不是在创作，只是在打字。他的“自发式的打击韵律”最终在《在路上》惊艳登场，并被金斯伯

① Thomas F. Merrill, *Allen Ginsberg*, Boston: Twayne Published, 1988, p. 2.

格借用于著名的诗歌《嚎叫》的写作与朗诵中。与这些评论截然不同的是，《在路上》收获了大批的读者群，成为美国文学的经典之作。克鲁亚克并不是一个随心所欲只会简单打字的作家。他所有的深思熟虑，在他动笔之前已经在大脑里演练过无数次。只是一旦动笔，他就不再中止创作行为，他希望用这样的方式留存对作品最初的最美好的感觉。

每一种写作风格都有它自身的价值和意义。1957 年 3 月，克鲁亚克收到了考利的回信，后者认为他的新作《荒凉天使》不适合在维京或者其他同类出版社出版，因为该书“不是一本维京或者其他出版社希望推荐给读者阅读的书”①。考利还认为这部书没能刻画出像《在路上》那样经典的人物形象，不能与《在路上》媲美。考利一纸回信狠狠地刺痛了克鲁亚克的自尊心，他再度怀疑自己的创作。更为沮丧的是，他的另一部作品《地下人》也被编辑擅自删减不少，诸多长句被无情地改成短句，还增加了不少标点符号。克鲁亚克一气之下写信给好友斯特林·洛德（Sterling Lord）大倒苦水：“让我更改我作品的真实性，还不如让我去死。那些和我真实的生活绝不可分开来对待。没有了这些真实感，付给我多少钱都是徒劳。他们反馈回来在我的作品中增加的逗号、停顿以及各种更改，是在摧毁作为真正的自然书写的克鲁亚克!”② 克鲁亚克认为，“自发性就是思维的声音；他坚持认为，手法、修改都使作家最需要表达的东西模糊不清，而让真正要写

① Jack Kerouac, *Selected Letters, 1957—1969*, Ann Charters, ed., New York: Viking Press, 1999, p. 10.

② Ibid., p. 11.

下来的东西显得过分吝惜笔墨”①。不管是他的个人行为，还是他的创作，都充满着反叛精神。“他的反叛并非出自深思熟虑，而是自发的行动，这使人相信，这是强烈个性不能按照正常的社会渠道来表达而产生的反叛。”②

克鲁亚克的文学创作形式，是对他的那个时代的反叛，亦是他努力创新的结果。克鲁亚克“决定彻底地为自我写作——他自己将成为最理想的读者。这种观念上的重大变化，即从把文学当作迎合他人的手段，转移到把写作当作表达恶劣环境中的个人思想及看法的必要方式”③，是他在50年代做出的重大决定。一个作家其实不应该太在意他的创作环境。最好的时间，最好的地点，都简单不过。“房间里有张桌子，靠在床边，光线很好，从午夜一直到黎明，在家里，累了喝点酒。”④ 不管他如何强调自发式写作方式的特征，彰显其价值，他“真正的主题只有一个，那就是美国本身。在表现初生的张力，新生的道德以及美国生活中新意识的开端方面，克鲁亚克表现了非凡的敏感。在他预见并描绘出生活方式的变化时，他也揭露了顺从和实利主义的阴暗面；他预见到的那些生活方式的诸多变化都在他晚年时期实现了”⑤。只是，克鲁亚克的晚年来得太早，思之令人不胜唏嘘。

---

① 李斯编著：《垮掉的一代》，海南出版社1996年版，第159页。

② 同上书，第63页。

③ 同上书，第76页。

④ Paul Maher Jr. , ed. , *Empty Phantoms: Interviews and Encounters with Jack Kerouac*, New York: Thunder's Mouth Press, 2005, p. 311.

⑤ 李斯编著：《垮掉的一代》，海南出版社1996年版，第158页。

## 第三节　多元创作手法的融合

当代文学理论大师 M. H. 艾布拉姆斯（M. H. Abrams）说："诗歌是诗人思想情感的流露、倾吐或表现……是个人修改、合成诗人意象、思想、情感的想象过程。"① 英国浪漫主义诗人威廉·华兹华斯（William Wordsworth）在《抒情歌谣》(*Lyrical Ballads*) 的序言中同样提道，"诗是强烈情感的自然流露"。克鲁亚克喜欢诗歌，喜欢惠特曼的自由体诗歌，尝试着模仿后者。他也喜欢日本的俳句，又认为英文的俳句如果完全按照日式俳句来写，不仅韵味全无，更难达到日式俳句的流畅和优美。他还喜欢绘画和爵士乐等艺术，这些艺术的熏陶也渐渐影响了他的创作风格。克鲁亚克平日注重收集生活中的各种素材，随时记录所见所闻，然后用这些素材创作出一种所谓"以虚幻维度构成的形式"②，这些形式体现在他的所有作品里。他还在描绘四季美景、感悟伤情的过程里，融入了禅宗体验。在克鲁亚克的多元艺术创作中，可以发现"每一门艺术都会创造出一种完全不同于其他艺术的独特经验，每一门艺术创造的都是一种独特

---

① ［美］M. H. 艾布拉姆斯：《镜与灯》，郦稚牛、张照进、童庆生译，王宁校，北京大学出版社 2004 年版，第 20 页。

② ［美］苏珊·朗格：《艺术问题》，李泽厚译，中国社会科学出版社 1983 年版，第 76 页。

的基本创造物"[①]。

克鲁亚克通过阅读和书写俳句表达自己的各种情绪，是美式俳句的早期体验者。他接受斯奈德的建议，融会变通，创作3行17个音节的俳句，同时加入一些现代流行音乐的元素，这种独特的美式俳句逐渐进入50年代美国读者的视野。克鲁亚克严格地遵守传统日本俳句关注的主题，禅宗思想时有凸显。他写道："杰克山顶/笼罩着/金色的云雾。"[②] 诸佛在日常时，身体总是散发着金色的光芒。克鲁亚克喜欢用"金色"指代一切与佛陀相关的感悟，包括给自己的诗歌集亦取名为《金色永恒律书》。在1956年至1966年之间，克鲁亚克在随身携带的小笔记本上创作了上百首俳句，有些还配有插画。谈到俳句，他说："我建议西式俳句就用西式的语言在三行内表达出来。总之，俳句必须简单明了，不受诗歌惯用的小伎俩约束，有画面感，要像维瓦尔第《田园》（*Vivaldi Pastorella*）那样优雅而轻快。"[③] 他在《俳句之书》中写道：

那么，我要发明
美国的俳句
押韵的八行两韵诗——
17个音节

① ［美］苏珊·朗格：《艺术问题》，李泽厚译，中国社会科学出版社1983年版，第74页。

② Regina Weinreich, ed., *Jack Kerouac*: *Book of Haikus*, New York: Penguin Poets, 2003, p. 87.

③ Ibid., p. x.

不，诚如我所言，美国的博普音乐

简单的3行诗。①

他兴致勃勃，钟情于俳句创作，似乎这种简单而明了的创作更能表达他复杂的内心，自己所有的才华也更易清澈表露。

在椅子上

我决定将俳句称作

流行音乐。②

克鲁亚克笔下的俳句，与博普音乐联系在一起。它们没有固定的统一的音节，长度不过三行，或押韵，或无韵，总用素朴的语言表达某种深刻的思想，旨在获得某种启示。克鲁亚克把俳句称为流行音乐，表明他打算从传统的俳句中抽身而退，期待用一种新的创作手法形成美国文学中的另一种诗歌体裁：美式俳句。克鲁亚克明确地表达了自己要从日本俳句中独立出来、确立美式俳句的独立性的决心。不仅如此，他还别出心裁地创作出仅有两行的俳句，从形式上彻底颠覆了传统俳句的格式。1956年，克鲁亚克模仿唐代疯僧寒山，一个人在荒凉峰上静静地冥想63天。每日面对如起伏的兽脊的群山和挥之不去的浓雾，克鲁亚克完成了一系列以荒凉为主题的俳句，这些俳句后来全被收录进《荒凉天使》中。

从他的俳句中可见，克鲁亚克确实不再拘泥于传统俳句的韵

---

① Regina Weinreich, ed., *Jack Kerouac*: *Book of Haikus*, New York: Penguin Poets, 2003, p. ix.

② Ibid., p. xxxii.

律和书写格式，有时候写三行，有时候写两行。有时一行只有两个音节，甚至更少。他既写“冻住了/小盆中/一片树叶”；也会写“晨霜纷落/汽车/缓缓驶过”[①]。他因为常年养猫，对猫情有独钟。“猫”屡屡现身于小说、绘画和俳句创作中。克鲁亚克以猫为主题写下：“夏日的夜晚/猫在玩耍/与一位托钵高僧”“准备研习经书/猫趴在我的书上/请求关爱”[②]。他还会这样写：“静静地看着对方，猫/和松鼠/整个下午。”[③] 在克鲁亚克的笔下，小动物停留在午后的时光里，静静地享受着难得的宁静。它们象征着克鲁亚克从不停歇、喜欢行走在路上却渴望回归宁静的心。猫在克鲁亚克的生命中，不仅是他创作的灵感来源，也是他难得的可以信任的朋友之一。

克鲁亚克在俳句中表达对中国文化和中国历史人物的无限崇敬。他崇拜寒山，亦津津乐道陶渊明，给自己取名为“陶·杰克·克鲁亚克·明”。他会这样写：“成吉思汗愤怒地/盯着东方，用血红的双眼/寻觅秋季的复仇。”[④] “毛泽东采集了/很多西伯利亚的神圣的/蘑菇，在秋季。”[⑤] 当他遇到挫折时，以为可以转向达摩，在中国文化中寻求慰藉，却每每徒增失落，遂忍不住抱怨“没办法从陶渊明和达摩那里获得解脱，几乎已经彻底忘记他们

① Regina Weinreich, ed., *Jack Kerouac: Book of Haikus*, New York: Penguin Poets, 2003, pp. 4 – 5.

② Ibid., p. 21.

③ Ibid., p. 55

④ Ibid., p. 15.

⑤ Ibid., p. 16.

了，甚至一点儿都想不起来了”[1]。似乎很难从这类抱怨中厘清他真正的思想，也无人知晓克鲁亚克对成吉思汗、毛泽东到底有多么深刻的了解。克鲁亚克并不在乎世人如何看待他，创作俳句的他活脱脱一个单纯的孩童，缘情而作，兴之所至，率尔成章。

克鲁亚克将爵士乐的打击节拍融入诗歌创作，为现代美国诗歌的产生注入了新的艺术元素。20 世纪50 年代的美国社会，爵士乐迷多走极端，远离法律和各种社会规章制度的约束，蔑视传统道德，不知停息地追求毒品带来的刺激。“爵士乐迷混迹于罪犯和妓女中，痛感警察的残暴，他的所作所为似乎是想用笑声来驱除栖身之所的悲伤，以毒品和音乐照亮他的绝望内心或狂喜之乐。他不断地追求新的方式和内心的快乐，在大麻、可卡因、鸦片、安非他明和任何可以起镇静或提神作用毒品的引导下，悄悄地进入自觉意识。”[2] 同样地，很多作家效仿爵士乐迷，长期处于持续的“亢奋”状态。克鲁亚克不无担心地预言这些作家们很有可能铤而走险，或吸毒，或进监狱，或进疯人院，只为寻找创作的灵感。克鲁亚克本人因为误诊，经历过短暂的精神病医院治疗和看守所生活，痛苦不堪。后来回忆此事，他称之为挥之不去的噩梦。

虽然爵士乐总与毒品联系在一起，克鲁亚克对爵士乐的热爱从未消减，认为“爵士乐是隐藏的暗语密码，它以深藏的愤怒和类似的讥笑嘲弄白人权势。对普通的黑人来说，爵士乐就是其作曲者卓越的演奏技巧，那种以多年的演出和从乐器的操练中得来

---

① Jack Kerouac, *Selected Letters, 1957—1969*, Ann Charters, ed., New York: Viking Press, 1999, p. 316.

② 李斯编著：《垮掉的一代》，海南出版社 1996 年版，第 28 页。

的能力——在各种不同的主题中发明无数的花样，无穷尽的音响排列与组合，这些都标志着向无意识、无理性、没有任何演奏目标的直觉创作回归”①。

在克鲁亚克的作品中，时常出现一些音乐的而非文学成分的打击乐的节奏和韵律，是即兴的、简洁的、反复的节拍演奏，没有实质内容，直接表达博普爵士乐的演奏风格。他希望通过这种独特的“自发式的打击韵律”给美国文学带来清新的气息。这种打击韵律包含音乐的、非文学的，尤其是爵士乐的成分。虽然这些文学之外的元素在作品中获得很好的诠释，却很难像乔伊斯主张的意识流那样席卷美国文学界。克鲁亚克对爵士乐的热爱，并非一时的头脑发热。他在纽约求学初期，他高中时的好友西蒙·怀斯（Seymour Wyse）和杰瑞·纽曼（Jerry Newman）时常教他一些博普爵士乐的基本知识，带着他出入各种酒吧。“他们并非从霍拉斯·曼出来的一群无所事事的孩子，他们总是和音乐家们聚在一起，喝酒，聊着和音乐相关的话题。”② 克鲁亚克长期与他们交往，对伟大的中音萨克斯风手、才气纵横的查理·克里斯托弗·帕克（Charles Christopher Parker）和爵士乐萨克斯风手及单簧管手、传奇人物莱斯特·威利斯·杨（Lester Willis Young）崇拜不已。他慢慢地学会分辨许多音乐中的节奏和韵律，他的目的不仅仅是感受听觉的艺术，而是有意识地把这些节奏加以改变，融入写作。在某种程度上而言，“克鲁亚克的创作，是他学习帕克的节

① 李斯编著：《垮掉的一代》，海南出版社1996年版，第27页。

② Bill Morgan, ed., *The Best Minds of My Generation: a Literary History of the Beats*, New York: Grove Press, 2017, p. 33.

奏与呼吸的结果”[1]。克鲁亚克文学中包含的反复演奏的爵士乐元素，按照阿尔伯特·默里（Albert Murray）的定义，就是：“简洁的不断反复的乐节演奏，有时候会有一些细微的变化……这些反复的乐节就是一种自发式的，仿佛演奏者受表演的热情所鼓舞的一种即兴的表演。因此，反复的乐节演奏有时等同于即兴演奏……反复的乐节演奏不仅是某些部分的反复表演，很多时候并没有实质内容，仅仅只是一些相似的打击乐或者是一些大家都很熟悉的旋律的借鉴，甚至当下流行的一些陈词滥调。”[2] 这个关于即兴演奏的定义，恰巧揭示了克鲁亚克的创作天赋。他不是音乐家，也缺乏音乐方面的专业素养，但是他非常真实地将音乐的即兴演奏方式运用到文学创作中来，且乐此不疲。他在某次接受《巴黎评论》的采访中，认为爵士乐和博普爵士乐，就像一个男高音在使劲吸气，然后拼命吹气完成他的演奏。创作则犹如呼吸，在一吸一呼之间，作家笔下的句子、段落、论述，都顺理成章地得以完成。

克鲁亚克从技术的层面解决了长期困扰他的自发式写作与爵士乐之间以及节拍之间的动态平衡。他在《在路上》中写道：“我不在乎别人怎么说……但是我被那种像纯威士忌似的狂野的音乐刺激得兴奋万分，把鞋脱了！我们再也不要听爵士音乐评论家和那些对博普乐持有异议的人说三道四了：——我喜欢狂野的威士忌，我喜欢周六大棚里疯狂的音乐会，我喜欢次中音萨克斯管手为女人发狂，我喜欢兴奋的演奏、着迷的摇摆，如果要用石头

---

① Bill Morgan, ed., *The Best Minds of My Generation: a Literary History of the Beats*, New York: Grove Press, 2017, p. 34.

② Albert Murray, *Stomping the Blues*, New York: McGraw-Hill, 1976, p. 96.

砸死我的话，我愿意被砸死，我愿意被后巷的音乐激动死……”①克鲁亚克坚持自己的创作风格，在文学创作与爵士乐节拍之间随意切换，不在意世人的批判，不顾忌那些说他语言粗糙、内容不严谨、主题荒谬的评论家的保守心理。当时的评论家沃伦·托曼（Warren Tallman）很不习惯克鲁亚克的爵士乐风格，批评“《镇与城》凭借其强烈的韵律感表达了30年代的感伤音乐，而《在路上》则直接表达了博普爵士乐。音调不连贯，一个音调总是突然被其他音调代替……”② 与托曼的评论截然不同的是金斯伯格对《镇与城》的溢美之词，说“它有点像是有最后的一点渴望的管弦乐式样的成长小说……仍然是一本很有价值的书，里面有很多经典的段落”③。总体而言，克鲁亚克笔下爵士乐节奏的运用，是对他自发式创作风格的延展，是他“对于情感对象化的补充和逆反应，也是艺术创造的一种能动力量”④。

克鲁亚克的绘画天赋在孩提时代初露头角，成年以后画笔成为他创作的辅助工具。绘画与诗歌的最大区别在于：“绘画是用色彩来作画，而诗是用语言来作画——或者说，诗用的是具有韵律的语言，而绘画用的是形象语言。”⑤ 理解了二者的区别，就不难理解克鲁亚克同时运用诗歌和绘画表达同一主题，且以同样的名

---

① ［美］杰克·克鲁亚克：《在路上》，王永年译，上海译文出版社2008年版，第180页。

② See Warren Tallman, “Kerouac's Sound,” in *A Casebook on the Beat*, Thomas Parksin, ed. New York: Thomas Y. Crowell, 1961, p. 222.

③ Paul Maher Jr., ed., *Empty Phantoms: Interviews and Encounters With Jack Kerouac*, New York: Thunder's Mouth Press, 2005, p. 2.

④ ［美］苏珊·朗格：《艺术问题》，李泽厚译，中国社会科学出版社1983年版，第67页。

⑤ 同上书，第70页。

字先后为不同的诗歌和绘画取名的匠心。他认为读者总是容易受某种情感支配，而这种情感中常包含一些宗教的思想，文学创作和绘画，都要关注读者的宗教情感。对克鲁亚克而言，所有的创作无非是换一种形式，其他无甚区别。他的小说后来被改编成电影搬上大银幕，这也是艺术形式的不同表现。克鲁亚克曾创作一幅叫作《十字架上的晾衣绳》的油画，表达禅宗公案的表面上的自相矛盾性："晾衣绳是十字架这是什么意思？它说明晾衣绳就是十字架。晾衣绳不是十字架仅仅是一根绳子这又是什么意思？它说明晾衣绳不是十字架仅仅就是一根绳子。"① 这样的画面与禅宗公案如出一辙，是克鲁亚克将禅宗与诗歌、绘画紧密结合的最好诠释。禅宗美术家和禅宗诗人是很难理解的，你弄不清楚他们的诗终于何处，他们的画始于何处。在他们那里，你感受不到人与自然的对立，与其说人与自然是同类，不如说是同一的。正如日本宗教学者姵崎正治教授指出的那样："倾注他们兴味的，并不是生的表面无休止地动，而是在变化之中和变化之后发现的永恒静谧。"②

克鲁亚克的作品诗中有画，画中有诗。随着创作手法的日益娴熟和绘画技能的提升，克鲁亚克的自发式写作风格也延伸到绘画创作，为他的画作平添一份洒脱与飘逸的美感。他根据自己某个时刻的灵感用文字和绘画同时表达出来，帮助读者理解他的诗歌和小说，就像他在文学创作中所表达的那样："最初的思想的进

① Jack Kerouac, *Departed Angels: the Lost Painting*, text by Ed Adler, New York: Thunder's Mouth Press, 2004, p. 179.

② ［日］铃木大拙：《铃木大拙说禅》，张石译，浙江大学出版社 2013 年版，第 73 页。

发，很少关心外面那些博学的评论家如何评价他这些创造性的作品。”[①] 克鲁亚克为作品配置各种插图，一旦这些画作融入作品，它们作为独立的艺术形式便已消失，他的小说和诗歌逐渐吞并了这些画作。“这种适用于各门艺术之间的交叉关系的无所不在的原则就是同化原则。”[②] 克鲁亚克捕捉读者的心理，希望通过绘画的方式帮助他们更加深刻地理解自己的小说和诗歌，而绘画本身变得不那么重要了。它们只是“我的业余爱好。我不喜欢做这个，总是弄脏我的手”[③]。

1996 年 4 月，“垮掉的一代”艺术作品在华盛顿美国国家绘画馆展出，克鲁亚克早年创作的各种素描和油画亦也在展览之列。克鲁亚克作为一名业余的绘画爱好者，他的作品本身可能没有特别引人注目的亮点，也不一定有极高的艺术价值。但是，在多元文化和价值观并存的美国社会，这次展览向世人传递了一种信息：“垮掉的一代”并没有完全消失，他们的反叛精神依然值得人们学习。更为重要的是，克鲁亚克屡屡尝试各种艺术创作形式，他的禅宗思想、博普爵士乐精神、绘画体验等，一点一滴融入文学创作，最终成就了他作为作家在文学史上的地位。

---

① Jack Kerouac, *Departed Angels: the Lost Painting*, text by Ed Adler, New York: Thunder's Mouth Press, 2004, p. 132.

② ［美］苏珊·朗格：《艺术问题》，李泽厚译，中国社会科学出版社 1983 年版，第 81 页。

③ Paul Maher Jr., ed., *Empty Phantoms: Interviews and Encounters with Jack Kerouac*, New York: Thunder's Mouth Press, 2005, p. 357.

# 结　语

20 世纪 50 年代产生的"垮掉的一代"文学文化运动，"代表真正地道的美国文学，它所表现的是开放的人生，是欢畅的、没有道德和文化禁忌过多约束的自我表达"[①]。它同时还是 60 年代美国社会反抗正统文化与政治制度的催化剂。他们这一代人，作为提前觉醒的少数派，不断遭遇各种压制和批判，在无能为力的自我放逐与堕落中，用文字发出最后的呐喊。只是这种凭借个人力量对未来的憧憬和信仰，从来都不能赢得未来。就像金斯伯格在法庭上对陪审团的回应那样："没有人知道我们究竟是催化剂或是创造了什么，抑或只是顺应了历史本身的潮流。而我们认为这三者皆有。"[②] 无论对美国现存体制有多么不满，甚至上街游行、示威、抗议，他们并不试图摧毁这一体制本身；而更多只是从

---

① 李斯编著：《垮掉的一代》，海南出版社 1996 年版，第 5 页。

② ［美］比尔·摩根：《"垮掉的一代"及其他》，龙余译，江苏人民出版社 2012 年版，第 221 页。

“精神”方面去追求他们所理想的人生至善至美的境界，即“beatitude”，类似佛教禅学境界。他们崇尚享受人生，但并不太讲究物欲。他们蔑视传统的社会权威，认为作为统治术的理性早已失去活力，寻求尽可能突破理性困扰的原初的鲜活体验。

所谓传统，指“在社会生活中，常常是指一个社会或一个民族或一个行业、学科或一种技艺，在过去以至现在都共同遵守的生活规则或工作规则”[①]。克鲁亚克本身是一个反传统的人，他反对的传统就是那些大部分人都遵循看上去还不错的生活规则。但是，这些规则，却让他感到窒息。克鲁亚克蔑视传统的社会权威，认为作为统治的理性早已失去活力，故而，应寻求尽可能突破理性困扰的原初的鲜活体验。他感到厌烦透顶，总是不满，抱怨，却又是享乐主义者、不反抗主义者。他的不反抗，是惊异于这个社会的丑陋、僵硬、拜金主义和它的不合理的空洞价值，由此并不打算进行传统意义上的反抗，而是采取“大抗拒”的态度：如果说在此以前的左派是根据游戏规则进行反抗，那么以克鲁亚克、金斯伯格为代表的“垮掉的一代”则是挑战游戏规则本身，忽视它并拒绝它。他们自觉自愿地做一个社会边缘人，自我流放在路上，通过习禅、冥想和服用迷幻药来打开感观之门，完成自我剖析和自我重生，冀图获得安宁和幸福。

就像评论家威廉·洛尔（William Lawlor）所言：“评论‘垮掉的一代’所肩负的责任与评论其他文学作品所肩负的责任不一样。当我们给学生讲授斯宾塞（Edmond Spenser）的《仙后》

① 周辅成：《论人和人的解放》，华东师范大学出版社1998年版，第61—62页。

(*The Faerie Queene*)、约翰·弥尔顿（John Milton）的《失落园》(*Paradise Lost*)，或者是班扬（John Bunyan）的《天路历程》(*The Pilgrim's Progress*) 时，我们总是很自信能得到学术界的认可，不会有一种要为某种文学验明正身的感觉……相反，当一个人讲授'垮掉的一代'，他必须向他的同事、学者、专家论证其价值，因为这些人总是质疑其文学价值和地位，而学生们却在为克鲁亚克、金斯伯格等人欢呼雀跃。"① 《达摩流浪者》里曾有一段主人公的内心独白："我有一个美丽的愿望，我期待这一场伟大的背包革命的诞生。届时，将有数以千计甚至数以百万计的美国青年，背着背包，在全国各地流浪，他们会爬上高山去祷告，会逗小孩子开心，会取悦老人家，会让年轻女孩爽快，会让老女孩更爽快；他们全都是禅疯子，会写一些突然想到的、莫名其妙的诗，会把永恒自由的意象带给所有的人和所有的生灵……"② 当这个时代真的来临，克鲁亚克曾经的愿望终于实现的时候，卡萨迪、克鲁亚克等"垮掉的一代"的代言人物却已一个一个悄然离世，"垮掉的一代"作为一个时代的代名词只存在于人们的记忆中。

文化的变迁总是意味着一些思潮的落寞和另一些思想的兴起。从这个意义上而言，"垮掉的一代"无意之间关上了某扇门，又为自己打开了另一扇门，这扇门最终能通向哪里，没有人能告诉

---

① Kostas Myrsiades, *The Beat Generation*: *Critical Essays*, New York: Peter Lang Publishing, Inc., 2002, p. 3.

② ［美］杰克·克鲁亚克：《达摩流浪者》，梁永安译，上海译文出版社 2008 年版，第 106 页。

他们。他们是一个时代的反叛者、代言人和先驱，他们注定定格在20世纪的50年代，他们那乌托邦式的、反社会反传统的文化思潮在某种程度上具有一定的破坏性和颠覆性，在美国历经风雨，终见彩虹。在《声援蒂莫西·利里博士的独立宣言》中，金斯伯格曾批判政府为了禁锢文人思想，将吸食毒品列为不可饶恕之重罪，彻底阻碍了人们的思想和言论自由。金斯伯格驳斥了政府的种种行为，支持利里博士，认为他“尽管因吸食大麻被捕，事实上他是为了自身信仰而接受审讯；尽管因大麻坐牢，事实上他是为了自我思想而长期禁锢；尽管因大麻不能保释，事实上他是为了自己的意识学说而受困于带刺的电线网之后”①。政府想禁锢的，不是一个人的身体，而是他那颗热爱自由的心，是那一石激起千层浪的渴望民主的思想。

“垮掉的一代”从发生、发展到最后的衰落皆已成为过去，但其影响持续至今。20世纪60年代美国出现的反战示威、黑人民权运动、生态环境保护、妇女解放运动等都与“垮掉的一代”有着千丝万缕的联系。20世纪80年代初，人们又重新燃起了对垮掉派的兴趣。“垮掉的一代”代表们曾经的亲友、妻子等开始陆续整理他们未曾出版的手稿，撰写回忆录，接受访谈，从另一个视角记录了这些曾经迷茫、疯癫的人群的脆弱、无奈和真实，补充完整了一个个垮掉者的形象。有关垮掉派的一些话题再次出现在人们的视野中，一些新的相关主题也逐渐被纳入讨论的范畴，引起了评论界

---

① ［美］比尔·摩根编：《金斯伯格文选——深思熟虑的散文》，文楚安等译，四川文艺出版社2005年版，第110页。

的关注，比如“黑色垮掉派”“同性恋垮掉派”等。[①]

“垮掉的一代”对后来的文学和艺术影响范围极广，“诗人、电影制片人、画家、小说家、出版社、独立影片制作人以及其他媒体……对于当时年轻一代人的运动，对于20世纪50年代和60年代早期的大众文化和中产阶级文化，它的影响一直持续发酵。这些影响大致可以概括为如下几点：普遍性的自由：性解放或者说是自由，同性恋自由，黑人自由，女性自由；言论自由；反对禁止吸食大麻和其他毒品的法律法规；节奏与布鲁斯融入摇滚乐，又融入更高的艺术因素，甲壳虫乐队，鲍勃·迪伦以及更多的流行音乐家都受惠于20世纪60年代的垮掉派诗人和小说家的写作……”[②]“垮掉”的精神也没有彻底退出历史的舞台。在后来的半个世纪里，“垮掉的一代”的艺术作品在华盛顿的美国国家美术馆陆续展出。世人对他们相关的图片、绘画、评论、音像资料表现出浓厚的兴趣。《在路上》被搬上大银幕，克鲁亚克、金斯伯格的各种手稿、笔记、文书档案售价居高不下，巴勒斯频频出现在各种电视广告中。2002年，克鲁亚克遗失多年的中篇小说《烦忧的生活》手稿出现在世人面前，拍出了95600美元的高价，而前一年，《在路上》的手稿在拍卖会上拍出2430000美元的高价。这些数据从一个侧面表明了克鲁亚克存在的价值和意义。

东方文化和西方文化的对立状态与生俱来，无法化解。但事

---

① ［美］比尔·摩根：《“垮掉的一代”及其他》，龙余译，江苏人民出版社2012年版，第210页。

② Allen Ginsberg, "A Definition of the Beat Generation," Bill Morgan, ed., *The Best Minds of My Generation: a Literary History of the Beats.* New York: Grove Press, 2017, p. 4.

实说明，东西文化的融通不可避免。今天，美国的政治与文化依然是西方文明与文化的代名词和风向标。无论美国文化如何发展，它终究不能脱离整个西方文化圈，也不能漠视东方文化的独特魅力。只有重视各种文化的差异，尊重他者文化，自我文化才能不断进步与发展。克鲁亚克作为一名不经意接受禅宗文化的天主教徒，他对美国文学的另外一个贡献就在于以自身为实践对象践行了天主教与佛教的对话和融通，成为中美文学对话中的一个经典个案。在他之前有梭罗和爱默生热爱中国儒家文化，在他之后，中国文化与美国文化的对话日趋频繁，海外汉学研究方兴未艾。因此，不同的文化差异并不一定是排斥，很有可能需要互补，但这个互补的过程需要“透过纷繁的象征体系去体悟共通的精神实质……”①

克鲁亚克无疑是非常明白和知道这一切的人，他反对很多传统，却非常执着地坚守自由主义的传统。他并非智慧超群或者深谙经营之道，他只不过明白国家这个大机器绝不会因为他或者他们几个人的“嚎叫”和叛逆而因此改变既定的运作轨迹。他拒绝随波逐流，拒绝融入这大多数都甘于面对的现实的洪流。他也无力反抗，他手中的笔、桌上的纸，让他更具无力感，终究败给了现实。当然也可以这样考虑，在世俗的眼中，克鲁亚克就是堕落与叛逆的代表。因为任何一个与现实格格不入的人，必然有他明显的性格缺陷。众人皆醒我独醉的时代早已一去不复返。克鲁亚

① 何光沪、许志伟主编：《对话二：儒释道与基督教》，中国社会科学文献出版社2001年版，第8页。

克接受天主教的熏沐、禅宗的浸润，使他本身就成为一个多声部的文本，因此，他的自发性写作也呈现为一种众声喧哗的杂语体。他在路上走过，快乐也罢，痛苦也罢。他是黑夜中的行路者，从未真正找寻到自己的指明灯。他是自由主义传统的坚守者，他是时代的叛逆者。他所有的行为和语言，使他成为“杰克·克鲁亚克”而定格于世间。

# 附　录

## 克鲁亚克年表

1922　3 月 22 日，克鲁亚克出生于马萨诸塞州的洛厄尔镇。

1926　克鲁亚克的哥哥杰拉德早逝，年仅 9 岁。

1939　克鲁亚克从洛厄尔高级中学毕业。

1939—1940　去纽约就读霍拉斯·曼学校。

1940—1941　就读于纽约的哥伦比亚大学。

1942　在多切斯特号船上做水手航海到格陵兰。返回哥伦比亚大学。

1943　应征加入美国海军；因为精神原因被军队开除；在乔治·威姆斯号船上做水手，航海到利物浦。

1944　遇见卡尔·卢锡安、威廉·巴勒斯、艾伦·金斯伯格。在一场谋杀案中因为协助隐藏罪证而入狱。与埃迪·帕克结婚；很快又分开。

1945　与巴勒斯合作小说，完成《河马煮死在水槽里》，未正式出版。

1946　克鲁亚克的父亲里奥死于胃癌。开始创作《镇与城》。遇见尼尔·卡萨迪。

1947　只身到丹佛和加利福尼亚州旅行。

1948　遇见约翰·克列农·霍尔姆斯。完成《镇与城》的写作。着手准备《在路上》。

1949　与卡萨迪到路易斯安那和旧金山旅游。和母亲搬到科罗拉多小住。回到旧金山，跟着卡萨迪折回纽约。

1950　《镇与城》出版。到丹佛旅行，和卡萨迪去了墨西哥。在纽约与琼·哈维蒂结婚。

1951　继续创作《在路上》。和琼分开。因为血栓性静脉炎入院。疼痛稍微缓解后，发现了后来称之为“自发式写作”的创作方式。到加利福尼亚州旅行。

1952　住在卡萨迪旧金山的家中创作《科迪的幻想》。在巴勒斯墨西哥城的公寓创作《萨克斯医生》。到北卡罗来纳州旅行，回到加利福尼亚州，又回到墨西哥城。再次去加利福尼亚州旅行。

1953　创作《玛吉·卡萨迪》。去加利福尼亚州旅行时，在铁路上工作一段时间。在“威廉·卡鲁思号”船上工作，在新奥尔良下船。在纽约创作《地下人》。

1954　去加利福尼亚州的圣·何塞市看望卡萨迪。在纽约与加利福尼亚州学习佛教。

1955　和母亲搬到北卡罗莱纳州居住。到墨西哥城旅行，在墨西哥城创作《墨西哥城布鲁斯》，并开始创作《特丽丝苔莎》。到伯克利旅行，认识了加里·斯奈德。回到北卡罗莱纳州。

1956　创作《杰拉德的幻想》。到加利福尼亚州旅行。创作《金色永恒律书》以及《老天使的午夜》。在华盛顿州贝克山的国家森林公园做火山瞭望员。辗转加利福尼亚州、墨西哥城。在墨西哥城完成《特丽丝苔莎》，完成《荒凉天使》第一部写作。回到纽约。

1957　帮助巴勒斯打印《赤裸的午餐》，去巴黎和伦敦。回到纽约，与母亲搬家到伯克利居住。去墨西哥城转了一圈，带着母亲迁居奥兰多。《在路上》出版，又去了纽约。在奥兰多创作《达摩流浪者》。

1958　在长岛的诺斯波特买房定居。《地下人》和《达摩流浪者》先后出版。

1959　《萨克斯医生》《墨西哥城布鲁斯》以及《玛吉·卡萨迪》先后出版。去洛杉矶和旧金山旅行。

1960　去加利福尼亚州旅行。饱受酒精折磨，神经衰弱。回到纽约，《特丽丝苔莎》和《孤独旅者》出版。

1961　《梦之书》出版。和母亲搬回佛罗里达州的奥兰多居住。到墨西哥城旅行，继续《荒凉天使》第二部分的创作。

1962　和母亲搬回诺斯波特居住。《大瑟尔》出版。

1963　《杰拉德的幻想》出版。

1964　和母亲搬到佛罗里达的圣·匹兹堡居住。克鲁亚克的姐姐卡洛琳逝世。

1965　克鲁亚克去法国旅行。创作《萨特里在巴黎》。《荒凉天使》出版。

1966　《萨特里在巴黎》出版。和母亲搬到马萨诸塞州的海恩尼斯居住。母亲中风瘫痪；与斯特拉·桑帕斯结婚。

1967　带着母亲和妻子搬回洛厄尔居住。创作《杜洛兹的虚荣》。

1968　卡萨迪在墨西哥逝世。《杜洛兹的虚荣》出版。克鲁亚克和洛厄尔的几位朋友去欧洲旅行。带着母亲搬到圣·匹兹堡居住。

1969　10 月 21 日在圣·匹兹堡居所逝世。

1971　《匹克》出版。

1972　《科迪的幻想》出版。

# 参考文献

## 中文文献

［美］爱德华·W. 萨义德：《东方学》，王宇根译，生活·读书·新知三联书店2000年版。

［美］巴里·吉德福、劳伦斯·李：《垮掉的行路者——回忆杰克·克鲁亚克》，华明、韩曦、周晓阳译，译林出版社2000年版。

［英］彼得·琼斯编：《意象派诗选》，裘小龙译，漓江出版社1986年版。

［美］比尔·摩根编：《金斯伯格文选——深思熟虑的散文》，文楚安等译，四川文艺出版社2005年版。

［美］比尔·摩根：《“垮掉的一代”及其他》，龙余译，江苏人民出版社2012年版。

单纯：《宗教哲学》，中国社会科学出版社2003年版。

陈杰：《本真之路：凯鲁亚克的“在路上”小说研究》，四川大学出版社 2010 年版。

邓建新：《转瞬即逝的莲花：杰克·克鲁亚克与佛教》，中国社会科学出版社 2013 年版。

文楚安主编：《透视美国——金斯伯格论坛》，四川文艺出版社 2002 年版。

［奥］弗洛伊德：《梦的解析》，周艳红、胡惠君译，上海三联书店 2012 年版。

［奥］弗洛伊德：《精神分析引论》，高觉敷译，商务印书馆 2013 年版。

国际儒学联合会编：《儒学现代性探索》，北京图书出版社 2002 年版。

贺麟：《文化与人生》，商务印书馆 2005 年版。

何光沪、许志伟主编：《对话二：儒释道与基督教》，中国社会科学文献出版社 2001 年版。

贾晋华：《古典禅研究》，上海人民出版社 2013 年版。

［美］杰克·克鲁亚克：《荒凉天使》，娅子译，重庆出版社 2006 年版。

［美］杰克·克鲁亚克：《孤独旅者》，赵元译，娅子校，重庆出版社 2007 年版。

［美］杰克·克鲁亚克：《达摩流浪者》，梁永安译，上海译文出版社 2008 年版。

［美］杰克·克鲁亚克：《在路上》，王永年译，上海译文出版社 2008 年版。

［美］杰克·克鲁亚克：《梦之书》，林斌译，上海译文出版

社 2013 年版。

[美] 杰克·克鲁亚克:《镇与城》，莫柒译，人民文学出版社 2013 年版。

[瑞士] 卡尔·古斯塔夫·荣格:《心理学与文学》，冯川、苏克译，译林出版社 2011 年版。

赖永海:《中国佛教文化论》，中国人民大学出版社 2007 年版。

[英] 雷蒙·威廉斯:《文化与社会: 1780—1950》，高晓玲译，吉林出版集团有限责任公司 2011 年版。

李晨阳:《道与西方的相遇: 中西比较哲学重要问题研究》，中国人民大学出版社 2005 年版。

李玉良、罗公利:《儒家思想在西方的翻译与传播》，中国社会科学出版社 2009 年版。

李斯编著:《垮掉的一代》，海南出版社 1996 年版。

梁漱溟:《东西方文化及其哲学》，商务印书馆 2004 年版。

[日] 铃木大拙、[美] 弗洛姆等著:《禅与心理分析》，孟祥森译，海南出版社 2012 年版。

[日] 铃木大拙:《铃木大拙说禅》，张石译，浙江大学出版社 2013 年版。

罗明嘉、黄保罗主编:《基督宗教与中国文化》，中国社会科学出版社 2004 年版。

[美] M. H. 艾布拉姆斯:《镜与灯》，郦稚牛、张照进、童庆生译，王宁校，北京大学出版社 2004 年版。

麻天祥:《禅宗文化大学讲稿》，中国人民大学出版社 2007 年版。

［英］马修·阿诺德：《文化与无政府状态：政治与社会批评》，韩敏中译，生活·读书·新知三联书店 2002 年版。

美国《人文杂志社》编：《人文主义：全盘反思》，多人译，生活·读书·新知三联书店 2003 年版。

［德］莫尔特曼：《俗世中的上帝》，曾念粤译，中国人民大学出版社 2003 年版。

［美］莫里斯·迪克斯坦：《伊甸园之门——六十年代的美国文化》，方晓光译，译林出版社 2007 年版。

南怀瑾：《禅宗与道家》，复旦大学出版社 2007 年版。

［美］塞缪尔·亨廷顿：《文明的冲突与世界秩序的重建》，周琪、刘绯、张立平、王园译，新华出版社 2002 年版。

施袁喜编译：《美国文化简史》，中央编译出版社 2006 年版。

［美］苏珊·朗格：《艺术问题》，李泽厚译，中国社会科学出版社 1983 年版。

［美］苏珊·朗格：《感受与形式》，高艳萍译，江苏人民出版社 2013 年版。

［英］汤林森：《文化帝国主义》，冯建三译、郭英剑校订，上海人民出版社 1999 年版。

王恩铭：《美国反正统文化运动——嬉皮士文化研究》，北京大学出版社 2008 年版。

文楚安：《“垮掉一代”及其他》，四川大学出版社 2002 年版。

徐新：《西方文化史》：北京大学出版社 2011 年版。

［英］亚当·斯密：《道德情操论》，余勇译，中国社会科学

出版社 2003 年版。

杨曾文、郭明忠主编:《马祖道一》，中国社会科学出版社 2006 年版。

姚卫群:《佛教思想与文化》，北京大学出版社 2009 年版。

[德] 伊曼努尔·康德:《康德论上帝与宗教》，李秋零编译，中国人民大学出版社 2004 年版。

[英] 约翰·霍布森:《西方文明的东方起源》，孙建党译，山东画报出版社 2009 年版。

张岱年:《文化与哲学》，中国人民大学出版社 2006 年版。

张燕婴等编译:《论语·金刚经·道德经》，中华书局 2010 年版。

张禹东、杨楹:《宗教与哲学》，社会科学文献出版社 2009 年版。

赵林:《基督教与西方文化》，商务印书馆 2013 年版。

郑印君:《远藤周作文学中的宗教观——人与神圣论述会晤》，博士学位论文，台湾辅仁大学外国学院比较文学研究所，2004 年。

周辅成:《论人和人的解放》，华东师范大学出版社 1998 年版。

**英文文献**

Allen, Donald. ed. *Good Blonde & Others*. San Francisco: City lights Bookstore, 1994.

Allen, Donald. ed. *Jack Kerouac: Old Angel Midnight*. San Francisco: City lights Bookstore, 2016.

Amburm, Ellis. *Subterranean Kerouac: the Hidden Life of Jack*

Kerouac. New York: St. Martin's Press, 1998.

Brentano, Franz. *Descriptive Psychology*. Translated and edited by Benito Muller. London: Routledge, 1995.

Brinkley, Douglas. *Wind Blown World: the Journals of Jack Kerouac*, 1947—1954. New York: Penguin Group, 2004.

Carter, David. *Allen Ginsberg: Spontaneous Mind Selected Interviews, 1958—1956*. New York: HarperCollins Publishers Inc., 2001.

Clark, Tom. *Jack Kerouac, a Biography*. Orlando: Harcourt Brace Jovanovich Publishers, 1984.

Tytell, John. *Naked Angels: the Lives and Literature of the Beat Generation*. New York: Mcgraw - Hill, 1976.

Charters, Ann. ed. *Kerouac: a Biography*. San Francisco: Straight Arrow Books, 1973.

Charters, Ann. ed. *The Portable Jack Kerouac*. New York: Viking Press, 1995.

Charters, Ann ed. *Beat Down to Your Soul: What Was the Beat Generation?* New York: Penguin Books, 2001.

French, Warren. *Jack Kerouac*. Boston: Twayne Publishers Inc., 1986.

Fisher, James Terence. *The Catholic Counterculture*. Chapel Hill: The University of North Carolina Press, 1989.

Giamo, Ben. *Kerouac, the Word and the Way*. Carbondale: Southern Illinois University Press, 2000.

Gifford, Barry & Lawrence Lee. *Jack's Book*. New York: Shambhala Publications Inc. , 1979.

Ginsberg, Allen. *Spontaneous Mind: Selected Interviews, 1958—1996*. David Carter ed. New York: Harper Collins, 2001.

Ginsberg, Allen. *Indian Journals: March 1962*—May *1963*. New York: Grove Press, 1970.

Gmbh, Kosel – verlag. *Zen Buddhism in the* 20th *Century*. Translated and adapted by Joseph S. Oleary. New York: Weatherhill, 1992.

Goddard, Dwight. ed. *A Buddhist Bible*. Boston: Beacon Press, 1966.

Herbeniak, Michael. *Jack Kerouac's Wild Forms*. Carbondale: Southern Illinois University Press, 2006.

Hipkiss, Robert A. *Jack Kerouac, Prophet of the New Romanticism*. Lawrence: The Regents Press of Kansas, 1976.

Hochsmann, Hyun. *On Philosophy in China*. Toronto: Wadsworth Publishing Inc. , 2004.

Holton, Robert. *On the Road: Kerouac's Ragged American Journey*. New York: Twayne Publishers, 1999.

Humphreys, Christmas. *Zen Comes West*. Richmond: Curzon Press Ltd. , 1994.

Izutsu, Toshihiko. *Toward a Philophy of Zen Buddhism*. Tehran: Imperial Iranian Academy of Philosophy, 1977.

Hipkiss, Robert A. *Jack Kerouac: Prophet of the New Criticism*. Lawrence: The Regents Press of Kansas, 1976.

Holton, Robert. *On the Road: Kerouac's Ragged American Jour-*

ney. New York: Twayne Publishers, 1999.

Jones, James T. *Jack Kerouac's Duluoz Legend: the Mythic Form of an Autobiographical Fiction.* Carbondale: Southern Illinois University Press, 1999.

Kerouac, Jack. *The Town and the City.* New York: Harcourt Brace Jovanovich, Inc., 1950.

Kerouac, Jack. *The Dharma Bums.* New York: The Viking Press, 1972.

Kerouac, Jack. *Lonesome Traveler.* New York: Grove Weidenfeld, 1988.

Kerouac, Jack. *Satori in Paris & Pic.* New York: Grove Press, Inc., 1985.

Kerouac, Jack. *Big Sur.* New York: Penguin Books, 1992.

Kerouac, Jack. *Book of Haikus.* Regina Weinrich ed. New York: Penguin Books, 2003.

Kerouac, Jack. *Selected Letters, 1940—1956.* Ann Charters. ed. New York: Viking Press, 1995.

Kerouac, Jack. *Selected Letters, 1957—1969.* Ann Charters. ed. New York: Viking Press, 1999.

Kerouac, Jack and Joyce Johnson. *Door Wide Open: a Beat Love Affair in letters, 1957—1958.* New York: Penguin Books, 2000.

Kerouac, Jack. *Departed Angels: the Lost Paintings.* Text by Ed Alder. New York: Thunder's Mouth Press, 2004.

Kerouac, Jack. *Book of Dreams.* San Francisco: City Lights

Books, 2001.

Kerouac, Jack and William S. Burroughs. *And the Hippos Boiled in Their Tanks*. New York: Grove Press, 2008.

Knight, Arthur and Kit Knight. ed. , *Kerouac and the Beats*. New York: Paragon House, 1988.

Lardas, John. *The Bop Apocalypse: the Religious Visions of Kerouac, Ginsberg, and Burroughs*. Chicago: the University of Illinois Press, 2001.

Maher, Paul Jr. *Empty Phantoms: Interviews and Encounters with Jack Kerouac*. New York: Thunder's Mouth Press, 2005.

Maher, Paul Jr. *Jack Kerouac's American Journey*. New York: Thunder's Press, 2007.

Merrill, Thomas F. *Allen Ginsberg*. Boston: Twayne Published, 1988.

Miles, Barry. *Jack Kerouac: King of the Beats*. New York: Henry Holt and Company, 1998.

Miles, Barry. *The Beat Hotel: Ginsberg, Burroughs, and Corso in Paris, 1958—1963*. New York: Grove Press, 2000.

Moran, Timothy and Bill Morgan. eds. *You'll Be OK: My Life with Jack Kerouac*. San Francisco: City Lights Bookstore, 2007.

Morgan, Bill. ed. *The Best Minds of My Generation: A Literary History of the Beats*. New York: Grove Press, 2017.

Miles, Barry. *Jack Kerouac: King of the Beats – A Portrait*. New York: Henry Holt and Company, 1998.

Myrsiades, Kostas. ed. *The Beat Generation: Critical Essays*. New

York: Peter Lang Publishing, Inc., 2002.

Phillips, Rod. "*Forest Beatniks*" and "*Urban Thoreaus*": *Gary Snyder, Jack Kerouac, Lew Welch, and Michael McClure.* New York: Peter Land, 2000.

Raskin, Jonah. *American Scream: Allen Ginsberg's Howl and the Making of the Beat Generation.* Berkeley: University of California Press, 2004.

Sampas, John. ed. *Jack Kerouac Poems All Sizes.* San Francisco: City Lights Books, 1992.

Schumacher, Michael. *Dharma Lion: a Critical Biography of Allen Ginsberg.* New York: St. Martin's Press, 1984.

Sterritt, David. *Screening the Beats: Media Culture and the Beat Sensibility.* Carondale: Southern Illinois University Press, 2004.

Suzuki, D. T. andErich Fromm, Richard DeMartino. *Buddhism and Psychoanalysis.* New York: Harper Colophon Books, 1970.

Suzuki, D. T. *Introduction to Zen Buddhism.* New York: Causeway Books, 1974.

Theado, Matt. *Understanding Jack Kerouac.* Columbia: the University of Carolina, 2000.

Tietchen, Todd. ed. *Jack Kerouac: The Haunted Life and Other Writings.* Philadelphia: Da Capo Press, 2014.

Tonkinson, Carole. ed. *Big Sky Mind: Buddhism and the Beat Generation*. New York: Riverhead Books, 1995.

Tweed, Thomas A. and Stephen Prothero. eds. *Asian Religion in A-*

merica. New York: Oxford University, 1999.

Tytell, John. *Naked Angels: the Lives and Literature of the Beat generation.* New York: McGraw - Hill, 1976.

Weinreich, Regina. *The Spontaneous Poetics of Jack Kerouac: A Study of the Fiction.* Carbondale: Southern Illinois University Press, 1987.

Weinreich, Regina, ed. *Jack Kerouac: Book of Haikus.* New York: Penguin Poets, 2003.

# 后　记

2017年10月，沪上酷暑已尽，初秋微凉。将参考文献部分重读一遍，才知不经意间，曾翻阅过大大小小厚薄不一的各种书籍。尝试着“不负责任”地来几段“自发式书写”吧，让思想在指尖乱舞，写下不过度思索的言语，文字也随遇而安。

6月初，经历漫长的旅途，我已站在车流如织的旧金山城市之光书店的门口。初夏的黄昏，凉意依旧。红色砖墙修葺的矮矮的两层楼房，斜长的楼梯，密密麻麻的书架，墙上各种各样的照片、海报，配上昏黄的灯光，整个人犹如置身于20世纪50年代的时光里。从通往二楼的楼梯口开始，所有的视线淹没在“垮掉的一代”的世界。几乎能透过图片、海报、书籍，嗅到那个时代独有的叛逆与骚动的气息。百叶窗下那把扶手已经发亮的“诗人椅”诉说着一个已经远行却从未被忘记的时代。结账的时候，和满脸络腮胡子的老板闲聊，告诉他我走过千山万水，带着一颗朝圣的心，只想来这里感受时光的逆流。老板在惊愕之余，从柜子下面拿出一沓记载城市之光书店变迁的明信片，说送给我。在门口的邮局，我把所有明星片投进邮筒，寄给了自己。

选择研究克鲁亚克，深受我的硕士导师肖明翰教授的指导和启发。印象最深刻的，是他反复在电话中语重心长地强调，每一个选题要研究 8—10 年，那样才算真正地了解一个作家和一个时代。我果真是个听话的好学生，老老实实研究了 9 年，等到 2018 年书稿出版的时候，刚好十年。前几日又在电话里听到敬爱的肖老师爽朗的笑声和亲切的话语。他听说我的书稿几近完成，建议我考虑转向相关的研究领域。我虽已独立工作多年，但一直获益于肖老师的教导，幸莫大焉。

很怀念我的博士导师孙景尧先生。我现在常去看看孙师母，陪她聊一会儿天。读博的时候，孙先生总带着我们几位弟子要么在会议室上课，要么在餐厅一边享用美食一边讨论学术问题。不管在哪里，孙先生总神采奕奕，侃侃而谈学问之道，处世之理。孙先生会在早晨五点催我们收拾妥当，带我们外出参观；或者在大中午出现在宿舍门口，安排下午的学术接待活动；或者在某个阳光明媚的周末，提上一堆美食，乘地铁去复旦大学看望他的老师和朋友。孙先生一路与师母东家长西家短地唠家常，我则默默跟在后面拎包。印象最深刻的，师母曾当着贾植芳先生侄女的面又数落我一顿，大意是读书还不够努力，有时还会惹事。当时当然尴尬，而今，想再被教导，已经没有机会。因为孙先生耐心的批评和教育，这些年我进步很快。他的学识、风度尤其是爱护照顾每一个学生的师者之心，真正影响了今日身为教师的我的教学风格。

我对郭英剑教授的敬仰，一方面源于他与我的两位恩师熟识，另一方面我数次听过英剑教授的大会主旨发言与演讲，读过他的论著，那时的崇敬中，不无陌生。前日与好友聊及英剑教授的随笔《再见洛外》，细腻的文笔，以及人文科学研究者独有的情怀深深地感染了我。非常荣幸运，英剑教授惠允为本书写序。我想，英剑教授的《序》定是高妙可叹，通达明慧。

来点“负面情绪”吧。如果不是因为总要照顾金小妹，陪她成长和学习，时不时被她批评语文、数学、英语都不够好，绘画、音乐更不堪，这书稿至少能提前两年完成。如果不是她没事让我教英语，有事让我写各种通讯稿，至少还能提前半年。每每忍无可忍，她察言观色，绵绵地甜甜地一句：“我很爱你的!”于是，诸般埋怨都消隐无形。原来，路上路下，风景殊异，爱却是永恒的星辰。

这是第几次致谢？口头的、书面的，说“谢谢”已然成为一种习惯。初冬又至，感谢生命中的每一次遇见，痛苦也好，快乐也罢，都不要轻易说再见，更不要将遗憾留在已逝、渐逝、将逝的时光里。“谢谢各位!”因为太多的关心、帮助和“及时雨”般的援手，我的书稿在2017年年底完成。

2017年11月初冬于沪